스피치구구단

김경태

호밀밭

"나의 생명은 끝이 있고, 알아야 할 것은 끝이 없다. 끝이 있는 생명을 가지고 끝이 없는 지식을 추구하니 위태롭다. 이미 그러한데도 지식을 쉼 없이 추구하는 것은 위태롭지 않은가." 장자의 양생주에 나오는 말이다.

스피치에 몸담은 기간만 해도 20년이 훌쩍 넘었다. 참 많은 이를 지도해왔고, 잘 지도하기 위해서 그리고 나 자신이 잘하기 위해서 스피치 관련 서적만 서재 한 면을 꽉 채울 정도로 공부했다. 그래도 부족해서 성악의 발성과 가창법을 공부했다. 그래도 부족해서 철학과 주역, 오행, 천문학을 공부했다. 그래도 부족해서 심리학과 자연과학 이제는 종교학을 공부하고 있다. 이 모든 것이 오로지 스피치를 완성하고 싶은 욕구의 발현이었다. 내 삶에 유일하게 지겹지 않았던 것이 스피치 하나였기에 여기까지 왔다.

어린 시절 가수 조용필 씨의 콘서트를 TV를 통해 보게 되었다. "기도하는~~~ ♬" 한 소절에 관객 모두가 환호하고 심지어 기절까지 하며 실려 나가는 모습을 보고 큰 충격을 받았다. "노래 한 소절로 청중을 압도하는 저것은 무엇인가? 나도 세 치 혀로 감동을 주는 사람이 되고 싶다", 처음으로 미래에 되고 싶은 내 모습을 상상했던 것이다.

참 많은 시간이 흐르고 여러 경험을 거쳐 결국 나는 세 치 혀로 스피치하는 사람이 되었고, 더 나아가 스피치를 지도하는 사람이 되었다. 현장에서의 강의 경험과 수많은 지도 노하우를 통해 가장 쉽게 그리고 올바르게 배우고 익힐 수 있는 대중 스피치 기법을 전하는 책을 쓰고 싶었다. 십여 년 전부터 꾸준히 계획을 세웠으나, 보다 더 완벽한 책을 완성하고 싶은 욕구가 더 많은 지도 경험과 학습을 요구했다. 그러다 어느 날 장자의 말씀이 눈에 들어왔다. '스피치 지식은 끝이 없는데 끝이 있는 생명으로 완벽을 추구할 수 없음'을 깨닫고 나의 한계에 맞는 출판을 결심했다.

수천 권의 책 속에서 좋은 글과 훌륭한 내용을 참고했다. 각종 매체를 통해 수집해왔던 글귀도 인용했다. 너무 많아서 너무 오래되어서 어떤 책의 내용을 참고했는지 알 수가 없다. 그러니 기존의 저자들께서는 양해 바란다. 우리 글이 자음 모음 24자를 조합해서 가지고 노는 글자가 아니던가.

바람이 있다면 가정에 상비약이 항시 비치되어 있듯이, 대한민국 한 가정에 한 권쯤은 비치해 둬도 좋을 것이다. 스피치로 아픔이 있을 때 즉시 이 상비책을 펴고 아픈 부위에 약을 발라라. 하지만 이 책을 아프기 전에 읽고 학습해 두면 더할 나위 없이 좋을 것이다.

| 이 책은 실용서다.

스피치를 배우고자 하는 이들에게는 기초부터 충실하게 익힐 수 있도록 이론과 실기를 적절히 병행했다. 그냥 한 번 읽고 책꽂이 장식용으로 사용되는 것을 바라지 않는다. 이 책을 손에 쥐는 순간부터 바로 배우고 익힘을 시작하라. 한 번만 배워두면 평생을 써먹을 수 있는 것이 스피치다.

| 스피치의 구구단이다.

책 제목이 말하듯 이 책은 스피치의 구구단이다. 수학에서 구구단을 암기하지 않고 연산 문제를 잘 풀겠다는 것은 욕심이다. 마찬가지로 스피치를 잘하고자 하는 이들은 반드시 이 책을 통해 구구단을 암기하듯이 스피치의 구구단을 자기 것으로 체화해야 한다. 이 책이 요구하는 대로 따라 한다면 반드시 어떤 상황에서도 당당하게 대중 앞에서 발표하고 있는 자신을 보게 될 것이다.

| 실력은 콩나물 자라듯 자란다.

콩나물처럼 쑥쑥 자란다는 말이 있다. 시루에 콩을 넣고 콩나물을 만들기 위해서는 매일 물을 준다. 하지만 아무리 확인해도 자라는 것이 보이지 않는다. 그렇다고 물 주는 것을 포기해 버리면 콩은 말라 죽는다. 그래도 계속 물을 주면 어느 순간 콩나물이 불쑥 자란 것을 보게 된다. 그때부터 콩나물은 쑥쑥 자란다. 이 책은 콩나물시루일 뿐이다. 하루도 거르지 않고 물을 주는 것은 독자의 몫이다.

| 변곡점을 넘겨라.

스피치 교육도 마찬가지다. 시작하자마자 불쑥 실력이 늘 거라고 생각하지 말라. 실력이 느는 것 같지 않아도 포기하지 말라. 어느 날 자신도 모르게 불쑥 실력이 자란 것을 알 수 있다. 주변에서 말할 것이다. 실력이 쑥쑥 자랐다고. 어떤 교육이든 변곡점을 넘기지 못하면 아니함만 못하다. 변곡점은 자연의 이치다. 봄에 씨를 뿌려야 가을에 수확을 할 수 있고, 씨를 뿌리고 관리를 못 하면 좋은 수확을 기대하기 힘들다. 이 책을 통해 스피치교육의 씨를 뿌리고 열심히 학습하라. 그리고 포기하지 말고 반드시 변곡점을 넘겨보자.

스피치구구단 사용 설명서

1. 유튜브 강의를 통해 온라인 학습을 병행할 수 있도록 만들어진 책이다. 책을 통해 스피치의 기본 이해력을 갖추고 스피치 실습 부분에서는 동영상 강좌를 참고하면 도움이 될 것이다.

*유튜브 검색어 : 마음밭, 김경태스피치연구소

2. 이 책은 총 3단계 과정으로 이루어져 있다. 동메달, 은메달, 금메달 과정이다. 가급적 순서대로 학습하기 바라며 각 과정 말미에 하는 5가지 평가를 스스로 해보고 부족한 부분은 반드시 개선한 후에 다음 과정을 학습하기 바란다.

3. 자신의 스피치 실력을 평가받고자 한다면 마지막 금메달 과정을 학습한 후에 1분 메모 발표하는 자신의 모습을 동영상으로 촬영하여 김경태스피치연구소로 보내주면 평가하여 개인 상담도 해드리고자 한다.
본 연구소의 이메일(sorikgt@naver.com) 또는 카카오톡 아이디(koreamou)로 보내주면 된다.

┃ 동메달 과정

1. 호흡법

2. 발성법

3. 발음법

1단계
동메달 과정

동메달 과정은 스피치구구단의 구구단이라고 할 수 있다. 모든 스피치의 기본은 소리에서 시작된다. 아무리 뛰어난 연설가라도 그 목소리가 듣기에 좋지 못하면 결국 청중의 외면을 받을 수밖에 없다. 훌륭한 연설가는 청중이 원하는 목소리로 말할 줄 알아야 한다.

청중이 원하는 목소리는 어떤 목소리일까? '은쟁반에 옥구슬 구르는 소리'가 아니다. 말하는 사람이 시원하고 편안하게 그리고 정확하게 발화할 때 청중의 귀는 즐거운 것이다. 인간은 누구나 지문이 있고 쌍둥이조차 지문은 다르다. 마찬가지로 누구나 자신의 목소리가 있다. 이것을 성문이라 한다. 타인의 목소리가 아무리 멋져 보여도 그 목소리는 남의 것일 뿐이다. 본인만의 성문을 잘 활용하여 자신만의 올바른 목소리를 낼 줄 알아야 한다.

입안에서 웅얼거리며 말하는가? 조금만 소리쳐도 소리가 갈라지고 찢어지는가? 목소리가 탁하고 거친가? 목소리에 힘이 없고 쓸데없이 큰가? 그렇다면 동메달 과정에서 자신만의 올바른 목소리를 만들어 보자.

1 호흡법 (呼吸法)

스피치를 배우고자 할 때 가장 먼저 익혀야 하는 것이 호흡을 이용하는 방법이다. 호흡은 인간이 생명을 유지하기 위한 필수적인 생리작용이고 이 순간에도 아무런 의식의 관여 없이 무의식적으로 호흡은 이루어지고 있다.

하지만 생명을 유지하기 위해 하는 호흡과 스피치를 할 때 하는 호흡은 다르다. 대부분 생리적인 호흡 리듬에 맞춰 말을 하는 습관을 가지고 있기에 올바른 목소리로 말하기가 어렵다. 그런데 아무도 호흡을 이용한 발화 방법을 지도하지 않는다. 당신의 잘못이 아니니 지금부터 호흡을 이용한 발화 방법을 배우고 익혀야 할 것이다. 생리적인 호흡을 스피치 호흡법으로 바꿔서 호흡을 이용하여 멋지고 매력 있는 목소리로 만들 수 있도록 해보자.

자동차가 굴러가기 위해서는 아무리 좋은 성능을 가지고 있다 하더라도 휘발유라는 원료가 없으면 소용이 없다. 스피치를 아무리 잘하고 싶어도 원료가 없으면 소용이 없다. 스피치의 원료는 바로 공기다. 아무리 훌륭한 구강구조와 발음기관의 근육이 잘 훈련되어 있어도 폐에서 나오는 공기가 없다면 아무런 소리를 낼 수 없지 않은가? 그러니 이 원료를 잘 공급받고 배분하는 방법을 익혀서 스피치에 적절히 잘 활용하는 방법을 배우는 것이 기본 중의 기본이다.

1) 호흡은 스피치와 생명의 원료

폐(허파)에 공기가 들어오는 흡(吸)기와 공기가 빠져나가는 호(呼)기를 합쳐서 호흡이라고 한다.

외부의 신선한 공기를 들이마시고 탁한 공기를 내보내는 호흡은 인간의 생명 활동을 위한 필수적인 것이다. 또한 스피치도 소리로 하는 것이기에 소리의 원료는 폐에서 나오는 공기의 힘이다. 시원스럽고 멋진 소리는 이 공기의 힘을 어떻게 발산하는가에 달려있다고 보면 된다.

공기를 들이마실 때 코로 마시는 것과 입으로 마시는 방법이 있는데 외부의 공기를 흡입할 때 비강(코)을 통과한 공기는 따뜻해지고 적당히 습기를 가진다. 또한 공기와 함께 들어오는 외부의 이물질을 코털과 콧물이 걸러주며 폐에 깨끗한 공기가 들어갈 수 있는 역할을 하는 것이다. 입으로 공기를 흡입하는 것은 건강에 좋지 않다. 특히 수면 중 구강호흡을 하는 사람들은 자고 일어나면 입안이 바짝 말라 있고 목이 아프고 자주 염증이 생긴다. 원인은 외부의 건조하고 찬 공기가 코를 거치지 않음으로 인해서 인두나 기관으로 바로 들어가 자극을 주게 되고 오래되면 결국 염증이 생길 수 있는 것이다.

하지만 스피치를 할 때는 코와 입을 적절히 잘 활용하여 공기라는 원료를 즉각적으로 제공해 줄 필요가 있다는 것은 미리 알아두자.

2) 호흡만 잘해도 건강하게 살 수 있어요

목숨은 '생명'의 순우리말로 목+숨이 합쳐진 말이다.

사람이 살기 위해 목으로 숨을 쉬는 활동이라고 이해하면 된다. 목숨보다 소중한 것이 없다는 말이 있는 것처럼 숨쉬기는 삶에 있어 가장 중요한 '생명(生命)' 유지의 힘이다. 그래서 숨 쉬는 것만 봐도 그 사람의 건강 상태를 알 수 있지 않은가?

호흡기관의 훈련을 통하여 건강한 생활을 누릴 수 있다.

1분 동안 호흡하는 횟수에 따른 평균수명 관계를 살펴보면 호흡이 건강에 미치는 영향을 충분히 이해할 수 있을 것이다.

	1분간 호흡 횟수	평균수명
개	25~30회	평균수명 15~20년
보통 사람	15~18회	평균수명 75세 전후
거북이	2회 정도	평균수명 300년 전후

즉, 1분당 호흡하는 횟수가 많을수록 수명이 짧다. 우리 주변의 예를 보더라도 질병을 앓고 있을 때는 호흡 주기가 짧고 빠르며 힘들어하는 것을 알 수 있다. 이는 호흡이 건강에 얼마나 밀접한 영향을 미치는지 말해주는 예라고 할 수 있다. 꾸준하게 깊은 호흡을 통해 1분당 호흡 횟수를 줄여나가는 목표를 세워서 건강한 생활을 유지할 필요가 있겠다.

폐활량

공기를 최대로 흡입할 수 있을 때의 호흡량을 일반적으로 폐활량이라고 한다. 일반인의 평상시 호흡량은 최대한 흡입할 수 있을 때 흡입량의 약 1/3 정도로 호흡을 하고 있다. 폐활량은 나이와 신체조건, 남녀의 성별에 따라 다르다. 초등학교 고학년은 약 2,000~3,000cc, 성인은 2,500~4,000cc(여성 평균 2,500cc 남성 평균 3,500cc) 정도라고 한다. 잠을 자거나 휴식을 취할 때는 500cc 정도로 호흡하고 있다.

성인의 경우 평상시에는 1분에 약 16회의 호흡을 실시하는데 대부분의 사람은 자신이 들이마실 수 있는 호흡량의 3분의 1만을 들이마시고, 그 나머지는 제대로 활용하지 못하고 있다.

대부분의 사람이 잘못된 호흡법으로 수명을 단축시키며 살아가고 있다는 말은 자신의 최대 호흡량을 마음껏 사용하지 않고 있다는 말일 것이다. 따라서 평상시에도 폐활량을 늘이는 연습을 꾸준히 하게 되면 건강은 물론 스피치하는 데도 큰 도움이 될 수 있다.

3) 호흡하는 기관을 이해하고 있으면 좋아요

(1) **허파(폐)** : 허파는 심장과 함께 가슴뼈의 보호를 받고 있는 조직임을 감안할 때 중요한 인체 기관임이 틀림없다. 왼쪽에 2개의 방과 오른쪽에 3개의 방으로 이루어져 있고, 무게는 약 45그램 정도이다. 약 30억 개의 공기주머니를 가지고 있는데 이 공기주머니를 허파꽈리라 한다. 이 허파꽈리는 새로운 공기를 혈관을 통해서 신체의 각 부분으로 보내는 작용을 한다.

(2) **횡격막** : 사람의 몸은 횡격막을 경계로 위쪽을 상체, 아래쪽을 하체로 구분한다. 횡격막의 위쪽인 상체는 호흡과 순환의 중심부

인 허파와 심장이 있고, 아래쪽의 하체는 소화기관을 중심으로 위장과 대장, 소장 그리고 간장이 자리 잡고 있다.

횡격막은 가슴 전체를 가로지르는 둥근 지붕형인데, 근육질로 되어 있어서 견고하면서도 고무줄처럼 잘 늘어나고 줄어든다.

횡격막의 가장 큰 역할은 호흡 활동을 돕는 것이다. 횡격막은 스스로 움직이지 못하고, 복부근육과 늑골근육의 도움을 받아 활동한다. 따라서 이들 근육의 단련을 통해 횡격막의 자유로운 움직임이 있도록 훈련하게 되면 건강은 물론이고 복식호흡의 안정을 가져와 스피치를 자유자재로 구사하는 데 가장 큰 역할을 담당하게 된다.

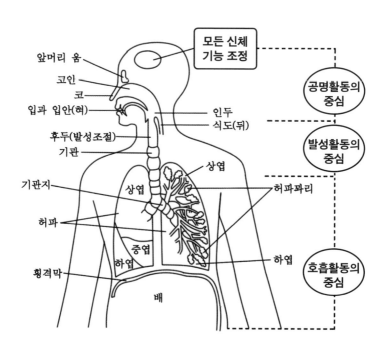

4) 호흡하는데도 종류가 있나요?

(1) 폐첨호흡(어깨호흡)

폐첨호흡은 공기를 흡입할 때 어깨와 가슴이 들썩이며 위로 올라가 폐를 수축시키는 호흡이다. 운동을 심하게 한 뒤에 헐떡이는 호흡이나 산모의 호흡이 이에 속한다. 횡격막이 정상적으로 작용할 수 없다.

(2) 흉식호흡(늑골호흡)

흉식호흡은 늑골운동에 의하여 행하여지는 호흡으로 앞가슴으로 숨 쉬는 호흡이다. 주로 여성에게서 많이 나타난다.

(3) 복식호흡(횡격막호흡)

복식호흡은 인간의 자연적인 호흡으로 아랫배 깊이 들이마시고 내쉬는 호흡이다. 주로 남성에게서 많이 나타나는 호흡이다. 복식호흡(횡격막호흡)은 흉식호흡에 비하여 더 많은 양의 호흡을 할 수 있다.

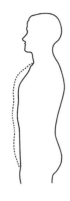

(4) 혼식호흡(이상적인 호흡)

세 가지 호흡법 중 복식호흡과 흉식호흡을 적절하게 혼합한 것으로 횡격막을 기본으로 호흡하고 추가로 늑골(가슴)을 벌려 공기량을 늘리고 힘을 추가하는 이상적인 호흡법이다. 이것을 흔히 혼식호흡이라고 한다. 주로 성악가들이 가장 많이 하는 호흡법이라고 보면 된다.

스피치에 있어서도 혼식호흡의 중요성이 가장 크다고 할 수 있다. 혼식호흡으로 보다 많은 공기를 폐에 저장할 수 있게 되면, 말하고자 하는 내용의 의미와 감정을 호흡의 끊김 없이 자유롭게 표현할 수 있게 된다. 훌륭한 스피커가 되기 위해서는 반드시 혼식호흡을 할 수 있어야 하겠다. 하지만 여기서는 복식호흡 위주의 스피치 호흡훈련을 설명할 것이며 이후 안정된 복식호흡이 가능해지면 스스로 혼식호흡을 터득해 나가는 것을 추천한다.

스피치 호흡법은 생리적 호흡과는 달라야 한다고 언급한 바 있다. 생리적인 호흡은 코나 입으로 공기가 들어오면 가슴(늑골)이 확장되고 가슴이 줄어들면 공기가 빠져나가는 호흡이다. 하지만 스피치를 위한 호흡은 생리적 호흡을 횡격막의 근육을 사용하는 호흡으로 바꿔야 한다. 보다 깊은 호흡과 소리의 힘을 만들기 위해서는 가슴과 복부 사이에 있는 횡격막을 아래로 밀어내며 아랫배가 볼록해지도록 하며 아랫배에 힘을 지지하는 호흡이 되어야 한다.

1) 스피치 호흡법의 목적

(1) 목소리의 원료를 마음대로 조정하고, 스피치를 자연스럽게 표현할 수 있는 능력을 높이기 위해서.

스피치를 잘하기 위한 호흡은 풍부하도록 들이마신 공기량을 오랫동안 저장한 뒤에 이를 적절히 배분하여 사용할 수 있는 기술을 익히는 훈련인 것이다. 발성을 위한 호흡 연습은 소리를 내지 않고 빠르게 많은 공기를 흡입하고, 내쉴 때는 말하는 속도나 길이에 따라 적절히 배분하여 활용할 수 있어야 한다.

(2) 마음의 안정과 자신감을 높이기 위해서.

소심한 사람. 배짱이 없는 사람은 대개가 시간당 호흡의 횟수가 많고 호흡량은 적다. 우리도 불안한 상태에 있거나 두려움을 느낄 때, 또는 근심, 걱정을 하게 되면 횡격막이 위로 올라가게 되고, 가슴이나 어깨를 들썩이며 숨을 쉬게 된다. 이때 폐를 누르게 되고 폐 안쪽에 있는 신장에 부담을 끼쳐 심장 박동과 호흡이 빨라져서 당연히 말에도 지장을 주게 된다. 이때 폐와 심장에 부담을 주지 않도록 복식호흡으로 횡격막을 내리게 되면 호흡도 길어지고 마음이 안정되며 말도 원하는 대로 할 수 있게 된다.

2) 기초 호흡법 실습

스피치 기초 호흡법은 어린이와 청소년 그리고 호흡법을 처음 시작하는 성인들이 반드시

익혀야 하는 호흡법이다.

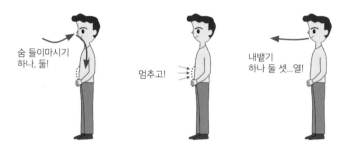

숨 들이마시기
하나, 둘!

멈추고!

내뱉기
하나 둘 셋...열!

서서하는 스피치 호흡법

숨 들이마시기
하나, 둘!

멈추고!

내뱉기
하나 둘 셋 열!

앉아서 하는 스피치 호흡법

(1) 준비자세

① 편안한 자세로 두 발을 자신의 어깨너비로 벌리고 자연스럽게 선다.

새끼발가락이 자신의 양어깨를 벗어나지 않도록 하며 양 엄지발가락에 힘을 주며 몸의

균형을 잡는다.

② 양어깨를 힘껏 위로 올리고, 그대로 뒤로 밀면서 아래로 털썩하고 내리면서 힘을 뺀다.

전체적으로 상체가 긴장되지 않아야 바르고 깊은 호흡을 할 수 있다.

(2) 복식호흡훈련

1단계 : 어깨호흡 방지를 위한 호흡훈련(코로 흡입하고, 코로 내쉬기)

　① 준비자세로 몸의 균형을 잡는다.

　② 왼손을 오른쪽 어깨에 올리고 마음속으로 하나~다섯까지 숫자를 세는 동안 천천히 코로 흡입하고, 여섯~열까지 세면서 천천히 코로 내쉰다.

　③ 오른손을 왼쪽 어깨에 올리고 마음속으로 하나~다섯까지 숫자를 세는 동안 천천히 코로 흡입하고, 여섯~열까지 세면서 천천히 코로 내쉰다.

2단계 : 아랫배가 볼록해지는 스피치 호흡훈련법(코로 흡입하고, 입으로 내쉬기)

　① 준비자세로 몸의 균형을 잡는다.

　② 마음속으로 하나 둘 구령에 코로 흡입한다. 빠르게 코로 공기를 흡입하지만 소리가 나지 않도록 주의한다. 이때 어깨는 미동이 없어야 하고 아랫배가 볼록해지는 호흡이 되어야 한다. (1단계의 어깨호흡 방지를 위한 호흡법을 충분히 연습했다면 아랫배 호흡이 될 것이다.)

　③ 마음속으로 하나~둘~셋까지 숫자를 세면서 고르게 숨을 토해낸다.(이때 가장 중요한 것은 토해내는 숨이 고르게 나와야 한다는 것이다. 숨이 끊겨서 나오거나 압력이 들쑥날쑥해서는 안 된다.)

　④ 충분히 연습이 되었다면 이제는 내쉬는 숨을 다섯까지 세면서 고르게 내쉬고, 여섯, 일곱, 여덟, 아홉, 열까지 늘려가며 고르게 내쉴 수 있도록 연습한다.(반드시 10초 정도는 고르게 내쉬는 능력을 갖추어야 한다.)

(3) '멈추고 호흡법' 연습

마지막으로 스피치 호흡에 있어서 가장 중요한 '멈추고 호흡법'에 대해 설명하고자 한다. 멈추고 호흡은 코로 들이마신 공기를 바로 내쉬지 말고 잠깐 멈추었다가 내쉬는 호흡법이다. 호흡을 멈추고 있을 때 아랫배에 힘이 들어가 있어야 한다. 그러기 위해서는 태권도에서 '앗~'하고 구령할 때처럼 아랫배에 살짝 힘을 주는 것이 중요하다.

멈추고 호흡을 통해 아랫배에 힘을 주고 그 힘을 유지해야 하는 이유를 풍선을 예를 들어 설명하겠다.

그림 1

입으로 풍선에 공기를 가득 불어 넣고 순간적으로 풍선의 주둥이를 놓아버리면 풍선은 '쉬~익' 소리를 내며 순식간에 공기가 다 빠져나가 버린다(그림 1). 마찬가지 원리로 스피치의 원료인 공기를 코로 들이마시며 폐에 공기가 가득 차게 되는데, 들이마시자마자 바로 스피치를 하게 되면 풍선의 공기가 순간적으로 빠지듯이 폐에서 일순간에 모든 공기가 빠져 버린다. 즉 원료의 낭비를 가져오는 셈이다. 따라서 스피치의 원료인 공기의 소모를 줄이고 조절하는 능력을 키워주는 것이 멈추고 호흡법을 하는 이유다.

그림 2

멈추고 호흡은 풍선에 공기를 가득 채운 후에 풍선의 주둥이를 순간적으로 놓치지 않고 손가락으로 잡고 있는 멈춤 상태와 같다. 그리고 필요한 만큼 풍선의 공기를 조금씩 밖으로 내보내며 조절하기 위해서는 풍선의 주둥이를 잡고 있는 두 손가락을 놓았다 잡기를 반복해주면 되는 것이다(그림 2). 그러면 오랫동안 풍선의 공기를 적절하게 유지할 수 있다.

마찬가지로 코로 공기를 들이마시자마자 풍선 주둥이를 손가락으로 잡고 있듯이 기도(氣道)를 닫고 일단 공기를 폐에 저장해 둔 멈춤 상태를 유지하고 스피치에 필요한 만큼만 그때그때 기도를 통해 공기를 내보내면서 날숨의 조절력을 키우는 호흡법을 완성시켜 나가야 한다. 날숨의 조절력을 갖춤으로 인해 한 번의 호흡으로 충분하게 스피치의 의미와 감정을 끊김 없이 살리면서 잘 전달할 수 있는 능력을 갖추게 된다.

처음에는 어색하고 어려울 수 있어도 스피치에 있어서 반드시 필요한 것이 복식호흡과 멈춤 호흡이니 반드시 훈련을 통해서 자기 것으로 체화 시켜 두어야 한다.

자 그럼 최종적인 스피치 호흡법(복식호흡과 멈춤호흡)을 실습해 보자.

<순서>

① ② ③ ④

① 준비자세로 몸의 균형을 잡는다. 그리고 왼손과 오른 손바닥을 배꼽을 기준으로 아래위 쪽으로 배에 댄다.
② 마음속으로 하나둘 구령에 코로 흡입한다. 이때 어깨가 올라가는 호흡이 아닌 아랫배가 볼록해지는 호흡이 되어야 한다. 아랫배가 볼록해지는 느낌을 양 손바닥으로 느낀다.

③ 마음속으로 '멈추고' 하는 구령과 함께 아랫배에는 힘을 주고 상체는 힘을 빼고, 호흡은 멈추고 있는 상태를 유지한다. 멈추고 있는 시간은 처음에는 하나, 둘 정도가 적당하며 숙달되면 스스로 멈추고 있는 시간을 조절해 보도록 한다. 이때 양 손바닥으로 아랫배를 살짝 눌러주면서도 호흡이 빠져나가지 않는 상태를 유지하도록 한다.

④ 마음속으로 하나~다섯까지 숫자를 세면서 입으로 고르게 숨을 토해낸다(이때 가장 중요한 것은 토해내는 숨이 고르게 나와야 한다는 것이다. 숨이 끊겨서 나오거나 압력이 들쑥날쑥해서는 안 된다). 숨을 토해낼 때 아랫배는 들어가더라도 힘은 남아 있도록 양 손바닥으로 느끼며 날숨을 지속한다.

⑤ 이어서 다음에는 여섯까지 내쉬고, 일곱, 여덟, 아홉, 열까지 고르게 내쉴 수 있도록 연습해야 한다. 반드시 10까지(10초 정도)는 숨을 고르게 편안하게 내쉴 수 있어야 한다.

3) 심화호흡법 실습

기초 호흡법만 완성해도 된다. 하지만 보다 더 다양한 호흡에 관심이 있거나, 깊이 있는 스피치가 필요할 때는 심화호흡법을 익혀두는 것도 좋다.

심화호흡의 목표는 다음과 같다.

첫째, 들이마시는 공기량을 최대화하기 위해 심화호흡을 한다.

스피치나 노래를 할 때 가장 중요한 것이 소리의 원료 공기라고 했다. 자동차 원료가 풍부하면 장거리를 마음껏 달릴 수 있듯이, 스피치도 흡기 한 번에 공기의 양을 최대화 할 수 있다면 장시간의 스피치를 호흡이 끊기는 현상 없이 마음껏 달려갈 수 있는 것이다.

호흡량을 늘리는 첫 번째 훈련은 코로 흡인하고 나서 입으로 한 번 더 흡입하면서 호흡량을 최대화하도록 연습한다.

둘째, 내쉬는 숨을 최대한 연장시키기 위해서 심화호흡을 한다.

일반 사람의 평상시 호흡 시간을 살펴보면 흡입하는 시간이 짧고, 내쉬는 시간이 길다. 대체로 흡입이 1/4, 내쉬기가 3/4이다.

그리고 장시간 말을 하거나 노래를 부를 때는 필요에 따라 숨을 내쉬는 시간을 보다 더 많이 연장할 수 있다. 훈련을 통하여 숨을 흡입하는 시간보다 8~10배 정도로 연장할 수도 있다. 목소리를 많이 사용하는 직업을 가진 사람들은 특히 의식적으로 빨리 들이쉬고 더 길게 내쉬는 연습을 해야 한다.

셋째, 호흡의 보충을 자유롭게 하기 위해서 심화호흡을 한다.

노래를 하거나 스피치를 할 때 깊은 호흡 한 번만으로 노래나 스피치를 다 하지 못한다. 그래서 중간중간 호흡 교체의 타이밍이 있다. 스피치에서 호흡 교체가 필요한 곳은 대략 4박자 정도의 시간 동안 교체가 완벽히 이루어지는데, 호흡 교체가 있어서는 안 되는 곳에서 4박자 정도의 호흡 교체를 하게 되면 의미와 감정전달을 제대로 하지 못해 스피치를 망칠 수도 있다. 그럴 때는 호흡 교체가 아니라 호흡의 보충이 있어야 한다. 짧은 시간(반 박자)에 호흡을 보충하고 의미와 감정을 그대로 유지하며 스피치를 해나가야 한다.

스피치 호흡은 코로 흡입하고 입으로 내쉬는 것을 원칙으로 하지만, 보충 호흡이 필요할 때는 코로만 필요량을 짧은 시간에 보충할 수 없기에 흡기할 때 코와 입으로 동시에 사용하거나, 입으로만 흡기 할 수도 있도록 훈련해야 한다.

| 주의할 점 | 호흡법을 연습할 때 중요한 것은 공기를 흡입할 때 숨이 턱밑에 닿도록 폐에다가 공기를 가득 채우는 것이 아니라는 것을 알아야 한다. 대략 80% 정도를 흡입한다고 생각하면 된다. 내쉬는 숨도 완전히 공기를 빼내는 것이 아니라 대략 20% 정도의 공기

는 남겨두도록 연습해야 한다. 즉 내쉬고 들이쉬는 숨이 여유가 있어야 한다는 것이다.

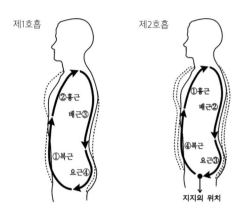

제1호흡 / 제2호흡

*복근 : 복부의 근육
*흉근 : 가슴 부분의 근육
*배근 : 등에 있는 근육
*요근 : 엉덩이 부분의 근육

(1) 공기 흡입량을 늘리기 위한 호흡훈련

코로 흡입한 후 이어서 입으로 한 번 더 흡입하고 입으로 내쉬기.

코로 공기를 흡입하여 최대한도로 공기를 저장한 후 곧 입으로부터 한 번 더 흡입하여 흉곽 후부 전방에 걸쳐 공기를 충만 시키는 것이다. 이 호흡에 의해서 온몸의 구석구석까지 공기가 풍부해진다.

　① 준비자세로 몸의 균형을 잡는다.

　② 코로 공기를 흡입한다. : 제1호흡 참고

　(이때의 근육운동 순서는 복근 → 흉근 → 배근 → 요근)

　③ 호흡을 멈추고 복근과 요근을 가로지르는 지점에 기준점을 두고 힘을 준다.

　④ 기준점을 중심으로 입으로 한 번 더 많은 공기를 흡입한다. : 제2호흡 참고

　(이때의 근육운동 순서는 흉근 → 배근 → 요근 → 복근)

　⑤ 이로서 우리 몸 구석구석에 공기가 충만함을 느낄 수 있다.

　⑥ 천천히 내쉰다. 무성음으로 '프~~~' 하고 세밀하고 균등하게 내쉰다.

(2) 내쉬는 숨을 늘리기 위한 호흡훈련

　① 준비자세로 몸의 균형을 잡는다.

　② 코로 공기를 흡입한다. : 제1호흡 참고

　(이때의 근육운동 순서는 복근 → 흉근 → 배근 → 요근)

　③ 호흡을 멈추고 복근과 요근을 가로지르는 지점에 기준점을 두고 힘을 준다.

　④ 천천히 무성음 '프~~~~' 하고 15초간 내쉰다.

　①, ②, ③을 반복한 후에

　⑤ 천천히 무성음 '스~~~~' 하고 20초간 내쉰다.

　①, ②, ③을 반복한 후에

　⑥ 천천히 무성음 '후~~~~' 하고 25초간 내쉰다.

　①, ②, ③을 반복한 후에

　⑦ 천천히 무성음 '프~~스~~후~~흐~~~~' 하고 30초간 내쉬기에 도전한다.

(3) 스피치 도중 호흡을 보충하기 위한 호흡훈련

　① 준비자세로 몸의 균형을 잡는다.

　② 코로 공기를 흡입한다. : 제1호흡 참고

　(이때의 근육운동 순서는 복근 → 흉근 → 배근 → 요근)

　③ 호흡을 멈추고 복근과 요근을 가로지르는 지점에 기준점을 두고 힘을 준다.

　④ 천천히 숫자 발성을 1에서 5까지 하면서 공기를 내보낸다. 그리고 재빨리(반 박자) 입으로 또는 입과 코로 공기를 보충 흡입하고 6부터 10까지 숫자 발성으로 공기를 소진한다.

　⑤ '①, ②, ③'을 반복한 후에 천천히 숫자 발성을 1에서 10까지 하면서 공기를 내보낸다. 그리고 재빨리(반 박자) 입으로 또는 입과 코로 공기를 보충 흡입하고 1부터 10까

지 숫자 발성으로 공기를 소진한다.

(4) 음성의 지속시간 늘리는 호흡훈련

폐활량이 많으면 많을수록 호흡 현상이 자유롭고 좋은 소리를 마음대로 조절할 수 있다.

실험에 의하면 공기를 가득 흡입하고 보통의 목소리로 '아~' 하고 소리가 잠길 때까지 길게 발성하면 남성의 경우 최대의 시간이 40초, 보통이 22초, 여성은 최대의 시간이 30초, 보통이 17~18초라고 한다.

이것을 음성의 지속시간이라고 한다. 필자가 수련생들의 평균 시간을 측정해 본 결과는 위의 시간보다도 훨씬 짧았다. 평균 시간이 15초가 안 되는 수련생들이 많았으며 호흡법 연습에 따라 대부분의 수련생의 음성 지속시간이 늘어남을 알 수 있었다.

음성의 지속시간이 길다 하여 단위 시간당 공기 배출량을 낭비하게 되면 언제나 호흡의 부족을 느낄 것이다. 반대로 음성의 지속시간이 짧더라도 공기를 조절하고 아껴 쓰면 더 긴 말을 한 호흡에 할 수 있다.

폐활량이 적은 사람도 호흡 요령에 따라 지속시간을 연장할 수는 있으나 중요한 것은 폐활량(최대한 흡입할 수 있는 공기량)을 확대하고 지속시간(내 쉬는 숨)을 최대한 연장할 수 있는 훈련이 되어야 한다.

① 준비자세로 몸의 균형을 잡는다.

② 코로 공기를 흡입한다. : 제1호흡 참고

(이때의 근육운동 순서는 복근 → 흉근 → 배근 → 요근)

③ 호흡을 멈추고 복근과 요근을 가로지르는 지점에 기준점을 두고 힘을 준다.

④ 성대를 열고 입을 크게 벌린 상태에서 기본 음성높이로 모음 '아~~~~'를 발성하면서 시간을 잰다. 15초부터 도전하여 20초까지 자연스럽게 발성이 되면 무난하다. 한번 도전해 보기 바란다.

2
발성법(發聲法)

공기가 소리로 바뀌어 발성이 되는 과정을 보면 먼저 폐로부터 나온 공기가 기관을 통하여 성대의 아랫면에 부딪힌다. 이때 닫혀있던 성문은 나오는 공기의 힘에 의하여 성대의 개폐가 이루어지고 성대가 진동하게 되어 음이 발생한다. 처음의 이 진동음은 아주 미약한 소리지만 공명강을 통과함으로써 크게 확대되어 구강 내의 모양과 발성기관인 혀, 입술, 아래턱의 운동에 의하여 마침내 음성언어가 탄생하게 되는 것이다.

호흡법을 통해 스피치의 원료인 공기를 조절하는 방법을 익혔다면 이제는 그 공기를 소리로 바꾸어 상대에게 전달되는 음성언어가 안정감 있고 시원한 발성이 되도록 발성법을 익혀야 한다.

1) 목소리는 어떻게 만들어질까요?

먼저 이해를 돕기 위해 소리를 만들어내는 발성기관에 대해 알아
보자.

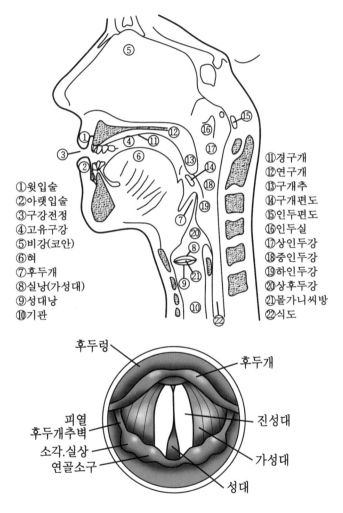

①윗입술
②아랫입술
③구강전정
④고유구강
⑤비강(코안)
⑥혀
⑦후두개
⑧실낭(가성대)
⑨성대낭
⑩기관

⑪경구개
⑫연구개
⑬구개추
⑭구개편도
⑮인두편도
⑯인두실
⑰상인두강
⑱중인두강
⑲하인두강
⑳상후두강
㉑몰가니씨방
㉒식도

후두렁
후두개
피열
후두개추벽
소각.실상
연골소구
진성대
가성대
성대

<발성기관>과 <후두>

(1) 후두

남자의 목을 측면에서 보면 목 가운데 부분에 돌출부를 보게 된다. 이것은 여자에게는 뚜렷하지 않지만 남자에게는 뚜렷하게 나타난다. 이 돌출부에 손가락을 대고 침을 삼켜보면 위로 올라갔다가 내려올 것이다. 이것을 후두라고 한다. 후두는 연골로 되어 있는데 그 돌출된 부위가 후두 중에서 제일 큰 갑상연골이다. 바로 그 한복판에 목 뒤를 향하여 성대가 놓여 있다.

갑상연골을 손바닥으로 가볍게 누르고 무성으로 소리를 내지 않고 '하~~' 소리를 내어 보라. 아무런 감각이 없을 것이다. 하지만 유성으로 '아~~~' 하고 소리를 내면 성대가 진동하여 손바닥 전체가 떨리는 것을 느낄 수 있다.

우리 성대의 본래의 기능은 소리를 내기 위한 것이 아니고 호흡의 관문이다. 사람은 성대를 가진 동물 중에서 성대의 발육상태가 가장 좋은 편에 속한다. 이와 같이 후두는 숨을 쉬는 통로로 이용되고 있으며 따라서 공기 외의 물, 밥알 같은 것은 들어가지 않는다.

만약 들어가려고 하면 반사적으로 성대 위에 있는 가성대 즉 울대마개가 막아 버린다. 그러므로 성대는 호흡할 때만 운동하고 그 외에는 일체 문을 닫아 버린다. 발성은 닫혔던 성대를 박차면서 나오는 호흡에 의하여 이루어진다.

(2) 성대의 기능

후두의 기능 중에서 가장 뒤에 발달한 것이 소리를 내는 발성 작용이다. 호흡법을 설명할 때 고무풍선을 예로 들었을 것이다. 마찬가지로 소리를 낼 때도 고무풍선을 놓을 때 '쉬익' 하고 소리가 나듯이 우리 인간의 성대도 폐 속의 공기가 순간적으로 빠져나올 때 두 개의 성대가 열리면서 소리를 내는 것이다. 인간의 성대는 고무풍선 주둥이처럼 얇은 것이 아니라 마치 입술 같은 형태의 두 개가 수평을 이루고 있다. 두 개의 성대가 열릴 때 문이 열리는 것처럼 성대 사이를 성문이라고 한다.

어린이나 여성의 음성이 남자 성인에 비하여 높고 가는 것은 성대가 짧기 때문이다. 성대는 신축성이 없으므로 높은 소리와 낮은 소리를 내려면 성대를 긴장시켜서 조절하는 것이다. 성대만이 진동할 때에 발생하는 음은 그리 강하지 못하여 언어를 위한 음색을 가지기에는 유용하지 못하고 언어를 위해 타인에게 전달되는 음색은 공명강을 통과해야만 가능해진다.

2) 녹음된 내 목소리가 이상하게 들려요

그렇다면 공명강을 통과한 소리가 입 밖으로 나와서 상대의 귀에 전달되는 과정을 이해해 보자.

(1) 타인의 목소리가 들리는 과정
우리들의 감각 중에서 귀를 통하여 받아들이는 것을 음(音)이라고 한다. 이 음의 본질은 '공기의 파동'이라고 할 수 있다.

물체가 단 한 번 진동하면 공기의 파동도 하나의 파문을 만들 뿐이나, 물체가 연속적으로 빠른 진동을 계속하면 이에 따라 공기파도 계속 만들어져 주위에 보내지게 된다. 이때의 연속된 공기파가 우리들의 귀에 음으로 들리게 되는 것이다. 따라서 물체가 아무리 크게 진동해도 순간적으로 한 번만 움직인다면 음으로 되지는 못하며, 반드시 진동이 연속되지 않으면 안 된다.

그러나 이 연속된 진동이 모두 음으로 들려지는 것은 아니고 인간의 귀에서는 1초간의 진동 횟수가 16회의 파동으로부터 약 20,000회 사이의 파동만이 음으로 들리게 된다. 이 1초 동안에 진동하는 파동의 회수를 그 음의 진동수로 말하고 있다. 이것보다 진동수가 적거나 많은 것도 음이긴 하나 인간에게는 전혀 들리지 않는다. 그러나 다른 동물, 특히 곤충 등은 이 범위보다 훨씬 많은 진동수의 음도 들을 수 있는 것이 있다.

(2) 녹음된 자신의 목소리가 이상한 이유

우리는 평소에 자신이 말하는 목소리를 녹음해서 들으면 전혀 다른 사람의 목소리로 착각한다. 하지만 타인의 목소리를 녹음해서 들으면 평소 듣던 목소리와 같기 때문에 의아하게 생각할 수밖에 없다. 그 이유는 우리가 타인의 목소리를 듣는 것은 공기의 파동에 의해 귀로만 듣는 것이고, 자신의 목소리를 들을 때는 2개의 귀로 듣기 때문이다. 먼저 자신의 입 밖으로 나온 목소리가 공기의 파동에 의해 자신의 귀에 들리게 되는데 이것을 외이(外耳), 즉 밖에서 들리는 음을 듣는 귀이고, 또 하나는 자신이 목소리를 내기 위해 움직이는 모든 근육과 공명을 자신의 육체를 통해서 듣는 내이(內耳)로 듣는데 이 두 가지 음이 합해져서 들리기 때문이다. 즉 자신의 목소리를 녹음기를 통해서 듣는 것은 외이로만 듣는 음이기 때문에 다르게 들리는 것이다. 하지만 외이로 듣는 목소리가 타인에게 들리는 자신의 목소리이기 때문에, 녹음으로 자신의 목소리 훈련을 꾸준히 해야 한다.

(3) 내이(內耳)의 목소리 들어보기

자신의 양 귀를 양 손바닥으로 막아보자. 다른 사람의 소리가 들리지 않을 정도로 막았다면 외부의 귀 외이(外耳)가 차단된 것이다. 그리고 이 글을 읽어보라.

"지금 내가 말하는 이 목소리는 내 육체의 공명으로 전해지는 내이의 목소리다."

그리고 손바닥을 떼고 이 글을 읽어보라.

"지금 내가 말하는 이 목소리는 내 내이(內耳)와 외이(外耳)가 함께 듣는 오직 나만이 들을 수 있는 내 목소리다."

그리고 녹음기를 틀고 이 말을 녹음하라. 그리고 들어라.

"지금 내가 말하는 이 목소리는 상대방에게 들리는 내 목소리다."

3) 내시 아저씨 목소리가 이상해요

"상감마마! 중전마마 납시옵니다~~." 사극 드라마 속 내시의 대사다. 이 대사를 한 번 흉내 내 본다면 다들 목구멍소리로 어린아이처럼 목소리를 내려고 할 것이다. 분명 성인 내시인데도 아이 목소리같이 들리는 것은 왜일까? 그것은 인간의 목소리는 생식선과 깊은 관계가 있음을 증명하는 것이다.

어머니의 뱃속에서 태아는 필요한 산소와 영양소를 엄마의 혈액으로부터 공급받고 있다. 그래서 폐가 만들어져 있어도 운동은 하지 않는다. 폐로 하는 태아의 호흡은 출생과 동시에 "으앙~~" 하고 울 때 시작되는 것이다. 갓 태어난 아이의 울음소리는 아무리 우렁차도 성인에 비하면 아주 낮고 힘이 없다. 하지만 점차 시간이 흐르면서 발전된 고음과 저음을 내게 된다.

태어나서 12세까지를 유년기라 하는데 이 시기까지 남녀는 생식기만 차이 날 뿐 목소리는 비슷하다. 이 시기를 1차 성징기라 한다. 그러다가 사춘기를 겪게 되는 나이가 오는데 이 시기를 2차 성징기라 한다. 2차 성징기는 점점 어른의 몸을 닮아 가고, 남녀 간의 신체적 특징이 두드러지게 차이가 나고 무엇보다 목소리가 확연하게 구분된다.

특히 이 시기에 남자아이는 후두가 돌출하고 소리도 급격히 굵어진다. 이것을 변성기라고 하는데 평생 간직할 자신의 목소리를 갖게 되는 과정이라고 해도 무방하다. 그러니 이 변성기에 목소리를 제대로 만들고 관리를 잘해야 하는 것이다.

가장 안타까운 것은 이 시기의 남자아이들 중에 목소리를 크게 다치는 경우가 많은 데 특히 태권도 학원이나 웅변 스피치 학원에서 자신감과 용기를 갖게 하기 위해 악을 쓰게 만드는데 대부분이 변성기 전이라 한 번 다치고 나면 평생 동안 자신만의 올바른 목소리를 갖지 못할 수도 있다. 따라서 사회교육에 종사하시는 지도자들께서는 이 시기의 아이들 목소리 관리에 책임을 가지고 지도해야 할 것이다.

따라서 좋은 목소리를 갖고자 하는 사람은 이 변성기를 잘 넘겨야 하고 올바른 발성으로 목소리를 내도록 제대로 된 목소리 교육이 꼭 필요한 시기라 할 수 있다. 그리고 변성기에 갖춰진 올바른 목소리는 평생 그 목소리를 보존할 수 있다. 선천적으로 탁한 음성이나 발음이 불명확한 사람들도 얼마든지 후천적인 노력으로 올바른 목소리와 발음을 구사 할 수 있으니 낙담하지 말기 바란다.

4) 목소리만 들어도 그 사람의 인격과 교양까지 알 수 있어요

목소리로 그 사람의 성격과 교양까지 알 수 있다면 믿겠는가?

아이들의 목소리는 그 부모를 그대로 반영한다면 믿겠는가?

그렇다. 스피치 지도를 받기 위해 찾아오는 아이들을 테스트하다 보면 부모의 언어습관을 따라 하는 아이들이 대부분이다. 스피치의 기초라고 할 수 있는 발성과 발음 능력은 어린 시절 부모의 영향을 가장 많이 받는다고 할 수 있다. 따라서 자녀의 올바른 스피치 습관을 위한다면 부모들부터 제대로 된 발성과 발음으로 대화하고 생활하는 것이 가장 중요한 교육이라고 할 수 있다.

일반 성인의 목소리를 듣다 보면 전화 목소리만 들어도 교양의 정도를 파악할 수 있다. 언어의 사용 방법은 물론 음색까지도 분명한 차이가 있다. 똑 부러지게 말하는 사람치고 똑똑하지 않은 사람은 없다. 언어가 어눌한 사람들은 대부분 성격도 그렇다. 음색이 흐리고 어두운 사람은 성격도 그렇다. 말할 때 소리의 크기를 조절하지 못하고 바보처럼 큰 소리로 말하든가 반대로 너무 약한 소리로 말하는 사람들도 분명 교양의 정도가 어떨지 구분이 된다. 모두가 그렇지는 안겠지만 지능이 높은 사람들은 대부분 신체구조와 기관이 보통 사람들보다 잘 발달되어 있어 성대의 진동이나 공명을 이용하는 능력도 뛰어나다.

요즘 아이들은 대부분 컴퓨터와 지내는 시간이 많다 보니 언어적 능력이 부족한 것은 사실이다. 특히 목소리가 작고 기어들어 가는 문제 또한 이러한 생활습관이 큰 요인으로 작용하리라 본다. 따라서 어린 시절 제대로 된 올바른 목소리 만들기 훈련을 통해서 평생 간직할 수 있는 자신 있는 자신만의 목소리를 만들어둘 필요가 있겠다.

5) 내 목소리 바꾸고 싶어요

하루 동안 만나는 사람들의 말을 잘 들어보라. 음성을 전달하는 데 있어서 많은 사람이 교정을 받아야 할 만큼 결함을 가지고 있음을 알 수 있다. 여러 상황에서 말할 기회가 있을 때 제대로 자신의 의견을 잘 전달하지 못하는 원인은 성격적인 영향을 떠나서 소리에 그 원인이 가장 많다고 할 수 있다. 표준어와 많이 다른 억양 등도 문제가 있겠지만, 가장 기본적인 문제점은 말의 속도, 목소리 크기, 표현 등을 제대로 조절 못 하거나 콧소리, 쉰 목소리, 거친 목소리, 목구멍소리, 옹알거리는 소리로 상대에게 제대로 전달을 못 하기 때문이다.

일반적인 대화에서는 지방마다 고유의 억양이 문제가 될 것은 없다. 하지만 공식적인 자리에서 말하는 기회가 있을 때 스피치는 지방 특유의 억양은 배제하고 가급적 표준어에 준하는 억양을 살려서 말하는 것이 예의에도 맞고 듣는 사람들로부터 존중을 받을 수 있다. 따라서 공적인 스피치를 필요로 하는 사람들은 평음발성 훈련을 통해 교정할 필요가 있겠다. 평음발성 훈련은 기초발성 훈련에서 익힐 수 있다.

올바른 목소리를 만들기 위해서 소리의 기본기인 고저강약 장단을 익혀야 하는 것은 물론이겠지만, 소리의 마지막 단계는 듣기 좋은 음색을 만드는 것이다. 강하고 맑고 듣기 좋은 음색을 만들기 위해서는 성대를 떨림을 조절하는 호기 조절력을 익혀야 하는데 호흡법에서 기본기를 충분히 연습을 하고 체화한 상태라면 발성법 훈련에서 충분히 음색을 조절할 수 있다. 또한 모든 음색은 마음에서 비롯됨을 잊지 말아야 한다. 맑은 감성에서 맑은 음색이 나오고 아름다운 마음에서 아름다운 음색이 나온다.

garbage-in garbage-out / diamond in diamond out

6) 목소리 훈련은 어떻게 하나요?

목소리 훈련은 좋은 음성이든 나쁜 음성이든 올바른 자신만의 음성으로 바꿔주는 훈련이며 올바른 음성을 가지고 있는 것만으로도 스피치는 이미 절반 이상의 효과를 거둘 수가 있다. 올바른 음성이란 표현력을 풍부하게 해줄 뿐만 아니라 듣는 이에게 깨끗한 울림을 전하게 하여 말하는 이의 감정이 정확하게 전달되도록 하는 것이며, 따라서 스피치에 있어서 어떤 조건보다 중요한 요소가 되는데 특히 대중 스피치에 있어서는 절대적인 영향을 미친다고 할 수 있다.

음성은 대중들에게 연사의 첫인상을 결정하게 되는 요소이며, 인간관계에 있어 상대의 첫인상에서 호불호가 나뉘듯이 스피치에 있어서의 첫인상은 바로 음성인 것이다. 그렇다면 자신은 천부적으로 부족한 음성을 타고났는데 훈련을 통해서 바꿀 수가 있는 것일까에 대한 의문이 생길 것이다.

발음이 불분명하거나 천성적으로 거친 음색을 타고났다 하더라도 후천적인 노력만 기울인다면 올바른 음성으로 계발하는 것이 불가능하지만은 않다. 자신을 가질 필요가 있는 것이다. 좋은 음성을 갖기 위하여 훈련을 한다는 것은 웅·변가나 연설을 주로 하게 되는 전문가들만의 이야기가 아니며 오늘날의 사회는 사적, 공적을 막론하고 스피치를 요청받을 기회가 점차 늘어가기 때문에 자기 개인의 능력 계발을 도모한다는 의미에서도 음성훈련에 각별한 관심을 가질 필요가 있다.

목소리 훈련은 훈련할 때의 유의점과 발성 자세를 갖춘 다음에 동메달 과정의 기초훈련으로 올바른 발성을 완성할 수 있다.

(1) 목소리 훈련 시 유의점

첫째, 복식호흡을 위한 근육단련과 복식호흡을 마음대로 실시할 수 있는 능력을 터득한 다음에 발성훈련에 임해야 한다.

둘째, 발성기관을 충분히 다듬었거나 준비한 뒤에 발성훈련에 돌입해야 한다.

셋째, 발성기관의 근육과 성대가 긴장하였거나 피로할 때는 발성훈련을 피하도록 한다. 신체가 정상이 아닐 때도 금한다. 너무 긴장이 풀어졌거나 신체가 둔할 때도 좋지 않다.

넷째, 훈련하는 장소의 환경이 불결하거나 공기가 탁한 곳은 되도록 피하고, 이웃에게 피해를 주지 않도록 한다.

다섯째, 기초발성이나 목소리를 다듬는 과정은 어디까지나 목소리의 음량과 풍부한 음질을 높이는 훈련이므로 목소리를 조절하는 기술적인 부분에 집착하지 않아야 한다.

여섯째, 음식을 먹은 뒤에나 잠자리에서 일어나서 곧바로 발성훈련을 실시하지 않도록 한다.

(2) 발성훈련을 위한 준비자세

호흡법의 자세와 같다. 앉거나 서서 발성훈련을 실시함에 있어 기본자세는 두 발을 안정되도록 적당히 벌리고 자연스럽게 놓아둔다. 섰을 때는 엄지발가락에 힘을 모으고 몸의 중심이 앞에 있도록 한다. 윗몸과 아랫몸이 일직선이 되도록 귀와 어깨, 등, 척추를 일직선으로 만든다. 두 손은 살며시 주먹을 쥐고 양쪽 바지 지름에 자연스럽게 붙인다. 그리고 뒤에서 다리를 밀어도 무릎이 굽혀지지 않도록 힘을 단단히 주고 선다.

동메달 과정
기초훈련

1) 마이크 음을 만들어 보세요

남들이 잘 알아들을 수 없는 목소리나 불쾌감을 주는 목소리를 올바른 목소리로 교정하기 위한 과정이다.

(1) 대표적으로 올바르지 않은 목소리

<입안소리>

소리가 입안에서 맴돌며 상대에게 잘 들리지 않으며 알아듣기가 힘든 소리.

<목구멍소리>

소리가 목구멍에 걸려 나오는 현상으로 목이 잘 쉬고 목 안이 답답해지는 소리.

(2) 올바른 목소리 마이크 음이란?

마이크 음이란 한마디로 쉽게 설명하면 말을 할 때 소리의 시작을 입이 아니라 마이크를 잡고 있을 때 마이크 머리 부분을 입이라 생각하고 마이크 머리 부분에서 소리를 시작하라는 뜻이다. 즉 의식의 전환이다. 모든 소리의 시작을 마이크 머리 부분에서 시작하는 느낌이 들기 위해서는 의식적으로 소리를 시원하게 내뿜지 않으면 안 된다.

즉, 목소리를 낼 때 목구멍이나 입안에서 만들어져 밖으로 내보내는 소리가 아니라, 입 앞에서 소리가 시작되는 느낌으로 소리를 쭉 밀어내면서 내는 소리를 가장 이상적인 소리라고 할 수 있다.

마이크가 없을 때는 양 주먹을 쥐고 나팔을 불듯이 입 앞에 차례로 갖다 댄다. 그리고 입술에 붙은 주먹을 빼면 나머지 주먹만 남을 것이다. 이때 남아있는 주먹의 엄지와 검지 사이에서 소리가 시작된다는 느낌으로 발성하면 된다.

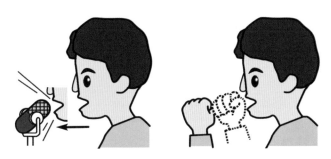

(3) 마이크 음 만들기 준비훈련 : 울림점 발성

마이크 음 만들기 준비훈련은 기존의 성대를 의식적으로 위치 변경시키는 연습 과정이다. 목젖에 있는 성대의 위치를 입으로 가져오는 의식 전환 발성법이다. 성대의 위치는 결코 변하지 않지만 의식은 바꿀 수 있다. 성대의 울림을 시작으로 발성이 시작되는 것처럼 성대를 입으로 가져왔기에 입에서 소리의 떨림을 시작하는 것이 포인트다.

① 준비자세로 앉거나 선다.

② 마음속으로 하나둘 까지 숫자를 세며 코로 숨을 들이마신다.

③ 숨을 멈추고 아랫배에 힘을 준다. (멈춤호흡)

④ 이를 살짝 붙인 상태에서 입술을 성대라고 상상하고 "음~~~" 하고 강한 울림을 찾을 때까지 10초간 소리를 낸다.

◇ 소리를 낼 때 빈드시 인중 부분이 띨리도록 하는 게 중요하며, 10초간 발성이 이어지는 동안 끊기거나 높고 낮음이 없이 고르게 소리를 내야 한다. 또한 소리가 거의 끝났을 때도 아랫배는 풍선의 바람이 빠지듯 줄어들어야 하나 힘은 계속 유지하고 있어야 한다.

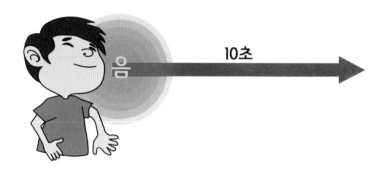

(4) 마이크 음 만들기 1단계 훈련 : 비행기 발성

비행기 발성은 한마디로 발성의 높이를 바꾸는 연습이다. 울림점 발성으로 입 앞에서 소리를 시작하여 고르게 발성하다가 곧 소리의 높이를 눈의 위치까지 올려서 이어지도록 하는 발성법이다.

① 준비자세로 앉거나 선다.

② 마음속으로 하나둘 까지 숫자를 세며 코로 숨을 들이마신다.

③ 숨을 멈추고 아랫배에 힘을 준다.

④ 이를 살짝 붙인 상태에서 입술에서 울림점을 찾아 "음~~" 발성을 2초간 하면서 아랫배의 힘으로 '음' 비행기를 이륙시킨다는 생각으로 눈높이로 높여서 10초간 발성을 고르게 이어간다.

◇ "음~~" 발성을 할 때 아무런 생각 없이 발성해서는 안 된다. '음'이라는 비행기를 상상하고 입 앞에서 비행기를 이륙시키듯 점점 소리를 높고 빠르게 내어야 한다. 이때 '음' 비행기는 눈높이 이상은 이륙해서는 안 되며 10초간 비행하는 동안 들쑥날쑥하지 않도록 고르게 비행해야 한다. 또한 이륙시키기 위해서 힘을 주는 과정에 목구멍에 힘을 주고 짜듯이 발성하는 것이 아니고 끝까지 아랫배의 힘으로 이륙시켜야 한다.

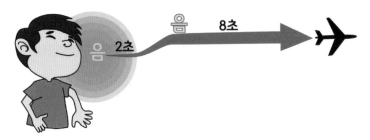

(5) 마이크 음 만들기 2단계 훈련 : 비행기 발성 + 모음 '아' 발성

① 준비자세로 앉거나 선다.

② 마음속으로 하나둘 까지 숫자를 세며 코로 숨을 들이마신다.

③ 숨을 멈추고 아랫배에 힘을 준다.

④ '음' 비행기를 이륙시킨 후 이어서 모음 "아~~~" 발성을 10초간 고르게 발성한다.

◇ "음~~" 비행기 발성이 3초 정도 이어질 때 "아~~~" 발성을 남은 5초 동안 이어서 발성을 한다. 즉 '음' 비행기에서 '아' 비행기로 바꿔 타는 것이다. 바꿔 탈 때 소리가 끊기지 않고 연속성 있게 이어져야 하며 입모양을 정확하게 모음 '아'로 만들수 있어야 한다. 특히 모음 '아'는 입안의 발음기관에 걸림 없이 시원하게 나오는 소리이니 정확한 입 모양과 함께 탁 트인 발성이 되어야 한다. 역시 10초간 비행하는 동안 소리가 들쑥날쑥해서는 안 되며 끝까지 아랫배의 힘으로 비행시켜야 한다.

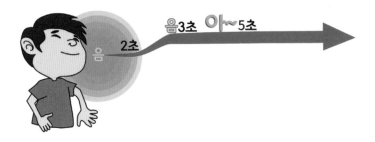

(6) 마이크 음 만들기 3단계 훈련 : 비행기 발성 + 모음 '아' 발성 + 자기소개 발성

① 준비자세로 앉거나 선다.

② 마음속으로 하나둘 까지 숫자를 세며 코로 숨을 들이마신다.

③ 숨을 멈추고 아랫배에 힘을 준다.

④ "음~~~ 아~~~ / 자기소개"를 10초간 발성한다.

◇ "음~~아~~" 비행기 발성을 5초 정도 한 후에 기도를 닫고 '아' 발성이 끝난 시점의 위치와 높이를 눈으로 선명하게 그린 후 그 위치에서 자기소개 발성을 한다.
"안녕하십니까" 발성을 시작할 때 첫 음인 '안' 음절은 '아' 발성이 끝난 시점을 기준으로 후퇴하거나 낮아져서는 안 된다.
처음부터 끝까지 10초간 발성이 이어지는 동안 소리가 들쑥날쑥해서는 안 되며 아랫배의 힘이 끝까지 유지될 수 있도록 발성 연습을 해야 한다.
또한 이 3단계 마이크 음 발성은 항상 대중 앞에서 발표할 때 소리의 기준점이 될 수 있도록 기억하고 체화시켜야 한다.

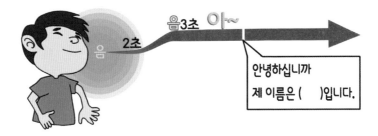

(7) 마이크 음 만들기 완성단계훈련 : 마이크 음으로 자기소개

① 준비자세로 앉거나 선다.

② 마음속으로 하나둘 까지 숫자를 세며 코로 숨을 들이마신다.

③ 숨을 멈추고 아랫배에 힘을 준다.

④ 참았던 숨이 터지듯이 나오면서 '자기소개'를 한다. 자기소개의 첫 음 높이와 위치는

마이크 음 3단계에서 했던 자기소개 같은 위치와 높이라는 것을 명심해야 한다.

◇ 1, 2, 3단계 마이크 음 만들기를 충분히 연습했다면 마지막 완성단계는 예비발성 없이 마이크 음으로 자기소개를 바로 하도록 연습한다. 예비발성 없이 자기소개를 하게 되면 훈련 전의 자기 목소리가 나올 수도 있다. 이럴 때는 마이크 음 3단계 연습을 다시 한 후 4단계 자기소개를 하게 되면 시원하고 탁 트인 자기소개 발성을 할 수 있게 된다.

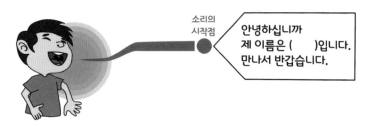

2) 마이크 음으로 공명발성을 배워볼까요

발음 편에서 상세히 다루겠지만 전달력 높은 스피치를 위해 입 모양과 공명음을 함께 익힐 수 있는 기본모음(아~/에~/이~/오~/우~) 발음을 마이크 음 발성으로 연습해보자.

(1) '아'의 입 모양과 공명발성하기

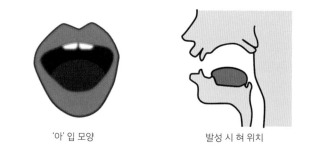

'아' 입 모양 　　　　　　　　　　발성 시 혀 위치

모든 모음 중에서 가장 기초가 되는 입 모양은 '아' 모음이다.

왜냐하면 '아'는 구강 속이나 입술이나 이 혀 등을 거의 의식하지 않고 입을 벌린 상태로 발성하는 모음이다. 입을 너무 크게 벌려 혀가 눌리게 되면 공명이 뒤쪽에서 발생하는 후설모음이 되는 경우가 있는데 주의해서 발성해야 한다.

아랫배의 수축에 따라 내쉬는 숨의 힘을 자연스럽게 소리로 전환시키는데 공명은 얼굴 전체가 울리는 느낌으로 발성 연습한다.

(2) '에'의 입 모양과 공명발성하기

'에' 입 모양

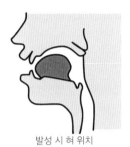

발성 시 혀 위치

'에'는 입 모양을 옆으로 벌린 상태로 내는 모음이다. 그러나 혀끝이 필요 이상으로 벌어지게 되면 이나 잇몸을 눌러서 고음 발성이 불가능할 뿐만 아니라 입 모양이 좁아지므로 공명이 제대로 되지 못하여 올바른 발성이 될 수 없다.

공명강을 '아'와 같은 상태로 두고 혀의 위치나 모양을 '에'로 변경 시켜 발성하는 것이 좋다. 공명은 코 위쪽으로 울리는 느낌으로 발성 연습한다.

(3) '이'의 입 모양과 공명발성하기

'이' 입 모양

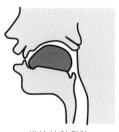

발성 시 혀 위치

'이'는 '에'보다 더욱 옆으로 끌어당기며 치아를 접촉해 발성하는 모음이다. 따라서 '이'의 구형은 '에'의 경우처럼 구형을 옆으로 너무 끌어당기지 않도록 주의하면서 발성한다.

공명강을 '아'와 같은 상태로 두고 혀의 위치나 모양을 '이'로 변경 시켜 발성하는 것이 좋다.

공명강은 코 위쪽으로 울리는 느낌으로 발성 연습한다.

(4) '오'의 입 모양과 공명발성하기

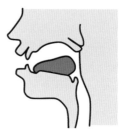

'오' 입 모양   발성 시 혀 위치

'오'는 입 모양이나 음성학적인 면에서 볼 때 '아'와는 극단적으로 다른 모음이나, 발성을 하는 면에서는 공명강이나 혀의 위치 및 발성 요령 전부가 '아'의 경우와 꼭 같다고 말할 수 있다. 다만 '아'의 입 모양과 다른 부분은 외관적으로 입술의 모양이 약간 앞으로 돌출한 듯이 좌우로부터 조여진다는 점이다.

공명강은 코 아래쪽으로 울리는 느낌으로 발성 연습한다.

(5)'우'의 입 모양과 공명발성하기

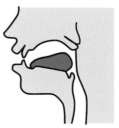

'우' 입 모양   발성 시 혀 위치

'우'의 입 모양은 '오'의 입 모양을 유지하면서 입술의 열림을 약간 좁게 하고, 또한 입술을

조이면서 '우'를 발성하면 간단히 될 수 있다.

공명강은 목구멍 뒤쪽이 울리는 느낌으로 발성 연습한다. 그러나 '우' 고음 발성이 필요할

때는 비강공명을 이용하면 고음 발성이 수월하다.

3) 마이크 음으로 소리의 높낮이를 연습합시다

목소리의 고저를 조절하는 기관은 후두이다.

목소리의 고저란 음성이 높고 낮음을 말한다. 음폭과 관계되는 것으로 소리의 진동수에 의

해 결정된다. 즉 성대의 진동수가 많으면 높은 목소리를, 적으면 낮은 목소리를 낸다. 음의

고저는 가장 복잡한 소리의 요소로써 음의 높낮이에 관해 이해가 있어야 목소리에 대해 제

대로 알았다고 말할 수 있다.

훌륭한 스피치의 능력을 지닌 사람은 이 음성의 높낮이를 적절히 구사하는 능력을 지녔다.

스피치가 지루하게 느껴지거나 단조롭게 들리는 경우는 대개 이 음성의 높낮이에 문제가

있는 것이다. 목소리의 고저를 맞추기 위해서는 아무 대목에서나 높이를 낮추는 것은 아니

고, 스피치는 리듬이 있어야 하기 때문에 청중들의 귀에 하나의 리듬이 있는 스피치가 되도

록 고저에 유의해야 한다.

음성의 높낮이가 마음먹은 대로 되지 않는 사람은 대체로 음역이 넓지 못한 데 있기 때문

에 음성의 고저훈련과 동시에 음량을 키우는 훈련을 곁들이는 것이 효과적이다.

목소리 3단계 높이조절 연습

보통 웅변이나 스피치 발성을 할 때 여러 단계로 거쳐서 높낮이를 연습하는데 가장 많은 고저발성 연습은 10단계로 구분하고 있다. 하지만 여기서 배울 고저발성은 3단계로만 구분하여 발성 연습을 하도록 한다. 무엇보다 살아가면서 스피치를 해야 하는 자리에서 10단계로 구분해서 말할 자리는 거의 없다. 따라서 가장 높은 빈도를 요하는 3단계로 구분하여 연습하고 이 3단계 고저발성에 강조발성을 추가하면 총 6단계의 음성높이를 조절할 수 있게 된다.

| 1단계 음성높이 : 대화할 때의 기본음 |

| 2단계 음성높이 : 발표할 때의 기본음 |

| 3단계 음성높이 : 집중시킬 때의 음성 |

1) 2단계 음성높이 : 발표할 때의 기본음 연습하기

가장 먼저 익혀야 하는 음성높이가 2단계 음성높이다. 앞에서 배웠던 마이크 음 발성법 3단계와 마지막 단계로 발성하는 것이 바로 2단계 음성높이 발성이다. 발표할 때의 기본음이다. 따라서 마이크 음 마지막 단계로 발성 연습이 충분히 되었다면 저절로 2단계 음성높이가 완성되었다고 볼 수 있다.

(연습 문장)

아래의 문장을 마이크 음 발성법 높이로 발성 연습하라.

연습 ① 여러분! / 학생 여러분! / 사랑하는 여러분! / 이 자리에 계신 여러분 //

연습 ② 여러분! / 저는 / 스피치구구단이라고 합니다. //

2) 3단계 음성높이 : 집중시킬 때의 음성높이 연습하기

2단계 음성높이가 익숙해졌다면 다음 순서로 3단계 음성높이를 연습한다. 3단계 음성높이는 상상을 하면서 발성 연습을 하면 좋은데 강당이나 교실에 앉아 있는 청중 중에 가장 멀리 앉아 있는 사람을 떠올리며 그 사람의 귀에서 소리가 시작되는 느낌으로 발성을 하는 것이다. 하지만 지도자 없이 발성을 하다 보면 악을 쓰는 고음과 잘못된 발성으로 성대에 큰 무리를 줄 수 있으니 고음 발성을 먼저 이해하고 연습을 해보자.

☐ 고음 발성 이해

고음 발성을 할 때는 다음과 같은 것을 지켜야 한다.

첫째, 신체 전체의 힘 빼기(단, 아랫배는 충분한 힘으로 지지되어야 한다.)

둘째, 높은 음이 됨에 따라서 어깨의 힘이 빠지고 신체 전부가 공명체가 되도록 한다.

셋째, 고음으로 갈수록 턱을 당기는 기분으로 발성한다.

넷째, 고음 발성에 있어서 '오'와 '우'의 모음은 목구멍에 걸려서 소리를 제대로 만들 수 없기 때문에 처음 고음 발성 시에는 생략하는 것도 좋고, 자신이 생길 때 비강공명을 이용하여 고음 발성을 연습하면 된다.

고음 발성훈련은 발성기관을 압박하여 크게 소리 내는 발성이다. 점차 고음 발성을 할 때 높이만 올리지 말고 음량과 음폭을 함께 올리며 넓혀줘야 한다.

음량과 음폭을 넓히는 방법은 아랫배를 이용하여 공기의 압력을 고르게 뱉어 발성하는 것이다. 즉 성대의 압력을 최대한 줄이려고 애쓰고, 음량과 음폭을 고르게 발성하여 좋은 목소리로 다듬어지는 고음 발성이 되어야 한다.

스피치 도중 클라이맥스를 향할 때 하는 고음 발성은 심호흡을 충분히 하여 공기를 저장한 후에 발성을 해야 올바른 고음이 나오고 맥락도 끊기지 않는다. 그러기 위해 호흡법에서 배운 보충호흡을 이용하여 부족한 호흡을 빨리 보충한 후에 고음 발성을 완벽하게 마무리하도록 연습하는 것이 좋다.

다시 말하지만 목소리를 높인다고 악을 써서는 안 된다.

(연습 문장)

아래의 문장을 3단계 고음 발성으로 연습하라.

연습 ① 여러분! / 학생 여러분! / 사랑하는 여러분! / 이 자리에 계신 여러분 //

연습 ② 여러분! / 여기를 / 주목해 주시기 바랍니다. //

3) 1단계 음성높이 : 대화할 때의 기본음 연습하기

1단계 음성높이는 2, 3단계 고음 연습을 충분히 한 후에 마지막으로 연습해야 한다. 고음을 소화하지 못하고 저음을 연습하면 목소리에 힘을 지지하는 방법이나 마이크 음 발성이 어렵다. 1단계 음성높이는 우리가 가장 많이 사용하는 대화의 음성높이다. 낮은음이지만 선명하게 말하고 힘이 있는 음성이 되어야 호감 가는 대화가 가능한 것이다.

또한 올바른 대화 음을 만들기가 가장 어렵다고 말할 수 있다. 대중 앞에서 하는 연설 음은 특수한 상황에 놓인 상태의 목소리이기에 오히려 체화되기 쉽지만, 평소에 말하는 대화 음은 오랜 습관으로 인해 가장 고치기 힘든 목소리다. 하지만 의식을 꾸준히 가져가면서 아차 하고 생각날 때마다 마이크 음으로 소리를 내게 되면 일정 기간이 지난 후에는 무의식적으로 탁 트이고 선명한 대화 음을 내게 된다.

1단계 음성높이는 마이크 음 만들기 준비 발성인 울림점 발성과 같은 높이와 위치다. 즉 대화할 때도 입안에서 웅얼거리거나 목구멍소리가 아니라 입 앞에서 즉 마이크 머리 부분을 입으로 생각하고 발성 연습을 해야 한다. 이때도 변함없이 아랫배가 힘을 유지하고 있으면서 발성을 해야 한다.

(연습 문장)

아래의 문장을 마이크 음 울림점 발성법 높이로 연습하라.

연습 ① 여러분! / 학생 여러분! / 사랑하는 여러분! / 이 자리에 계신 여러분 //

연습 ② 안녕하세요 / 만나서 반갑습니다. / 제 이름은 / 스피치구구단입니다. //

4) 1, 2, 3단계 음성높이 혼합 연습하기

연습 ① '여러분' 혼합연습

1단계 음성높이	2단계 음성높이	3단계 음성높이
여러분 학생 여러분 사랑하는 여러분 이 자리에 계신 여러분	여러분 학생 여러분 사랑하는 여러분 이 자리에 계신 여러분	여러분 학생 여러분 사랑하는 여러분 이 자리에 계신 여러분

연습 ② '문장발성' 혼합연습

1단계 음성높이	2단계 음성높이	3단계 음성높이
안녕하세요. 만나서 반갑습니다. 제 이름은 스피치구구단입니다.	여러분! / 다시 한 번 말씀 드립니다. / 저는 / 스피치 구구단이라고 합니다. //	여러분 / 여기를 / 주목해주시기 바랍니다. //

연습 ③ '지그재그발성' 혼합연습

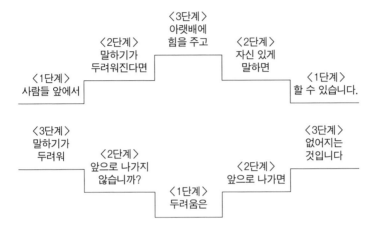

연습 ④ '문장발성2' 혼합연습

- (2단계) 산산이 부서진 이름이여 / (3단계) 불러도 주인 없는 이름이여

- (3단계) 우리들의 겨레는 사랑의 겨레 / (1단계) 우리들의 조국은 영원한 조국

- (3단계) 나를 위하여 땀을 흘리고 / (2단계) 이웃을 위하여 눈물을 흘리고 /

(1단계) 조국을 위하여 피를 흘려라

- (1단계) 여러분은 세상의 소금입니다 / (2단계) 소금이 짠맛을 잃으면 /

(3단계) 무엇으로 다시 짜게 할 수 있겠습니까?

4) 마이크 음으로 평음발성을 연습해보자.

평음발성은 목소리의 높이를 처음부터 끝까지 똑같은 높이로 소리 내는 발성법이다. 단어나 음절에 악센트를 주지 말고 첫 음절부터 끝음절까지 똑같은 높이로 발성해야 한다.

언어 표현에 있어 부적절한 악센트를 교정하기 위한 것인데 지방마다 사투리가 있고 고유의 억양이 있기 마련이다. 평소 대화할 때는 아무런 문제가 될 것이 없고 또한 대중 앞에서 행해지는 스피치에서도 오히려 장점으로 활용하기도 한다.

하지만 공식적인 자리에서 하는 스피치는 가급적 악센트 없는 평음발성법으로 말을 하는 것이 좋은데 전체적으로 행하기 어렵기에 종결어를 말할 때만큼은 반드시 평음발성으로 마무리하는 것이 좋다. 그래야 청중들로 하여금 연사의 신뢰감을 높일 수가 있다.

(1) 음절 평음발성

중요한 것은 발성을 하기 전에 의식을 앞세워 똑같은 높이를 상상하며 연습해야 한다. 특히 혼자 연습을 하게 되면 평음을 확인하기 어려우니 녹음을 하여 스스로 평가를 해가면 연습해야 한다.

먼저 아래의 음절을 한 음절 한 음절 마이크 음으로 평음발성을 해보자.

충분히 연습한 후에 일반적인 말하기 속도로 이어서 평음발성을 연습하면 된다.

- 3음절

아.침.해 - 저.녁.달 - 마.음.밭 - 소.나.무 - 철.학.자 - 내.친.구

표.현.력 - 발.표.력 - 스.피.치 - 웅.변.인 - 자.신.감 - 연.설.가

- 4음절

해.바.라.기 - 코.스.모.스 - 교.통.도.덕 - 대.한.민.국 - 우.리.나.라

아.랫.배.에 - 것.입.니.다 - 발.표.하.는 - 있.습.니.다 - 않.습.니.까

- 5음절

깨.끗.한.거.리 - 시.원.한.아.침 - 훌.륭.한.사.람 - 즐.거.운.마.음

중.요.하.지.만 - 중.요.합.니.다 - 무.엇.이.든.지 - 안.녕.하.세.요

(2) 문장 평음발성

문장 평음발성은 한 호흡에 장력을 유지하며 처음부터 끝까지 평음발성으로 연습해 보자.

- 꽃이 ---- 피고 ---- 잎이 ---- 솟는 ---- 봄이 ---- 오네

- 물소리 --- 새소리 --- 바람 소리 --- 하늘과 --- 땅에 --- 가득하다

- 달빛은 -- 호수에 -- 머물고 -- 별빛은 -- 눈 속에 -- 어리네

- 두견새 - 슬피 우는 - 밤에 - 잠 못 - 이루는 - 시인들이여

5) 강조하고 싶은 말은 어떤 방법으로 강조하나요?

스피치를 하다 보면 자신의 사상이나 감정을 청중에게 각인시켜야 할 때가 있다. 강조하는 방법에는 2가지가 있는데 먼저 논리적으로 강조하고 싶은 것은, 문장의 내용을 강조해야 하는데 그것이 음절이 될 수도 있고, 단어, 구절이 될 수도 있다. 강조하는 방법은 음성의 세기를 이용하는 것이다. 두 번째는 감정적 강조가 필요할 때가 있는데 이때는 휴지나 속도로 강조하는 방법이 있다. 상황에 따라 적절한 강조법을 적시에 사용할 수 있도록 평소에 연습해 두어야 한다. 여기서는 음성 부분을 다루는 발성 편이니 음성의 세기를 이용한 강조법만 익혀보고 감정적 강조법은 낭독법에서 상세히 다루도록 하겠다.

문장의 내용을 강조하는 논리적 강조법 익히기

말하는 이가 강조하고자 하는 내용을 명확히 전달하고자 할 때의 강조법이다. 음성의 세기를 강하게 하거나 아주 약하게, 또는 특이하게 하여 강조하는 방법이 있다.

① 음성의 높이와 세기를 강하게 하는 방법

낱말이나 구절 그리고 문장 전체를 강하게 높여서 말하는 방법이다. 하지만 많이 사용하면 듣는 사람을 짜증 나게 할 수도 있다. 주의할 것은 음절만을 강조하는 악센트와는 구별해야 한다. 자칫 낱말을 강조할 필요성이 있는데도 낱말의 단위인 음절 하나만을 악센트식으로 강조해서는 안 된다는 것이다. 반드시 다른 부분과 대립되는 음성 표현으로 해야 한다. 음성의 세기를 강하게 하려면 호흡량을 많게(호흡의 압력을 높여) 하여 성대를 긴장(목을 조이고)시킨 상태에서 소리를 지르면 강한 소리를 얻을 수 있다.

- 아래의 문장에서 **밑줄 친 부분**을 음성의 세기를 강하게 해서 강조해 보기.

먼저 마이크 음으로 강조 없이 발표하는 음성을 녹음해보고, 강조해서 녹음한 것과 비교해 보길 바란다. 자신은 강조했다고 느껴도 실제로 상대방에게는 강조했다고 느껴지지 않을 때가 많다. 따라서 강조하는 음성이 분명하게 드러나도록 연습해야 한다. 그리고 하나의 문장에서 강조하고 싶은 내용을 바꿔가며 강조해 보자.

<어린이용 강조법 예문 익히기>

(소속단체를 강조하고 싶을 때)

*왕따 없는 <u>우리 학급을</u> 만들기 위해 제가 앞장서겠습니다.

(자기 자신을 강조하고 싶을 때)

*왕따 없는 우리 학급을 만들기 위해 <u>제가</u> 앞장서겠습니다.

(자신의 의지를 강조하고 싶을 때)

*왕따 없는 우리 학급을 만들기 위해 제가 <u>앞장서겠습니다</u>.

(문제 핵심을 강조하고 싶을 때)

<u>왕따 없는</u> 우리 학급을 만들기 위해 제가 앞장서겠습니다.

<청소년용 강조법 예문 익히기>

(스피치 자체를 강조하고 싶을 때)

*<u>스피치 공부</u>를 열심히 해서 훌륭한 사람이 될 것입니다.

(노력을 강조하고 싶을 때)

*스피치 공부를 <u>열심히 해서</u> 훌륭한 사람이 될 것입니다.

(인물을 강조하고 싶을 때)

*스피치 공부를 열심히 해서 <u>훌륭한 사람이</u> 될 것입니다.

(각오와 의지를 강조하고 싶을 때)

*스피치 공부를 열심히 해서 훌륭한 사람이 <u>될 것입니다</u>.

<성인용 강조법 예문 익히기>

(소속단체를 강조하고 싶을 때)

*가족 같은 <u>우리 협회</u>를 만들기 위해 제가 앞장서겠습니다.

(자기 자신을 강조하고 싶을 때)

*가족 같은 우리 협회를 만들기 위해 <u>제가</u> 앞장서겠습니다.

(자신의 의지를 강조하고 싶을 때)

*가족 같은 우리 협회를 만들기 위해 제가 <u>앞장서겠습니다</u>.

(문제핵심을 강조하고 싶을 때)

*<u>가족 같은</u> 우리 협회를 만들기 위해 제가 앞장서겠습니다.

② 음성을 특이하게 높이며 강조하는 방법

가장 많이 사용하는 강조 방법이다. 주변의 다른 내용과 확연한 구별이 되도록 특이한 음성으로 표현하는데 그 의미 또한 선명하게 드러난다. 하지만 비슷한 강조를 계속해서 표현하면 식상해진다.

*당신은 <u>훌륭한</u> 연설가가 꼭 될 것입니다.

'훌륭한'은 훌~~륭한, 꼭은 꼬~~옥으로 표현하는 방법이 있다.

다음 문장에서 자신이 강조하고 싶은 내용을 <u>밑줄 치고</u> 음성의 세기를 이용하거나 특이하게 높이며 강조 연습을 해보자.

<어린이 예문>

1. 높은 산으로 뛰어올라 갔습니다.

2. 깊은 물속에 몸을 던졌습니다.

3. 자유가 아니면 차라리 죽음을 달라.

4. 이번 반장선거에 나왔습니다. 힘껏 밀어주십시오.

5. 할 수 있다는 마음만 있으면, 무엇이든지 할 수 있습니다.

<청소년, 성인 예문>

1. 높은 산으로 뛰어 올라가면서 나는 결심했습니다. 민주주의를 외치는 그들의 절규를 잊지 않겠다고….

2. 깊은 물속에 몸을 던졌던 논개의 정신을 생각한다면 나라가 위태로울 때 우리는 어떤 정신을 가져야 합니까?

3. 할 수 있다는 마음만 있으면, 무엇이든지 할 수 있습니다. 이 어려움을 반드시 극복할 수 있다는 생각으로 우리 함께 노력합시다.

6) 종결어를 말할 때 꼭 익혀두어야 하는 고급발성법

고급발성법은 문장의 종결어를 말할 때 같은 높이인 평음으로 끝내거나, 끝을 올리며 끝내거나, 끝을 내리며 끝내는 발성 연습법이다. 스피치를 할 때 잘못된 습관 중의 하나가 끝내는 말을 할 때 무조건 올리거나 내리는 습관을 지닌 사람들이 많다. 또한, 지방마다 억양이 종결어에도 그대로 영향을 미치면서 대중 스피치의 신뢰성에 좋지 않은 영향을 미친다.

따라서 스피치 중간에 행해지는 억양이나 악센트는 무시하더라도 마지막 종결어를 말할 때는 반드시 끝은 평음으로 마치거나, 살짝 올려 마치거나, 내려 마치는 연습을 해보자.

아래의 글을 위에서 언급한 음성높이 1, 2, 3단계와 평음고저로 끝내는 발성 연습을 함께 해보자.

⟶ (평음으로 끝내는 기호 : 앞에서 배웠던 평음발성으로 연습하면 된다.)

⟶ (고음으로 끝내는 기호 : 평음으로 말하다가 끝음절만 살짝 올리면서 끝맺는다.)

⟶ (저음으로 끝내는 기호 : 평음으로 말하다가 끝음절만 살짝 내리면서 끝맺는다.)

(2) 맑은 하늘에 / 햇님이 밝게 / 빛나고 있었습니다. /

(2) 하얀 구름이 / 몰려왔습니다. /

(1) 하얀 구름이 / 점점 시커멓게 / 변해 갔습니다. /

(1) 부슬부슬 / 비가 내리기 / 시작했습니다. /

(2) 점점 더 / 빗방울이 굵어졌습니다. /

(2) 거센 바람이 / 몰아쳤습니다. /

(2) 비가 사정없이 / 쏟아졌습니다. /

(3) 번개가 번쩍이고 / 천둥이 쳤습니다 . /

(1) 나무가 쓰러지고 / 집이 흔들거립니다. /

(3) 꽝! 하고 / 벼락이 쳤습니다. /

동메달 과정
심화훈련

1) 음량훈련

인간이 탄생하는 순간 음량도 정해진다. 태어나면서 '응애' 하고 첫울음을 터트리면서부터 음량의 차이가 확연히 나기 때문이다. 평상시의 대화할 때에도 목소리가 큰 사람과 그렇지 않은 사람이 있기 마련이다. 타고난 음량이 작은 사람이 억지로 큰 목소리를 내고자 하면 어색하고 불쾌한 갈라지는 음이 되어 듣는 사람은 매우 피곤하다.

목소리가 크다고 다 좋은 것은 아니지만 대중 스피치에 있어서는 가급적 음량이 풍부해야 한다.

2) 음질훈련

음이 탁한가 또는 맑은가의 기준이 되는 것이 음질이며, 음질이 지나치게 탁할 때 듣는 이는 불쾌감을 느끼게 된다. 대중 스피치에 있어서 탁한 음성은 금물이다.

음질을 좋게 하는 데는 허파에서 나오는 공기가 목젖을 거쳐 소리로 바뀌어 나올 때 입안의 아무런 부분적 자극도 없이 나오는 모음훈련이 효과적이다. 조음기관에서 소리가 부딪치거나 걸리지 않게 하는 유음 즉 흐름소리를 잘 훈련하면 된다.

유음훈련에는 그리스 발성법이 이용되는데 '로얄', '싸리톨' 같은 단어를 반복해서 큰소리로 연습해야 하고, 적당히 구르는 소리를 만들 필요가 있다.

3) 음폭훈련

음폭이란 목소리의 굵고 가늚을 말하는 것이며, 굵고 웅장한 느낌을 주는 목소리는 어딘가 믿음직한 신뢰감을 준다. 음질을 좋게 만들기 위해서는 입안의 아무런 자극도 없이 나오는 모음 훈련을 했다면 음폭을 굵게 만드는 데는 발성기관에 영향을 받는 자음훈련이 효과적이다.

파열음을 통해 음폭훈련을 하면 된다. 파열음이란 목청을 틔우는 소리를 말한다. 즉 '카', '타', '파'와 같이 입안의 발성기관을 자극하며 나오는 자음소리다. 지나치게 음성이 가는 사람들은 이 파열음을 지속적이면서 큰소리로 발성 연습하면 효과가 크다.

4) 음색훈련

음색은 말하는 사람의 얼굴과 같은 것으로 스피치 전체에 대한 인상과 평가를 받게 만드는 가장 중요한 요소다.

음색은 대개 감정적 영향이나 성격적인 영향에 의해서 나타나는 특징이 있는데 음색이 나쁜 사람의 경우 성격적으로 어두운 면이 소리를 통해 나타난다고 보면 된다. 그 때문에 좋은 음색을 나타내기 위해서는 무엇보다 성격을 밝고 건강하게 가꾸는 것이 중요하다.

흔히 상대의 음성만 듣고도 '기가 살아 있다' 또는 '기가 죽어 있다'고 판단하는 것도 이 음색으로 판단하게 되는 것이다. 기가 죽어 있는 사람의 음색은 의기소침한 내면의 감정이 음성에 분명히 담겨 있기 때문이고, 반면에 기가 살아 있는 사람은 자신감 넘치는 내면의 움직임이 밝고 활기찬 음성이 되어 외부로 나타나기 마련이다.

발성법 앞부분에 언급했던 영어 문장을 기억하면 된다.

garbage-in garbage-out / diamond in diamond out

(1) 외국어로 발성 연습(음량, 음질, 음폭훈련)

웅변과 연설법이 많이 발달한 외국에서 주로 하는 발성법으로 음질을 맑고 아름답게 하며 음량을 풍부히 하고 음폭을 넓히는 데 쓰이는 발성 연습법이다.

① 단절 음으로 발성하기

*로--------얄 : 혀굴림 운동과 후두음 조절 능력을 향상시키는 발성

*막--------파 : 입술붙임 작용과 복부음 발성 능력을 향상시키는 발성

*싸리-------톨 : 혀굴림의 전체적인 운동과 격음 발음을 향상시키는 발성

*스네이 파----제 : 혀굴림과 입술붙임 및 복부음 발성의 복합성을 위한 발성

*에-룸-포-야 : 복부음 후두음 위주의 장음 발성과 폐활량을 향상시키는 발성

*트-렘-마-네-풀 : 설치음 후두음 위주의 장음 발성과 장호흡을 향상시키는 발성

② 연속 음으로 발성하기(빠른 속도로 연속해서 발성 연습한다.)

로얄 막파 싸리톨 스네이파제 에룸포야 트렘마네풀 /

로얄 막파 싸리톨 스네이파제 에룸포야 트렘마네풀 /

로얄 막파 싸리톨 스네이파제 에룸포야 트렘마네풀 //

(2) 무성음을 이용한 발성 연습

소리를 내지 않고 호흡으로만 발성 연습을 함으로써 발성기관과 복부근육을 단련시키는 훈련법이다.

① 무성음으로 발성기관 근육의 고저단련

무음으로 발성기관(성문중심의 근육)을 먼저 단련시켜야 한다. 횡격막을 이용한 복식 호흡으로 아랫배까지 저장시킨 공기를 활용하여, 소리 없는 /하~/를 1단계 음성높이

로 1주간 연습하고, 2단계, 3단계 음성높이로 단계를 높여 연습한다.

② 무성음을 통한 복부근육 단련

복부근육의 단련은 힘 있고 자유롭게 수축할 수 있는 복근 강화 훈련을 통해 말의 맥이 끊어짐 없이 힘 있게 이어갈 수 있는 순발력을 기르고, 소리가 입안에서 맴돌지 않고 밖으로 터져 나오는 시원한 목소리를 구사할 수 있는 훈련이다.

- 하-하 호흡훈련

무성음 /하/, /하/, /하/ 하고 강하게 끊어서 발성 연습한다.

무성음 /하~하/, /하~하/, /하~하/ 하고 이어지는 발성 연습한다.

무성음 /하~하~하하하/ 하면서 손뼉을 치듯이 리듬감 있게 발성한다.

- 산토끼 노래를 호흡으로만 노래 부르는 호흡훈련

하하하(산토끼) / 하하하(토끼야) / 하하하 하하하(어디를 가느냐) /

하하하하(깡충깡충) / 하하하(뛰면서) / 하하하 하하하(어디를 가느냐) /

※주의점 : 소리를 내되 /하/ 소리를 유성음이 아닌 무성음, 즉 호흡 소리만 내어야 한다.

(3) 장음 발성 연습

스피치를 능수능란하게 하려면 긴 호흡을 필요로 하는 장음 발성이 절대적으로 필요하다. 장음 발성을 숙달시키면 문맥의 단절로 어려움을 겪는 고음의 단계적 처리를 멋지게 할 수 있고, 감정과 호소력까지 함께 표현할 수 있게 된다.

① 최대한 많은 양의 숨을 마시고 전신의 힘을 다하여 호흡이 끊어질 때까지 길게 외친다.

② 아주 먼 산에 있는 사람에게 들리도록 해야 한다는 마음으로 큰 소리를 낸다.

③ 입은 최대한 크게 벌리고 아랫배에서 우러나오는 소리로 발성해야 한다.

④ 결코 목에 힘을 주어서는 안 된다.

- '로얄 막파' 장음발성하기

로~~~~~~~~~~~~~~~~~~~~~~~~~~~~~~~~~~~~~~~얄 //

막~~~~~~~~~~~~~~~~~~~~~~~~~~~~~~~~~~~~~파 //

- '나두야 간다' 장음 발성하기

아!~~~~~~~~~~~~~~~~~~~~~~~~~~~나두야~~~~~~간다~~~~~~ //

이 젊은 나이를~~~~~~~~~~~~~눈물로야~~~~~~~~ 보낼손가~~~~ //

아!~~~~~~~~~~~~~~~~~~~~~~~~~나두야~~~~~~간다~~~~~~ //

아!~~~~~~~~~~~~~~~~~~~~~~~~~나두야~~~~~~간다~~~~~~ //

아득한~~~~이~~~ 항군들을~~~~~~~~손쉽게야~~~~~~버릴손가~~~~ //

안개같이~~~~~~~~물기 어린~~~~눈가에도~~~~ 빛이 나니~~~~~~~~~ //

골짜기마다~~~~발에 익은~~~~~~~~~뫼 뿌리~~~~마냥~~~~~~~~~ //

주름살도~~~~~눈에 익은~~~~~ 아!~~~~~~~ 사랑하는 사람들아!~~~~ //

아!~~~~~~~~~~~~~~사랑하는~~~~~~~~~~~ 사람들아!~~~~~~~~ //

아!~~~~~~~~~~~~~~사랑하는~~~~~~~~~~~ 사람들아!~~~~~~~~ //

(4) 유장성 발성 연습

장음 발성을 충분히 익혔다면 감성과 이성의 조정력을 기르는 유장성 발성 연습을 해보자. 장음 발성과 같이 최대한 많은 양의 숨을 들이마신 다음, 호흡을 정지시키고 45자~50자 정도를 유장 처리한다. 가장 적절한 연습문장이 우리나라 고유의 시조문이다. 특히 시조문을 통해 우리말의 음률을 익히는 데도 많은 도움이 된다.

① 보충호흡법으로 유장 발성하기

1행을 1단계 음성높이로 발성한 후 호흡을 보충하여 재빨리 2행을 2단계 음성높이로 발성하고 다시 호흡을 보충하여 재빨리 3행을 3단계 음성높이로 발성 처리한다.

(연습문장)

청산은 어찌하여 만고에 푸르르며 (1단계 음성높이)

유수는 어찌하여 주야에 긋지 아닛고 (2단계 음성높이)

우리도 그치지 말고 만고 산청 하리라. (3단계 음성높이)

② 한 호흡으로 유장처리하기

1회 호흡으로 1행 - 2행 - 3행을 1단계 음성높이로 호흡보충이나 교체 없이 연속 발성 처리한다. 이어서 한 호흡으로 2단계 음성높이로 1, 2, 3행을 연속 발성한다.

(연습문장)

어버이 살아실제 섬길 일랑 다 하여라 (1단계 음성높이)

지나간 후면 애달프다 어이 하리 (1단계 음성높이)

평생에 고쳐 못할일이 이뿐인가 하노라. (1단계 음성높이)

충분히 연습이 되었다면 1행은 1단계 음성높이, 2행은 2단계 음성높이, 3행은 3단계 음성높이로 한 호흡에 음률을 즐기면서 유장 발성한다.

호흡이 짧을 것 같아서 급한 마음으로 빨리 끝내려고 하지 말고 천천히 음률을 느끼면서 발성해야 한다. 그리고 중간에 보충호흡을 하지 않고 한 호흡에 자유롭게 유장 발성이 될 때까지 연습한다.

(연습문장)

태산이 높다 하되 하늘 아래 뫼이로다 (1단계 음성높이)

오르고 또 오르면 못 오를 리 없건마는 (2단계 음성높이)

사람이 제 아니 오르고 뫼만 높다 하더라. (3단계 음성높이)

(5) 감정 발성 연습

생동감 있는 스피치를 하기 위해서는 그 단어나 어절이 내포하고 있는 감성을 청중의 귀에

생명이 있는 소리로 전달하는 능력을 갖추어야 한다.

감정 발성을 연습할 때는 스스로 겸연쩍을 정도로 오버해서 감정을 싣는 연습이 되어야 한다.

<제목 : 모네론 섬 파도야>

애절한 감정으로	(1단계) 파도야 어쩌란 말이냐? (2단계) 파도야 어쩌란 말이냐? (3단계) 파도야 어쩌란 말이냐?
잔잔한 느낌으로	(2단계) 모네론 섬 바다 바람은 싸늘하겠지 (2단계) 망망한 바다 출렁이는 물결 위에
비통한 심정으로	(2단계) 혼령처럼 떠돌다가 사라지는 통곡 소리 (1단계) 가슴을 갈라내는 그의 울부짖음을
간절한 마음으로	(1단계) 돌아와라 돌아와라 (2단계) 모네론 섬 이백예순 아홉
분노하는 느낌으로	(3단계) 원혼들의 통곡 소리에 (3단계) 파도소리마저 슬퍼구나
극적인 애절함으로	(1단계) 파도야 어쩌란 말이냐? (2단계) 파도야 어쩌란 말이냐? (3단계) 파도야 어쩌란 말이냐?

(6) 용기를 주는 체화 발성 연습

체화(體化)란 지식이나 기술, 사상 따위가 직접 경험과 훈련을 통해 자신의 몸 일부가 되는 현상을 말한다. 체화의 종류는 셀 수 없을 정도로 많겠지만 대표적인 것이 소리 체화와 근육 체화가 있다. 가수가 자신의 노래를 체화하기 위해서는 같은 곡을 천 번 이상을 연습한다고 한다. 마찬가지로 야구선수나 골프선수가 스윙을 근육에 체화시키기 위해서는 최소한 3만 번 이상을 연습한다고 한다. 이것이 체화인 것이다.

마찬가지로 말을 의식화하는 의식 체화도 있다. 용기가 없거나 자신감을 잃었을 때 큰소리로 발성하며 그 말의 의미를 자기화하는 체화 발성으로 용기와 자신감을 회복시키는 발성법이다. 주로 어린아이에게 많이 사용하는 발성법인데 분명한 것은 분명하게 효과가 있다는 것이다.

아래의 원고에 자기 이름을 넣어서 체화 발성을 연습해보자.

자기가 이루고 싶은 목표나 바람을 문장으로 만들어 체화될 때까지 연습해도 좋다.

   0 0 (아)야! / 찬 바람이 분다고 / 두려워 마라 /

   너에게는 / 찬바람을 이길 수 있는 / 용기가 있다. /

   0 0 (아)야! / 눈보라가 친다고 / 무서워 마라 /

   너에게는 / 눈보라도 / 예쁜 꽃으로 보이는 /

   아름다운 마음의 / 눈이 있다. /

   0 0 (아)야! / 서릿발이 돋는다고 / 겁내지 마라 /

   너에게는 / 서릿발을 딛고 / 일어설 수 있는 튼튼한 몸이 있다. /

   0 0 (아)야! / 그 어떤 어려움도 / 굳센 용기 앞에서는 /

   너에게 무릎을 / 꿇고 말 것이니 /

   네 이름은 자랑스러운 / 0 0 0 (이)다./

3 발음법(發音法)

발음의 최소단위를 음절이라 한다. 음절이란 낱말을 만들어주는 하나의 요소로 말소리의 작은 단위를 가리킨다. 쉽게 말해서 글자 하나를 일컫는다. 일반적으로 음절의 마지막이 모음으로 끝나면 '열린 음절' 자음으로 끝나면 '닫힌 음절'이라 한다.

정확한 발음은 정상적인 언어 사용자에게는 필수적인 것이다. 구강구조에 문제가 있던지 언어 장애자가 아닌 이상, 글자를 분명히 발음해서 정확한 소리를 내는 것은 그 나라 말을 쓰는 국민이라면 당연한 것이라고 해야 할 것이다.

발음 연습에서 중요한 일의 하나는 완전하고 올바른 발음을 하는 사람의 발음을 듣는 일이다. 귀로 어음의 감각을 가다듬어 나가는 것이다. 부정확한 발음으로 말하는 사람들 사이에 오래 있으면 자기의 발음도 점점 나빠지게 된다. 특히 유아나 어린이들은 부모님의 발음을 그대로 답습하는 것이니 자녀의 올바른 발음을 걱정하는 부모라면 부모 스스로 올바른 발음을 할 수 있도록 노력해야 한다. 따라서 아나운서나 성우 등 발음이 좋은 사람들의 말을 주의 깊게 듣고 귀에 익숙하도록 노력하라.

또 한 가지는 자기의 발음 목소리를 고쳐 나가는 훈련이다. 그러나 자기의 발음 목소리를 파악하기는 어렵기 때문에 녹음을 해서 이용하는 것도 좋은 방법이다. 단지 녹음된 소리는 기계를 통한 재생된 소리로서 진짜 육성과는 약간 다르다는 것을 발성법에서 미리 말해 두었다.

발음 훈련 전 주의사항

발성학적인 발음 훈련을 할 때는 다음의 일곱 가지 사항을 주의하면서 연습하도록 힘써야 한다.

① 입 모양의 열고 닫기를 명확히 하고 발음한다. 그래야 모음의 구별이 뚜렷해진다.

② 혀, 입술, 턱의 활동을 활발히 시킨다. 혀끝을 위로 말고 소리를 내면 윤택 있는 구강공명을 만들 수 있다. 특히 '다' 음의 발음은 혀로 윗니의 뒤를 누르듯이 발음하고 '파' 음은 두 입술을 완벽하게 닫아서 소리를 만들고 '가'음은 아래턱의 움직임을 잘해야 한다.

③ 말머리에 지나치게 힘을 주지 않도록 한다.

④ 말끝을 빨리하지 않도록 한다. '가겠오', '먹었나' 따위의 말을 빨리 끝내면 명확하게 들리지 않는 것이다.

⑤ 말끝을 흐리지 않도록 한다. '떠났다', '달려라' 같은 말의 말끝을 흐리면 이것도 역시 명확하게 들릴 수가 없기 때문이다.

⑥ 한 음절 한 음절, 한 구절 한 구절을 똑똑히 발음한다. 단음의 발음은 정확하면서도 음절이 겹쳐지면 부정확해지는 사람이 있다. '어디야?'를 '어리야?'로 발음하는 사람이 그 예라고 할 수 있다.

⑦ 파열음 즉 터지는 소리가 나올 때는 부드러운 소리가 나오도록 해야 한다. 된 소리나 센 소리로 하면 침이 튀어나와 상대방의 기분을 상하게 하기 때문이다.

1) 발음기관 운동법이 올바른 발음을 하는 데 큰 도움이 된데요.

발음기관은 항상 훈련해야 한다. 발음기관의 근육이 자유롭지 않으면 발음이 모가 나거나 음가대로 표현되지 않는다. 따라서 발음기관의 운동은 평소에도 꾸준히 훈련하는 것이 좋다.

허파에서 기관지를 거쳐 나오는 공기는 후두를 지나면서 다시 코와 입을 지나 밖으로 나가게 된다. 공기가 밖으로 나갈 때 거치게 되는 신체 부분을 '발음기관'이라 한다.

발음기관을 '음성기관'이라고도 하는데 크게 3개의 기관으로 나누어진다. 즉 호흡기관, 발성기관, 조음기관이 그것들이다. 호흡을 맡는 부분은 횡격막과 허파, 기관과 기관지가 있으며, 발성을 맡는 기능을 후두와 성대가 있고, 조음(발음)을 맡는 곳은 입을 중심으로 혀와 치아, 코, 입안, 아래턱의 운동 등이 여기에 속한다.

따라서 발음 연습의 대상도 이들 기관을 올바르게 활용할 수 있도록 다듬는 과정이다. 즉 발음 연습은 발음기관의 움직임을 정확하게 조절하고 통제할 수 있는 능력을 기르는 과정이다.

우리가 하는 말의 정확도는 발음기관의 역할에 의해 좌우된다. 이러한 발음기관으로 가장 중요한 곳이 혀, 입술, 아래턱이라고 할 수 있다. 이런 중요한 3부분의 근육이 제대로 활동하지 못하게 되면 알아듣기 힘든 소리, 자연스럽지 못한 언어 표현의 원인이 된다.

따라서 이런 발음기관의 끊임없는 운동을 통해 발음의 정확도와 자신 있는 언어표현의 기초를 다져야 한다.

(1) 혀 운동 방법

① 앞, 뒤 운동 혀를 앞으로 세게 내민다. 그리고 뒤로 당기고 입을 다무는 동작을 반복한다.	
② 왼쪽, 오른쪽 운동 혀를 내밀고 왼쪽으로 최대한 뻗어준다. 이어서 오른쪽으로 최대한 뻗는다.	
③ 위, 아래 운동 혀끝이 코끝에 닿는 기분으로 올린다. 이어서 턱에 닿는 기분으로 최대한 내린다.	

④ 밀기 운동 혀끝으로 윗니를 힘껏 밀고 재빨리 아랫니를 힘껏 민다.	
⑤ 감고, 뒤집기 운동 혀끝을 입천장에 대고 감아준다. 그리고 아래 이 안쪽에 대고 뒤집는다.	
⑥ 종합 운동 혀 전체로 입속(이, 잇몸, 입천장)을 모두 감촉을 느껴본다. 혀끝으로 아래위의 이 숫자를 세어 본다.	

(2) 입술 운동 방법

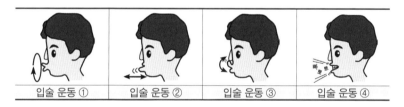

① 위, 아랫입술을 '우' 입 모양을 형태로 만들어 최대한 내민다. 이어서 그 상태로 왼쪽으로 돌려주고 오른쪽으로 돌려주는 것을 반복한다.

② 아랫입술만 내밀었다 당기는 운동을 반복한다.

③ 위의 입술을 최대한 끌어올려 위의 이와 잇몸이 보이도록 반복한다.

④ 위, 아래 이가 맞물리도록 하고 입술로만 다음 글자를 반복 발

음한다.

빠-뽀-쁘, 파-포-프, 바-보-브

(3) 아래턱 운동 방법

① 아래턱만 움직여 '가' 음을 내는 운동을 가볍게 반복한다. (그림1)

② 아래턱을 앞으로 내밀었다 당기는 운동을 반복한다. (그림2)

③ 아래턱을 왼쪽, 오른쪽으로 움직이는 운동을 반복한다. (그림3)

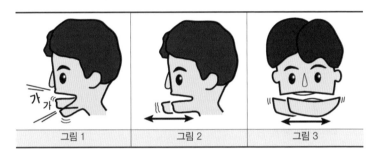

※주의힐 깃은 걸고 무리히게 하지 말고 가볍게 해야 한다. 발음의 가장 큰 적은 혀, 입술, 턱의 게으름에 있음을 잊지 말자.

| 발음기관 체조 따라 하기 |

말의 정확도는 발음기관의 근육이 제대로 활동해야 가능하다.

100일 동안만 꾸준히 발음기관의 근육을 깨우는 발음기관 체조를 동영상을 보며 따라 해보자.

(동영상은 유튜브 검색어 : 김경태스피치연구소 또는 마음밭)

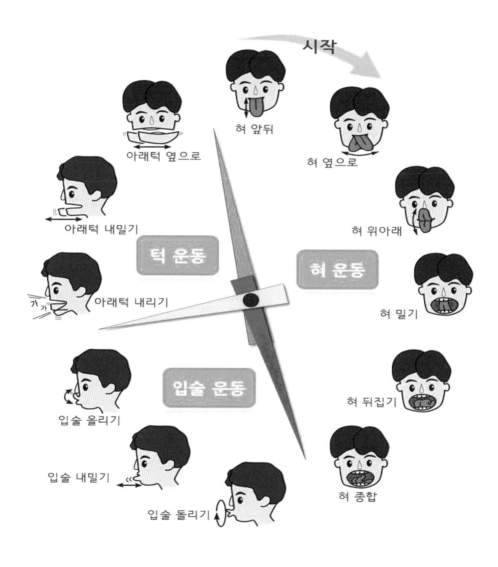

시작

혀 앞뒤

혀 옆으로

아래턱 옆으로

혀 위아래

아래턱 내밀기

턱 운동

혀 운동

아래턱 내리기

혀 밀기

가 가

입술 운동

입술 올리기

혀 뒤집기

입술 내밀기

혀 종합

입술 돌리기

2) 발음 연습의 기본이 모음 연습입니다.

(1) 모음(홀소리)

우리말의 모음은 혀나 이, 입술 등의 장애 없이 단독으로 목청을 울려 소리를 내기에 홀소리라고 한다.

또한 모음에는 입술과 혀를 움직이지 않고 발음하는 9개의 단모음과(ㅏ, ㅣ, ㅔ, ㅐ, ㅓ, ㅡ, ㅗ, ㅜ, ㅚ) 입술과 혀를 움직여야만 발음되는 12개의 복모음(ㅑ, ㅕ, ㅛ, ㅠ, ㅒ, ㅖ, ㅘ, ㅝ, ㅙ, ㅞ, ㅟ, ㅢ)이 있다.

- 모음 삼각도

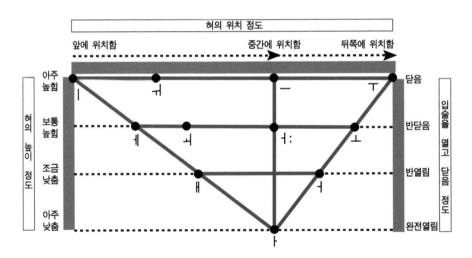

(2) 단모음 입 모양 만들기와 소리내기

아	① 아래턱을 최대한 아래로 내린다. ② 혀는 편안하게 아래에 두고 안쪽으로 약간 당긴다.	
	('아' 입 모양을 정확하게 만든 후 마이크 음으로 연습합니다.) 가 나 다 라 마 바 사 아 자 차 카 타 파 하	
이	① 아래턱이 위턱에 닿을 정도로 올린다. ② 혀의 가운데는 높이고 혀끝은 아래 이에 의지한다. ③ 입술은 양 옆을 당겨 앞의 이가 약간 보이게 한다.	
	('이' 입 모양을 정확하게 만든 후 마이크 음으로 연습합니다.) 기 니 디 리 미 비 시 이 지 치 키 티 피 히	
애	① 아래턱을 'ㅔ'보다 조금 더 아래로 내린다. ② 혀는 앞으로 밀면서 'ㅔ'보다 혀끝은 더 내린다. ③ 입술은 아래, 위의 이 전체가 보일 정도로 벌리고 평평하게 둔다.	
	('애' 입 모양을 정확하게 만든 후 마이크 음으로 연습합니다.) 개 내 대 래 매 배 새 애 재 채 캐 태 패 해	
에	① 아래턱을 'ㅣ'보다 약간 더 내린다. ② 혀를 앞으로 밀면서 가운데를 높인다. ③ 입술은 아래 이가 약간 보일 정도로 열고 자연스럽게 둔다.	
	('에' 입 모양을 정확하게 만든 후 마이크 음으로 연습합니다.) 게 네 데 레 메 베 세 에 제 체 케 테 페 헤	

어	① 아래턱을 '에'정도의 높이에 둔다. ② 혀는 안쪽으로 밀면서 혀 뒷부분을 올린다. ③ 입술은 '에'보다 조금 더 둥근 형태로 만든다.
👄	('어' 입 모양을 정확하게 만든 후 마이크 음으로 연습합니다.) **거 너 더 러 머 버 서 어 저 처 커 터 퍼 허**
으	① 아래턱을 최대한 올려 구강이 거의 닫힌 형태로둔다. ② 혀의 움직임이 거의 없는 상태에서 뒷부분을 위로 올린다. ③ 입술은 평평하게 펴고 자연스럽게 둔다.
👄	('으' 입 모양을 정확하게 만든 후 마이크 음으로 연습합니다.) **그 느 드 르 므 브 스 으 즈 츠 크 트 프 흐**
오	①아래턱을 '에'와 비슷하게 유지한다. ②혀 뒷부분을 위로 올린다. ③입술은 내밀면서 동그랗게 한다.
👄	('오' 입 모양을 정확하게 만든 후 마이크 음으로 연습합니다.) **고 노 도 로 모 보 소 오 조 초 코 토 포 호**
우	① 아래턱을 'ㅣ'와 같이 위턱에 거의 닿을 정도로 올린다. ② 혀 뒷부분을 최대한 위로 올린다. ③ 입술은 동그랗게 오므려 앞으로 내민다.
👄	('우' 입 모양을 정확하게 만든 후 마이크 음으로 연습합니다.) **구 누 두 루 무 부 수 우 주 추 쿠 투 푸 후**

(3) 복모음 입 모양 만들기와 소리내기

야	'이'와 '아'소리를 연속해서 빠르게 낸다.	
	이아 이아 이아, 야 야 야 갸 냐 댜 랴 먀 뱌 샤 야 쟈 챠 캬 탸 퍄	
여	'이'와 '어'소리를 연속해서 빠르게 낸다.	
	이어 이어 이어, 여 여 여 겨 녀 뎌 려 며 벼 셔 여 져 쳐 켜 텨 펴 혀	
요	'이'와 '오'소리를 연속해서 빠르게 낸다.	
	이오 이오 이오, 요 요 요 교 뇨 됴 료 묘 뵸 쇼 요 죠 쵸 쿄 툐 표 효	
유	'이'와 '우'소리를 연속해서 빠르게 낸다.	
	이우 이우 이우, 유 유 유 규 뉴 듀 류 뮤 뷰 슈 유 쥬 츄 큐 튜 퓨 휴	
애	'이'와 '애'소리를 연속해서 빠르게 낸다.	
	이애 이애 이애, 얘 얘 얘 걔 냬 댸 럐 먜 뱨 섀 얘 쟤 챼 걔 턔 퍠 햬	

예	'이' 와 '에'소리를 연속해서 빠르게 낸다.	
	이에 이에 이에, 예 예 예 계 녜 뎨 례 몌 볘 셰 예 졔 쳬 켸 톄 폐 혜	
와	'우' 와 '아' 소리를 연속해서 빠르게 낸다.	
	우아 우아 우아, 와 와 와 과 놔 돠 롸 뫄 봐 솨 와 좌 촤 콰 톼 퐈 화	
워	'우' 와 '어'소리를 연속해서 빠르게 낸다.	
	우어 우어 우어, 워 워 워 궈 눠 둬 뤄 뭐 붜 숴 워 줘 춰 쿼 퉈 풔 훠	
왜	'우' 와 '애'소리를 연속해서 빠르게 낸다.	
	우애 우애 우애, 왜 왜 왜 괘 놰 돼 뢔 뫠 봬 쇄 왜 좨 쵀 쾌 퇘 퐤 홰	
위	'우' 와 '이'소리를 연속해서 빠르게 낸다.	
	우이 우이 우이, 위 위 위 귀 뉘 뒤 뤼 뮈 뷔 쉬 위 쥐 취 퀴 튀 퓌 휘	

발음 연습을 재밌게 하기 위해 만든 노래다. 노래를 따라 하며 입 모양을 정확하게 하는 습관을 지니면 좋다. 주로 유아나 초등학교 저학년을 위한 모음 발음 노래다.
(동영상을 따라 연습을 하고 싶다면 유튜브 검색어 : 김경태스피치연구소 또는 마음밭)

모음 발음 연습

김경태 글 / 하제운 곡

3) 자음 발음 연습을 해 볼까요?

(1) 자음(닿소리)

자음은 허파에서 나오는 숨이 목청을 울려서 입 밖으로 나올 때 입안에 있는 목젖, 입천장, 혓바닥, 이, 입술, 코 등에 닿아서 나오는 소리다.

자음에는 모두 19개의 음소가 있다.

(ㄱ, ㄴ, ㄷ, ㄹ, ㅁ, ㅂ, ㅅ, ㅇ, ㅈ, ㅊ, ㅋ, ㅌ, ㅍ, ㅎ, ㄲ, ㄸ, ㅃ, ㅆ, ㅉ)

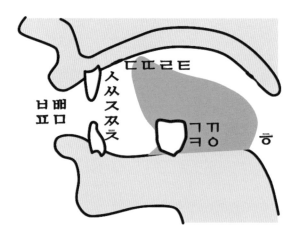

① 발성하는 법(형태)에 의한 분류

- 비음(콧소리) : ㄴ, ㅁ, ㅇ

- 파열음(터짐소리) : ㄱ(ㅋ), ㄷ(ㅌ), ㅂ(ㅍ), ㅈ(ㅊ), ㄲ, ㄸ, ㅃ, ㅉ

- 마찰음(갈이소리) : ㅅ ㅆ ㅎ

- 유음(흐름소리) : ㄹ

② 입안에 닿는 부위에 따라 구별되는 소리

- 순음(입술소리) : ㅂ, ㅃ, ㅍ, ㅁ

- 치음(잇소리) : ㅅ, ㅆ, ㅈ, ㅉ, ㅊ

- 설음(혓소리) : ㄷ, ㄸ, ㄹ, ㅌ

- 아음(어금닛소리) : ㄱ, ㄲ, ㅋ, ㅇ

- 후음(목구멍소리) : ㅎ

(2) 자음 발음 연습

된소리 거센소리를 발음 연습할 때는 될 수 있는 한, 침이 튀지 않는 상태를 생각하며 연습하자.

① 입술소리(ㅁ, ㅂ, ㅃ, ㅍ)

아랫입술과 윗입술이 붙어 있다가 입술을 터뜨리면서 내는 소리.

- 순한소리(ㅂ)은 입술의 긴장을 풀고 발음한다.

- 된소리(ㅃ)은 후두에 힘을 넣고 발음한다.

- 거센소리(ㅍ)은 강한 성문마찰을 일으키며 발음한다.

- 입술소리(ㅁ)은 아랫입술과 윗입술이 붙어 있다가 날숨을 코와 입을 통해서 나오게 발음한다.

바빠파 바빠파 바빠파 / 빠파바 빠파바 빠파바 / 파바빠 파바빠 파바빠
비삐피 비삐피 비삐피 / 삐피비 삐피비 삐피비 / 피비삐 피비삐 피비삐
브쁘프 브쁘프 브쁘프 / 쁘프브 쁘프브 쁘프브 / 프브쁘 프브쁘 프브쁘

---

② 잇소리(ㅅ, ㅆ, ㅈ, ㅉ, ㅊ)

혀끝과 아래 이를 붙인 상태에서 윗잇몸과의 간격을 좁혀 내는 소리.

- 순한소리(ㅅ)은 혀끝을 마찰 시켜서 발음한다.
- 된소리(ㅆ)은 후두에 힘을 넣고 마찰 시켜 발음한다.
- 잇소리(ㅈ, ㅉ, ㅊ)는 혀끝이 아래 이에 닿은 상태에서 다시 앞 입천장에 붙였다가 천천히 떨어지면서 내는 소리.
- 순한소리(ㅈ)은 위와 같이 발음한다.
- 된소리(ㅉ)은 후두에 힘을 넣고 발음한다.
- 거센소리(ㅊ)은 강한 성문마찰을 일으키며 발음한다.

사쌔 사쌔 사쌔 / 쌔사 쌔사 쌔사 / 쌔사쌔 사쌔사 사쌔사
시씨 시씨 시씨 / 씨시 씨시 씨시 / 씨시씨 시씨시 시씨시
스쓰 스쓰 스쓰 / 쓰스 쓰스 쓰스 / 쓰스쓰 스쓰스 스쓰스
자짜차 자짜차 자짜차 / 짜차자 짜차자 짜차자 / 차자짜 차자짜 차자짜
지찌치 지찌치 지찌치 / 찌치지 찌치지 찌치지 / 치지찌 치지찌 치지찌
즈쯔츠 즈쯔츠 즈쯔츠 / 쯔츠즈 쯔츠즈 쯔츠즈 / 츠즈쯔 츠즈쯔 츠즈쯔

---

③ 혓소리(ㄴ, ㄷ, ㄸ, ㄹ, ㅌ)

- (ㄴ)은 혀끝을 윗잇몸에 붙여 숨을 코로 내는 소리다.
- (ㄹ)은 혀끝이 윗잇몸을 한 번 두들기는 'ㄹ'이 있고, 혀끝을 윗잇몸에 붙여, 숨을 혀 옆으로 지나 입 밖으로 나가는 'ㄹ'이 있다.
- 순한소리(ㄷ)은 혀끝을 윗잇몸에 붙여 숨을 막고 있다가, 혀끝을 터뜨리면서 내는 소리이다.
- 거센소리(ㅌ)은 혀끝을 윗잇몸에 붙여 숨을 막고 있다가, 혀끝을 터뜨릴 때, 강한 성문 마찰을 일으키며 내는 소리다.

- 된소리(ㄸ)은 혀끝을 윗잇몸에 붙여 숨을 막고, 후두에 힘을 넣어 혀끝을 터뜨리면서 내는 소리다.

다따타 다따타 다따타 / 따타다 따타다 따타다 / 타다따 타다따 타다따
디띠티 디띠티 디띠티 / 띠티디 띠티디 띠티디 / 티디띠 티디띠 티디띠
ㄷㄸㅌ ㄷㄸㅌ ㄷㄸㅌ / ㄸㅌㄷ ㄸㅌㄷ ㄸㅌㄷ / ㅌㄷㄸ ㅌㄷㄸ ㅌㄷㄸ

---

④ 어금닛소리(ㄱ, ㄲ, ㅋ, ㅇ)

뒤 혀가 뒤 입천장에 붙어 있다가 뒤 혀를 터뜨리면서 내는 소리.

- 순한소리(ㄱ)은 위와 같이 발음한다.

- 된소리(ㄲ)은 후두에 힘을 넣고 발음한다.

- 거센소리(ㅋ)은 강한 성문마찰을 일으키며 발음한다.

- 어금닛소리(ㅇ)은 뒤 혀가 뒤 입천장에 붙어 있다가 날숨을 코와 입을 통해서 나오게 발음한다.

가까카 가까카 가까카 / 까카가 까카가 까카가 / 카가까 카가까 카가까
기끼키 기끼키 기끼키 / 끼키기 끼키기 끼키기 / 키기끼 키기끼 키기끼
ㄱㄲㅋ ㄱㄲㅋ ㄱㄲㅋ / ㄲㅋㄱ ㄲㅋㄱ ㄲㅋㄱ / ㅋㄱㄲ ㅋㄱㄲ ㅋㄱㄲ

---

⑤ 목구멍소리(ㅎ)

날숨을 낼 때 성문을 마찰시켜서 내는 소리.

하 하 하 하 하   하 햐 햐 하 하 / 허 허 허 허 허   혀 혀 혀 혀 혀
호 호 호 호 호   효 효 효 효 효 / 후 후 후 후 후   휴 휴 휴 휴 휴
흐 흐 흐 흐 흐   히 히 히 히 히 / 하 햐 허 혀 호 효 후 휴 흐 히
히 흐 휴 후 효 호 혀 허 햐 하

노래로 자음 발음 연습하기

발음 연습을 재밌게 하기 위해 만든 노래다. 노래를 따라 하며 입 모양을 정확하게 하는 습관을 가지면 좋다. 주로 유아나 초등학교 저학년을 위한 자음 발음 노래다.
(동영상을 따라 연습을 하고 싶다면 유튜브 검색어 : 김경태스피치연구소 또는 마음밭)

자음 발음 연습

김경태 글 / 하제운 곡

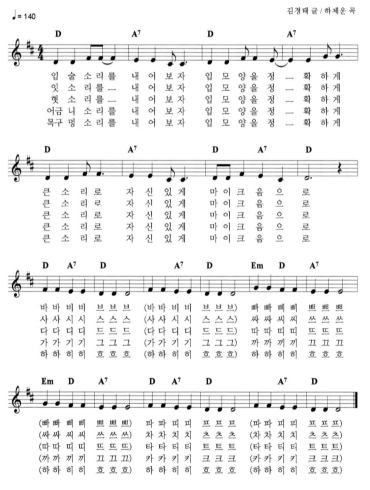

4) 종합 발음 훈련

(1) 입술붙임 발음 연습

입을 크게 벌리고 / 마이크 음으로 / 발표 목소리 높이로 연습한다.

- 가로로 연습하고 세로로 연습한다.

- 천천히 정확하게 연습 후, 점점 빠르고 정확하게 연습한다.

- 시간 목표를 정해서 빠르고 정확하게 연습한다. 가로로 처음부터 끝까지 25초 내에 발음할 수 있도록 목표를 정하고, 세로로 처음부터 끝까지 25초 내에 발음할 수 있도록 도전해 본다.

갑 납 답 랍 맙 밥 삽 압 잡 찹 캅 탑 팝 합
걉 냡 댭 럅 먑 뱝 섐 얍 쟙 챱 컄 턅 퍕 햡
겁 넙 덥 럽 멉 법 섭 업 접 첩 컵 텁 펍 협
겹 녑 뎝 렵 몁 볍 셥 엽 졉 쳡 켭 텹 폅 협
곱 놉 돕 롭 몹 봅 솝 옵 좁 촙 콥 톱 폽 홉
굡 눕 둡 룝 뭅 붑 숍 윱 쥅 춉 콥 툡 픕 횹
굽 눕 둡 룹 뭅 붑 숩 웁 줍 춥 쿱 툽 풉 훕
귭 뉵 듑 륩 뮵 븝 슙 윱 쥽 츕 큡 튭 퓝 휵
급 늡 듭 릅 믑 븝 습 읍 즙 츱 큽 틉 픕 흡
깁 닙 딥 립 밉 빕 십 입 집 칩 킵 팁 핍 힙

(2) 혀굴림 발음 연습

입을 크게 벌리고 / 마이크 음으로 / 발표 목소리 높이로 연습한다.

- 가로로 연습하고 세로로 연습한다.

- 천천히 정확하게 연습 후, 점점 빠르고 정확하게 연습한다.

- 시간 목표를 정해서 빠르고 정확하게 연습한다. 가로로 처음부터 끝까지 25초 내에 발음할 수 있도록 목표를 정하고, 세로로 처음부터 끝까지 25초 내에 발음할 수 있도록 도전해 본다.

갈	날	달	랄	말	발	살	알	잘	찰	칼	탈	팔	할
걀	냘	댤	럘	먈	뱔	샬	얄	쟐	챨	컄	턀	퍌	햘
걸	널	덜	럴	멀	벌	설	얼	절	철	컬	털	펄	헐
결	녈	몔	렬	몔	별	셜	열	졀	쳘	켤	텵	펼	혈
골	놀	돌	롤	몰	볼	솔	올	졸	촐	콜	톨	폴	홀
굘	뇰	됼	룔	묠	뵬	숄	욜	죨	쵤	쿌	툘	푤	횰
굴	눌	둘	룰	물	불	술	울	줄	출	쿨	툴	풀	훌
귤	뉼	듈	률	뮬	뷸	슐	율	쥴	츌	큘	튤	퓰	휼
글	늘	들	를	믈	블	슬	을	즐	츨	클	틀	플	흘
길	닐	딜	릴	밀	빌	실	일	질	칠	킬	틸	필	힐

(3) 어려운 말 발음 연습

입을 크게 벌리고 / 마이크 음으로 / 발표 목소리 높이로 연습한다.

ㄱ	강낭콩 옆 빈 콩깍지는 완두콩 깐 빈 콩깍지고 완두콩 옆 빈 콩깍지는 강낭콩 깐 빈 콩깍지다.
ㄴ	내가 그린 구름 그림은 새털구름 그린 구름이고 네가 그린 구름 그림은 뭉게구름 그린 구름이다.
ㄷ	두꺼비 둘 도깨비 둘, 둔한 두더지 독한 독사. 뜸북 뜸북 뜸부기 따끔 따끔 따끔이 뜨끔 뜨끔 뜨끔이
ㄹ	따르릉 따르릉 따르르르릉 찌르릉 찌르릉 찌르르르릉 랄랄라 랄랄라 랄랄랄랄라 라라랄 라랄랄 라라라라라
ㅁ	저기 저 말뚝은 말 맬 말뚝이냐? 말 못 맬 말뚝이냐? 앞집의 막내는 말 잘하는 막내고, 뒷집의 막내는 말 못하는 막내다.
ㅂ	이분은 백 법학 박사이시고, 저분은 박 법학 박사이시다. 대공원의 봄 벚꽃놀이는 낮 봄 벚꽃 놀이보다 밤 봄 벚꽃놀이니라.
ㅅ	중앙청 창살 쌍창살, 시청 창살 외창살. 싸락눈은 싸락싸락 삽살개는 삽살삽살
ㅇ	한양 양장점 옆에, 한영 양장점 한영 양장점 옆에, 한양 양장점
ㅈ	제비 제비 물찬 제비, 먹는 제비 수제비 재수 없는 족제비
ㅊ	찻집의 찻잔은 차먹는 찻잔인가 차 못 먹는 찻잔인가.
ㅋ	저기 저 콩깍지는 깐 콩깍지냐? 안 깐 콩깍지냐?
ㅌ	통통배는 통통통통, 총소리는 탕탕탕탕, 통탕통탕 재밌다
ㅍ	팔랑팔랑 춘향의 치마, 펄렁 펄렁 몽룡의 도포
ㅎ	서울특별시 특허 허가과 허가 과장 허 과장

(4) 숫자를 통한 발음 연습

① 6자리 숫자전달 발음 연습

- **천천히** 입을 크게 벌리고 마이크 음으로 숫자를 정확하게 발음한다.

- 숫자는 한 번만 말하도록 한다.

- 내가 불러준 숫자와 상대방이 기록한 숫자를 비교해본다.

- 틀린 숫자를 표시하여 정확한 발음이 될 때까지 반복한다.

	자신이 발음할 숫자	틀린 숫자 표시하기
1	**245916** (이-사-오-구-일-육)	2 4 5 9 1 6
2	**629514** (육-이-구-오-일-사)	6 2 9 5 1 4
3	**954261** (구-오-사-이-육-일)	9 5 4 2 6 1
4	**459259** (사-오-구-이-오-구)	4 5 9 2 5 9
5	**542945** (오-사-이-구-사-오)	5 4 2 9 4 5
6	**925425** (구-이-오-사-이-오)	9 2 5 4 2 5
7	**415926** (사-일-오-구-이-육)	4 1 5 9 2 6
8	**334334** (삼-삼-사-삼-삼-사)	3 3 4 3 3 4
9	**211121** (이-일-일-일-이-일)	2 1 1 1 2 1
10	**634126** (육-삼-사-일-이-육)	6 3 4 1 2 6
점수		_____점

② 9자리 숫자전달 발음 연습

- **천천히** 입을 크게 벌리고 마이크 음으로 숫자를 정확하게 발음한다.

- 숫자는 한 번만 말하도록 한다.

- 내가 불러준 숫자와 상대방이 기록한 숫자를 비교해본다.

- 틀린 숫자를 표시하여 정확한 발음이 될 때까지 반복한다.

	자신이 발음할 숫자	틀린 숫자 표시하기
1	172839465 (일칠이팔삼구사육오)	1 7 2 8 3 9 4 6 5
2	296518473 (이구육오일팔사칠삼)	2 9 6 5 1 8 4 7 3
3	319528476 (삼일구오이팔사칠육)	3 1 9 5 2 8 4 7 6
4	425796381 (사이오칠구육삼팔일)	4 2 5 7 9 6 3 8 1
5	536481927 (오삼육사팔일구이칠)	5 3 6 4 8 1 9 2 7
6	693872145 (육구삼팔칠이일사오)	6 9 3 8 7 2 1 4 5
7	742968513 (칠사이구육팔오일삼)	7 4 2 9 6 8 5 1 3
8	864913527 (팔육사구일삼오이칠)	8 6 4 9 1 3 5 2 7
9	934618752 (구삼사육일팔칠오이)	9 3 4 6 1 8 7 5 2
10	643432121 (육사삼사삼이일이일)	6 4 3 4 3 2 1 2 1
점수		_____점

③ 자신이 발음한 숫자 자신이 듣기 연습

- **천천히** 입을 크게 벌리고 마이크 음으로 숫자를 정확하게 발음하며 녹음한다.
- 숫자는 한 번만 말하도록 한다.
- 녹음한 자신의 발음을 들으며, 들리는 대로 숫자를 기록해 본다.
- 틀린 숫자를 표시하여 정확한 발음이 될 때까지 반복한다.

	자신이 발음할 숫자	자신의 발음을 들으며 적기
1번	4 - 9 - 3 - 2 - 4	( )-( )-( )-( )-( )
2번	8 - 4 - 1 - 5 - 7	( )-( )-( )-( )-( )
3번	2 - 9 - 5 - 0 - 1	( )-( )-( )-( )-( )
4번	1 - 7 - 9 - 8 - 3	( )-( )-( )-( )-( )
5번	7 - 8 - 1 - 9 - 8	( )-( )-( )-( )-( )
6번	6 - 6 - 6 - 2 - 1	( )-( )-( )-( )-( )
7번	3 - 1 - 6 - 6 - 4	( )-( )-( )-( )-( )
8번	7 - 0 - 2 - 7 - 9	( )-( )-( )-( )-( )
9번	5 - 5 - 0 - 0 - 5	( )-( )-( )-( )-( )
10번	1 - 1 - 2 - 2 - 1	( )-( )-( )-( )-( )
점수		_____점

동메달 과정
평가하기

동메달 과정에서 익혔던 호흡과 발성을 중심으로 아래의 평가문장을 연습한 후에 녹음하고 평가 항목에 따라 스스로 점수를 매겨보자.

평가항목은 5가지로 항목마다 최소 80점 이상 나올 수 있도록 연습해보자.
① 호흡조절 능력, ② 마이크 음 발성 능력, ③ 소리의 고저강약조절 능력, ④ 종결어 평음고저 능력, ⑤ 입 모양과 발음의 정확성

1) 평가1 : 초등 저학년용

제목 : 크게 될 재목

(2단계) 여러분 / 우리나라 속담에 /

(2단계) 될성부른 나무는 /

(2단계) 떡잎부터 다르다는 말이 있습니다. /

(3단계) 그렇습니다. / 우리는 어린 시절부터 /

(3단계) 튼튼한 몸과 / 건강한 정신으로 /

(3단계) 용기와 배짱을 기르면서 /

(2단계) 똑똑한 말씨와 /

(2단계) 자신 있는 발표력을 기를 때 /

(3단계) 우리는 / 나 자신뿐만 아니라 /

(3단계) 우리나라를 이끌어 갈 /

(3단계) 커다란 재목들이 될 수 있다고 /

(3단계) 자신 있게 말씀드립니다.

2) 평가2 : 초등 고학년 및 중학생용

제목 : 끝맺음의 중요성

(1단계) 여러분! /

(1단계) 시작이 반이라는 말이 있습니다. / 이 말은 /

(2단계) 무슨 일이든지 시작이 잘되면 / 좋은 결과를 얻는다는 뜻입니다. /

(1단계) 그러나 / 아무리 잘된 시작이라 하더라도 /

(2단계) 끝이 없는 일이라고 한다면 /

(3단계) 오히려 / 시작하지 않은 것보다 / 못한 것입니다. //

(2단계) 말을 잘할 수 있는 발표력 공부도 / 한 번 두 번의 연습이나 /

(2단계) 한 달 두 달의 배움으로 / 이루어진다고 생각하지 말고 /

(2단계) 꾸준한 노력과 연습으로 / 반드시 끝맺음을 잘한다면 /

(3단계) 백만 대군도 말로써 이길 수 있는 /

(3단계) 자신만의 무서운 무기를 만들 수 있는 것이라고 /

(2단계) 자신 있게 말씀드립니다.

3) 평가3 : 고등학생, 대학, 일반용

제목 : 지도자의 꿈

(1단계) 하루에 새벽이∨두 번∨오지 않듯이 /

(2단계) 인생에 청춘도∨두 번∨올 수가 없습니다. /

(2단계) 오늘의∨이 시간이 지나고 나면 /

(1단계) 나는 나로서의 이 시간을∨돌려받을 수 없습니다. //

(2단계) 그래서∨우리는 /

(2단계) 이 시간∨이 젊음을 값지게 보내려고 /

(2단계) 용기와 열정을 불태우고 있습니다. //

(2단계) 내 청춘의 용기를∨녹슨 칼집에 가둘 수가 없고 /

(2단계) 이∨소중한∨황금의 시간을 /

(3단계) 바람결에∨날려 보낼 수도 없기에 /

(3단계) 만인을 다스리며∨새 역사를 주도할 /

(3단계) 지도자의 꿈을 펼치려고∨노력하고 있음을 /

(2단계) 잊지 말자∨이 말입니다. //

II단계
은메달 과정

은메달 과정에서는 김경태스피치연구소의 표준낭독법을 통해 책 읽기의 기본
기를 익힌 다음, 산문, 운문, 연설문, 3분 스피치 등 실습을 통해 낭독 발표 요령
을 익힐 수 있다.

낭독과정에서 가장 중요한 것은 '글 읽듯 말하는 것이 아니라, 말하듯 글을 읽는
방법'으로 낭독하는 것이다. 특히 낭독을 하면서 글자에만 눈을 두는 것이 아니
라 대중과의 아이컨택을 통해 소통하는 낭독법을 익혀야 한다.

1) 낭독을 쉽게 설명해 주세요.

(1) 낭독이 무엇이며, 왜 낭독을 잘해야 하나요?

낭독이란 글자를 소리 내어 읽는다는 뜻이다. 낭독을 잘하기 위해서는 글자를 빨리 보고 동시에 정확한 발음법으로 표현하는 능력을 길러야 한다. 더듬거리며 책 읽기를 하는 사람치고 조리 있게 말을 잘하는 사람은 드물다. 그렇다고 책 읽기를 잘한다고 모두 다 말을 잘하는 것은 아니다. 하지만 어린 시절부터 많은 독서와 함께 소리 내어 책 읽기를 하게 되면 자연스러운 언어구사력과 설득력 있는 자기표현의 기초를 다질 수가 있게 된다. 특히 유아적인 글 읽기를 하는 초등학생들은 반드시 낭독 과정을 충실히 익혀서 자연스럽고 안정된 글 읽기를 할 수 있어야 한다.

그렇다고 무작정 낭독을 해서는 아무런 도움도 되지 않는다. 책에 있는 내용을 자연스럽고 감동적으로 표현하는 능력을 기르는 낭독법의 훈련이 있어야만 한다. 스피치를 잘하고자 하는 모든 사람은 이러한 낭독법을 먼저 익혀야지만 스피치를 올바르게 이해할 수 있고 그 이해를 토대로 발전의 가속도를 가질 수 있다.

따라서 글자를 단순히 말로만 옮겨 놓는 것이 아니라 내용의 기본 사상을 전달하기 위해서는 글자를 빨리 보고 바르게 읽는 법, 문장의 핵심사상을 바르게 전달하는 기법, 듣는 사람으로 하여금 그 내용을 정확하게 이해할 수 있게끔 하는 요령을 필수적으로 배워야 한다.

(2) 낭독을 못하는 원인이 뭘까요?

어제 있었던 일을 말로 설명하는 것과 글을 써서 읽으며 말하는 것은 큰 차이가 있다. 글로 써서 원고를 보고 말을 할 때는 그냥 말할 때보다 유창하지 못하고 자연스럽지 않다는 것이다. 원고를 보면서 원고가 없이 말하는 것처럼 자연스럽고 감동적으로 말하기란 쉬운 일이 아니다.

또한 우리는 연습을 많이 한 원고를 낭독할 때도 자주 더듬거리거나 틀리게 읽는 경우가 있다. 스스로 바로 읽는다고 읽었지만 순간 발음이 꼬이거나 틀린 발음을 하게 된다.

이유가 뭘까?

그것은

① 글자의 배열이 자신의 눈에 익숙하지 않기 때문이다.

② 글자와 뜻에 대한 주의가 분산되기 때문이다.

③ 뜻을 모르고 글자만을 발음하기 때문이다.

④ 마음이 앞서고 눈이 못 따라가기 때문이다.

⑤ 비슷한 글자들은 혼동되기 때문이다.

(3) 그럼 어떻게 낭독훈련을 해야 하나요?

① 글자를 빨리 정확하게 보며 말할 줄 알아야 한다.

낭독에서 정확하고 빨리 볼 줄 알아야 한다는 것은 글에 포함된 감성까지 볼 줄 알아야 한다는 것이다. 그런 후에 발성, 발음 기관을 거쳐 올바른 소리가 되어 밖으로 나오는 것이다. 그러기 위해서는 2가지가 우선되어야 한다.

첫째, 시력이 좋아야 한다.

시력이 약하거나 색맹일 때는 글자가 여러 자로 분열되어 보이거나 흐릿하게 보인다. 따라서 시력을 보호하는 훈련이 필요하다.

둘째, 글자에 대한 시각적 숙련이 필요하다.

낭독을 잘한다는 것은 지식이 풍부한 것과는 다르다. 무엇보다 글자에 대한 시각적 훈련이 없으면 지식도 낭독에는 도움이 되지 않는다. 시각적 훈련은 주어진 원고를 여러 번 읽는다고 되는 것은 아니다. 여러 번 읽는 것은 시각적 훈련에 도움이 되기보다는 기억의 힘이 작용하여 원고낭독을 잘하게 된 이유일 뿐이다.

시각훈련을 위한 원고는 여러 가지 글자체로 쓴 원고를 사용하여 낭독 연습을 하는 것이 좋다. 눈동자의 흐름도 글자 간격이 좁은 것과 넓은 것, 큰 글자와 작은 글자, 띄어 쓴 것과 붙여 쓴 것의 차이를 두어서 속도 훈련을 함께하는 것이 좋다.

② 사상과 뜻을 이해하면서 읽어야 한다.

낭독자는 자기가 하는 말을 충분히 이해해야 하며 청자에 대한 책임을 져야 한다. 물론 청자도 듣기를 잘해야 하지만 일차적인 책임은 항상 낭독자에게 있다. 낭독자가 뜻을 잘 이해하지 못하고 낭독을 하게 되면 흔히 하는 표현으로 "아버지가 방에 들어가신다"가 "아버지 가방에 들어가신다"로 왜곡될 수도 있다.

그리고 원고에 담긴 기본 사상과 어휘, 문장들이 자기의 일상 회화에서도 자연스럽게 사용될 수 있을 만큼 생활화된 어휘와 문장으로 표현할 수 있어야 한다.

③ 기억하면서 읽어야 한다.

여러 번 연습한 원고 내용은 암송하지는 못하였어도 첫머리만 보고도 곧 그다음 이야기들이 연상된다. 이것은 이미 시각적인 감각이 기억의 자료로 인식되었기 때문이다.

시각적 기억의 훈련은 한두 번만 원고를 읽고도 가능하다. 즉 집중과 정성을 쏟아서 연습한 원고 내용은 한두 번만 읽어도 기억의 창고 속에 질서 있게 저장된다. 하지만 되는대로 기계적으로 연습한 원고는 10번 이상을 읽어도 그 효과가 약하다.

④ 호흡, 발성, 발음 상태를 항상 조정하고 통제하면서 읽어야 한다.

- 숨이 가쁘게 읽지 않도록 호흡연습을 해야 한다.
- 글에 따라 입 모양을 정확하게 하여 발음해야 한다.
- 많이 읽어도 목이 아프거나 쉬지 않도록 마이크 음 발성으로 연습해야 한다.

2) 낭독의 기초부터 익혀볼까요.

(1) 호흡, 발성, 발음의 기본기를 갖추고 시작하라.

호흡, 발성, 발음은 언어를 만드는 가장 기본적인 요건이며 낭독의 뼈대라고 할 수 있다. 아무리 풍부한 감성과 지식을 지녔더라도 제대로 된 호흡, 발성, 발음이 되지 않으면 올바른 낭독을 할 수가 없다. 따라서 동메달 과정에서 익혔던 학습이 기본이 되어야만 낭독을 잘할 수 있게 된다. 혹시 동메달 과정을 건너뛰고 낭독 과정부터 시작하고자 한다면 반드시 기능적 요건이며 스피치구구단의 구구단이라고 할 수 있는 동메달 과정을 꼭 먼저 익혀두기를 권한다.

(2) 중요한 말을 강조 방법에 따라 강조하는 연습을 하라.

스피치를 하다 보면 자신의 사상이나 감정을 청중에게 각인시켜야 할 때가 있다. 강조하는 방법에는 2가지가 있는데 먼저 논리적인 강조법은 발성법에서 강조하는 목소리 만들기에서 상세히 기술했고 연습했다. 여기서는 두 번째 강조법으로 감정적 강조가 필요할 때 강조하는 방법에 대해 학습해보자.

① 휴지(休止, pause)를 이용하여 강조하는 방법

- 결론을 강조하고자 할 때 휴지를 이용한다.

제가 말씀드리고자 하는 것은 바로 (휴지 3초~5초) / (결론을 말한다.)

- 호기심을 유발해서 강조하고자 할 때 휴지를 이용한다.

아침에 늦지 않기 위해 제가 전철을 타게 되었습니다. 그런데 (휴지) / (호기심 해소해주기)

- 어수선한 청중들을 집중시키기 위해 휴지를 이용한다.

스피치 도중 청중이 산만할 때 조용히 해 달라는 말 대신 조용히 해 질 때까지 휴지한다. 조용해지면 그대로 스피치를 이어가면 된다.

② 말의 속도를 느리게 하여 강조하는 방법

말의 속도를 통해서 강조할 때는 일반적인 속도로 스피치를 하다가 강조하고자 하는 부분이 오면 속도를 아주 천천히 하면서 듣는 사람의 주의를 불러일으킨다. 느린 속도로 강조하고자 할 때는 강조하기 전에 빠른 속도로 말을 이어가다 느린 속도로 강조하게 되면 보다 더 효과적이다.

강조를 보다 더 효과적으로 하고자 한다면 발성법에서 배운 강조할 내용을 목소리 크기와 세기로 강조하는 것과 휴지를 이용하는 것, 말의 속도를 느리게 하여 강조하는 것들을 한 문장에서 적절히 조화롭게 사용하면 더욱 멋진 스피치가 될 것이다.

③ 반복법 음성 강조 연습

같은 의미 같은 말이 계속 반복되거나, 비슷한 리듬이 반복될 때 같은 크기의 음성이나 속도로 낭독한다면 듣는 사람의 집중과 설득을 이끌어 내기가 힘들다. 이럴 때 사용하는 강조법으로 앞의 음보다 다음 음성높이를 점점 높이며 강조하는 것과, 앞의 내용을 천천히 말하다가 뒤의 반복되는 리듬에 속도를 붙여 스피치를 하면서 청중을 집중도를 높여야 한다.

(연습문장) : 똑같은 문장을 음성의 높이로 강조하는 것과 속도로 강조하는 방법을 익혀보자.

- 음성을 높이며 강조하기 연습

존경하는 시민 여러분! (1단계 음성높이)

그리고 전국에서 TV를 시청하시는 국민 여러분 (2단계 음성높이)

나라 사랑은 말로만 하는 것이 아니요. (2단계 음성높이)

나라 사랑은 몇몇 사람만이 하는 것이 아니요. (3단계 음성높이)

나라 사랑은 멀리 있는 것이 아니요. (4단계 음성높이)

나라 사랑은 국민 모두가 행동으로 옮기는 실천 (5단계), 실천뿐입니다. (6단계 또는 2단계로 낮출 수 있다)

- 속도를 빨리하며 강조하기 연습

존경하는 시민 여러분! (느리게)

그리고 전국에서 TV를 시청하시는 국민 여러분 (보통 빠르게)

나라 사랑은 말로만 하는 것이 아니요. (느리게)

나라 사랑은 몇몇 사람만이 하는 것이 아니요. (보통 빠르게)

나라 사랑은 멀리 있는 것이 아니요. (빠르게)

나라 사랑은 국민 모두가 행동으로 옮기는 실천 (더 빠르게), 실천뿐입니다. (아주 느리게)

(3) 휴지(休止, pause)는 화장실에서만 사용하는 것이 아니다.

문장을 낭독하거나 스피치를 할 때 쉼 없이 떠들 수가 없다. 반드시 쉬어가며 스피치를 하게 되는 데 원인은 3가지다.

첫째, 호흡량이 부족하기 때문에 호흡을 보충하기 위해 쉰다. (생리적 휴지)

둘째, 실감 나는 내용전달과 감정을 전하기 위해 쉬어야 한다. (심리적 휴지)

셋째, 문장이 요구하는 상황에 따라 반드시 쉬어야 한다. (문법적 휴지)

특히 생리적인 휴지는 호흡량이 부족해서 쉴 수밖에 없는데 쉬어서는 안 되는 곳에서 생리적인 휴지를 하게 되면 내용이나 감정을 제대로 전달할 수 없게 된다. 따라서 호흡법에서 깊은 호흡과 더불어 호흡량을 조절하는 방법과 보충호흡으로 위기를 모면하는 방법을 익혀두어야 하는 것이다.

문법적인 휴지는 문어체적인 휴지라고 할 수도 있겠다. 문법에 맞도록 형식적인 휴지가 꼭 필요할 때도 있는 것이다. 하지만 아무리 문법이 중요해도 심리적인 휴지인 구어체적인 휴지를 이길 수는 없다. 모든 휴지에서 가장 중요한 것은 바로 심리적인 휴지라는 것을 명심해 둘 필요가 있겠다.

휴지는 스피치의 전체 속도에 많은 영향을 끼친다. 심리적 요인에 따라 빠른 속도로 하는 말은 휴지 시간이 짧고 느린 속도로 말할 때는 휴지 시간이 길어진다. 그리고 문장의 장단 차이에서도 나타나는데, 단순 문장이 많을 때는 긴 휴지가 많고 따라서 총 휴지 시간도 길어진다. 복합 문장이 많으면 긴 휴지보다 중간휴지, 짧은 휴지가 많아진다. 하지만 총 휴지 시간은 그리 길지 않다.

휴지는 어느 나라 언어에나 있다. 알려진 바에 의하면 중국어는 총 휴지 시간이 32%, 영어는 10%, 스페인어는 12%, 우리말의 총 휴지 시간은 평균 26%라고 한다. 다시 말하면 1분간 말을 하는 데서 16초간은 말이 없는 공간이다. 60분간 말할 때 16분간의 빈 곳이 생기게 된다.

① 휴지부호

휴지부호는 낭독문에서 절대적이다. 발표할 문장을 분석하여 심리적인 휴지가 필요한 곳과 문법적인 휴지가 필요한 곳에 휴지부호를 넣어서 연습하고 연습 과정을 통해 어색한 부호나 잘못된 부호는 수정하여 최종적으로 완성한다.

특히 4박자 휴지부호(//)가 있을 때는 반드시 호흡교체가 이루어져야 하고 다시 아랫배에 공기(원료)를 보충한 후에 힘차게 스피치를 이어가야 한다. 4박자 휴지로 호흡을 새롭게 교체하는 것은 고속도로를 달리는 자동차 운전자가 휴게소에 들리는 것과 같다. 4박자 휴지를 통해 충분히 휴식하고 다시 스피치 고속도로를 첫 출발할 때처럼 힘차고 여유 있게 달려야 한다. 그리고 중간중간 휴게소를 들리며 스피치 고속도로가 끝날 때까지 안전하게 스피치 운전을 마무리해야 한다.

부호설명

부호	쉬는 시간	박자	호흡조절방법
//	길게 쉬기	𝅝 (네 박자)	호흡을 새로 교체한다.
/	짧게 쉬기	♩ (두 박자)	호흡을 정지하든지 보충한다.
√	잠깐 쉬기	♪ (반 박자)	호흡을 잠깐만 정지한다.

휴지에서의 억양

㉠ 4 박자(//) 휴지에서의 억양

4 박자 휴지는 문장 종결에서만 허용되므로 서술문에서는 종결 억양이 하음(↘)하면서 휴지하고, 의문문에서는 상음(↗)하면서 휴지한다. 하지만 의문문에서도 필요시 하음(↘)하면서 휴지한다. 4박자 휴지에서의 평음(→) 억양은 거의 없다.

㉡ 2 박자 휴지에서의 억양

2 박자 휴지는 문장 진행 도중이므로 상음(↗), 하음(↘), 평음(→) 억양 등을 적절히 배합할 수 있다.

㉢ 반 박자 휴지에서의 억양

반 박자 휴지는 대체로 평음(→) 또는 상음(↗) 억양이 작용한다.

반 박자 휴지에서 하음(↘) 억양을 적용하지 않는 이유는 짧은 휴지에 하음 억양으로 인해 체내 공기를 소진해 버리기 때문이며, 그로 인해 스피치 리듬이 끊기게 되어버린다. 하지만 꼭 하음 억양을 해야 할 때는 입을 이용한 보충호흡으로 리듬을 이어갈 수 있다.

② 구두점(句讀點, punctuation marks)이 있을 때 휴지한다.

구두점은 문법적으로 약속된 휴지시기이다. 구두점에서는 호흡을 일시적으로 중단하고 동시에 다음 문장으로 넘어가는 휴식처라고 할 수 있다. 문법과 내용에 따라 적절한 휴지를 사용하면 된다.

㉠ 마침표(.)가 있을 때 휴지한다. - 서술문의 끝에 오는 부호로 한 문장이 끝났음을 알려주며, 음성이 점점 하강하면서 하음으로 휴지한다.

㉡ 쉼표(,)가 있을 때 휴지한다. - 한 문장에 여러 개가 있을 수도 있을 수 있다. 주로 의미를 구별하는 데 도움을 주기 위해 사용하는 기호이다. 주로 상음과 평음으로 휴지한다.

㉢ 물음표(?)가 있을 때 휴지한다. - 대답을 요구하는 질문을 할 때는 끝을 올리며 상음 휴지한다. 그러나 대답을 요구하지 않는 질문일 때는 끝을 평음으로 휴지하거나 하강하면서 하음으로 휴지한다.

㉣ 느낌표(!)가 있을 때 휴지한다. - 상대의 감정에 호소하거나 권유 감동시킬 때 사용되는 기호이며, 종결은 감정이 전달될 때까지의 사이를 생각하여 끝을 하강하면서 하음 휴지한다.

㉤ 줄임표(…)가 있을 때 휴지한다. - 문장 뒤에 어떤 여운을 남길 때 사용하는 기호이며, 줄임표가 있을 때에는 정지하고 휴지한다.

그것이 반문을 의미할 때는 어미가 높아지는 상음으로 휴지하며, 서술문일 때는 종결 억양이 평음이 되거나 하음으로 휴지한다.

③ 문장의 의미를 전달할 때 휴지한다.

㉠ 주어와 술어 사이는 휴지한다.

술어는 주어를 설명해주는 부분이다. 따라서 뜻을 분명히 하기 위해서는 뜻을 살릴 수 있는 주어에서 휴지해야 한다.

㉡ 의미의 명료성을 위해 휴지한다.

나는, √ 철수와 영희를 때렸다.

나는 철수와, √ 영희를 때렸다.

㉢ 부사 다음에 휴지한다.

부사는 수식어의 몫을 하면서도 강조의 의미가 많기 때문에 부사, 부사구(절) 다음에 휴지한다.

- 때 부사 : 일찍, 이미, 이제, 방금, 오늘, 내일, 다음, 차차, 늘, 항상, 오래, 가끔, 매일, 비로소, 아직, 드디어, 번번이, 짬짬이

- 수식 부사 : 과연, 딴은, 진실로, 마땅히, 확실히, 물론, 정말, 꼭, 반드시, 기필코

- 의혹, 가설의 부사 : 왜, 어찌, 아마, 글쎄, 만약, 설령, 제발, 아무쪼록, 부디

- 접속 부사 : 및, 곧, 그러나, 또, 그러니

- 부사구(절) : ..면, ..니, ..만, ..데, ..서, ..마, ..고, ..도

ㄹ 연, 월, 일, 시, 분 뒤에 휴지한다.

6월 25일은 / 우리가 ……

1919년 √ 3월 1일 정오. / 드디어 ……

ㅁ 장소 뒤에 휴지한다.

오늘 밤 √ 부산역에서 / 대규모의

ㅂ 독립어 다음에 휴지한다.

문장 속에서 다른 말들과 아무 형식상의 연결이 없이 혼자서 독립적인 의미를 가질 때 휴지한다.

브루투스, / 너마저?

자유, / 자유가 우리를 기다리고 있다.

(4) 낭독 속도 조절

말하는 속도, 낭독하는 속도는 무엇보다 상대방이 알아들을 수 있을 만큼의 속도가 가장 이상적인 속도다. 그리고 상대방의 이해 수준까지 고려한 말하기의 속도 조절이 필요하다. 하지만 듣는 사람의 입장을 고려하지 않더라도 말하는 사람의 정서적 상황과 신체적 장애에 의해서 말의 속도를 조절하지 못하는 경우도 있다. 성격이 급한 사람의 말은 빠르게 들리고, 상당히 흥분된 감정일 때도 말의 속도가 빨라진다. 혀가 짧아서 발음이 빨라지거나 혀의 신경이 둔하여 발음 속도가 느리거나 입술의 탄력이 부족하여 느려지는 경향은 신체적인 조건 때문이다. 이는 꾸준한 훈련을 통하여 얼마든지 교정이 가능하다.

① 낭독할 때의 속도 조절 방법

㉠ 빠른 표현의 단어는 빠르게, 느린 표현의 단어는 느리게 발음한다.

㉡ 강조되는 단어는 느리게, 강조되지 않는 단어는 빠르게 발음한다.

㉢ 문장과 문장 사이의 흐름에 따라 빠른 문장과 느린 문장을 구분하여 읽는다.

② 낭독의 표준속도

속도의 절대적인 기준은 없지만 앞에서 언급한 것처럼 듣는 사람이 충분히 알아듣도록 하는 속도가 가장 이상적인 속도다. 그러나 환경에 따라, 내용에 따라, 전달목적에 따라, 나름의 표준속도를 선정해서 익혀둘 필요가 있다.

말의 속도는 1분 동안 발음하는 글자의 수를 통해서 이상적인 속도를 정하는데 이것을 표준속도라고 말한다.

- 일상적인 대화에서의 속도는   1분간 250~270자
- 방송의 뉴스 진행속도는   1분간 300~350자
- 어린이가 연습하는 뉴스속도는   1분간 250~270자
- 산문의 낭독속도는   1분간 230~250자
- 운문의 낭독속도는   1분간 150~170자

(5) 낭독의 리듬

학창 시절 우리의 옛시조를 배울 때 가장 먼저 익혔던 것이 시조 음률이었다. 그런데 시조뿐만 아니라 우리글의 문장도 대부분 이 음률의 구조를 따르고 있다. 즉 우리나라 말은 3~5음절의 마디로 구성된 낱말들이 대부분이고 우리는 무의식적으로 대화에서 이 음률을 따르고 있는 것이다. 바로 3-3, 3-4, 4-4, 3-5, 4-5조의 음률이다.

예1) 시조의 리듬

- 낱말 단위의 시조 구성

태산이 높다 하되 하늘 아래 뫼 이로다(3-2-2-2-2-1-3)

오르고 또 오르면 못 오를리 없건 마는(3-1-3-1-3-2-2)

사람이 제 아니 오르고 뫼만 높다 하더라(3-1-2-3-2-2-3)

- 리듬을 준 시조 구성

태산이 높다하되 하늘아래 뫼이로다(3-4-4-4)

오르고 또오르면 못오를리 없건마는(3-4-4-4)

사람이 제아니오르고 뫼만높다 하더라(3-6-4-3)

예2) 문법적인 낱말 단위와 소리말의 리듬마디 단위

- 문법적인 낱말 마디

우리나라+말은+3~5음절의+마디로+구성된+낱말들이+대부분이다. (7마디)

- 소리말의 리듬마디 단위

우리나라+말은+3~5음절의 마디로 구성된+낱말들이+대부분이
다. (5마디)

우리나라 말은+3~5음절의 마디로 구성된+낱말들이+대부분이
다. (4마디)

우리나라 말은+3~5음절의 마디로 구성된 낱말들이+대부분이
다. (3마디)

우리나라 말은+3~5음절의 마디로 구성된 낱말들이 대부분이
다. (2마디)

우리나라 말은 3~5음절의 마디로 구성된 낱말들이 대부분이
다. (1마디)

소리말의 리듬마디 단위를 연습해보면 알겠지만 마디의 길이에
따라 듣는 이에게 주는 태도와 인상도 다르다. 즉, 마디를 짧게 나누
어 말할수록 또박또박하고 분명하여 침착한 인상을 주는 반면, 마디
를 길게 하나로 묶어 갈수록 불분명하고 침착하지 못한 인상을 준다.

따라서 처음 말하기를 배울 때는 마디를 최대한 짧게 나누어 말
하는 연습을 하고 점차 마디를 길게 가져가며 정확하게 전달하는 연
습으로 완성해 가면 좋겠다.

은메달 과정
기초훈련

일반적인 낭독문장은 산문형식이다. 따라서 낭독에 있어서 가장 중점적으로 익혀야 할 분야가 산문낭독이다. 산문의 낭독속도는 1분간 230~250자 정도의 글자를 읽는 속도를 표준속도라고 했다.

하지만 같은 문장도 뜻만 전달할 때와 감정이입이 들어가는 낭독에서는 속도의 변화를 가져온다. 예를 들어 1분간 230글자를 뜻만 전달하는 속도로 읽었다면, 감정을 내어서 읽을 때는 1분 20초 정도가 소요된다. 즉 1분간에 20초의 속도 차이를 가져온다.

기초훈련에서 익힐 낭독속도는 감정이입 유무를 떠나서 정해진 산문 낭독 시간을 지키며, 말하는 속도를 체화하도록 연습해보자. 연습하고자 하는 이솝우화 낭독문은 낭독속도를 어린이들의 발음속도를 감안하여 낭독 시간을 정했으며 청소년 성인들도 이 속도를 준수하여 속도를 익히는 것이 도움이 될 것이다.

다시 한번 말하지만 낭독에 있어서 가장 중요한 핵심은 "책 읽듯 말하는 것이 아니라, 말하듯 책 읽는 것이다."

1) MR을 이용한 낭독속도 익히기 훈련

(MR은 /(2박자) //(4박자) 휴지할 곳을 효과음으로 표시한 배경음악이다. 낭독할 표준속도에 맞춰 제작되었다.)

──┤ 이솝우화 3편을 아래와 같은 방법으로 연습해보자 ├──

- 먼저 : 낭독연습하기 전에 장음과 단음을 이해하고 소리 내어 익히도록 한다.

- 첫째 : 마이크 음으로 차분하게 낭독하며 내용을 이해한다.

- 둘째 : 휴지할 곳을 지키며 낭독해 보고 자신의 낭독 시간을 기록한다.

- 셋째 : MR을 들으며 휴지할 곳에 표시된 박자음을 정확히 지키며 낭독속도를 익힌다.

- 넷째 : 최종적으로 MR없이 낭독해도 낭독 시간에 맞출 수 있어야 한다.

이솝우화 낭독 연습문 1

- 제목 : 늑대와 꾀 많은 강아지

- 글자 수 : 711자   / 낭독 시간 : 2분 45초 ~ 2분 55초

- MR 듣기 : blog.naver.com/sorikgt

같은 글자 다른 뜻	길게 내는 소리	밤:		먹는 밤
		용:기		씩씩하고 굳센 기운
	짧게 내는 소리	밤		어두운 밤
		용기		물건을 담는 그릇

┤ 지혜얻기 ├ 누구나 위험한 상황과 어려운 환경에 있더라도 포기하지 않고 희망을 잃지 않는다면 반드시 그 위험하고 어려운 상황에서 벗어날 수 있답니다.

꾀 많은 강아지가 √ 농장 안에서 / 작은 **용기**🥣에 담긴 √ **밤:**🌰을 √ 까먹고 있었습니다. /
그런데 √ 마침 그 곳을 지나가던 늑대가 / **밤:**🌰을 까먹는 √ 강아지를 발견하고 √ 군침을 흘리며 말했습니다. /

"오늘 **밤**🌙에는 √ 저놈을 잡아먹여야겠군." //

밤:🌰을 까먹는데 √ 정신이 팔린 강아지는 / 늑대가 √ 자신을 잡아먹기 위해 √ 바로 옆까지 온 것도 몰랐습니다. / 늑대를 발견했을 때에는 √ 이미 √ 도망가기에는 √ 늦은 상황이었습니다. /

위험에 처한 강아지는 √ **용:기**🧠를 내어서 √ 늑대에게 말했습니다. /
"늑대님, / 오늘 **밤**🌙에는 √ 이 **밤:**🌰을 다 드릴 테니 √ 저를 살려주세요." /
"흥 √ 나는 **밤:**🌰을 싫어하니 √ 너를 잡아먹겠다." //

늑대가 √ 강아지를 잡아먹으려고 √ 달려들었습니다. / 이때 √ 강아지는 √ 다시 한 번 **용:기**🧠를 내어 √ 늑대에게 √ 큰 소리로 말했습니다. /
"늑대님! / 저는 √ 아직 어린 강아지이고 √ 마르기까지 해서 √ 뼈 밖에 없습니다. / 그러니 √ 지금 저를 잡아먹기 보다는 √ 내일 **밤**🌙까지 기다려 주세요. / 저희 주인님 √ 결혼식 피로연이 있으니, / 그 때까지 √ 열심히 먹어서 √ 살을 찌우겠습니다. / 그러니 √ 내일 **밤**🌙에 √ 절 잡아먹는 것이 √ 훨씬 나을 겁니다." //

늑대는 √ 강아지의 말에 √ 귀가 √ 솔깃해졌습니다. / 지금 잡아먹는 것보다 √ 내일 **밤**🌙까지 √ 살을 찌우게 한 다음 √ 잡아먹으면 / 훨씬 √ 배불리 먹을 것 같았습니다. /
"좋아, √ 약속은 √ 반드시 지켜야 한다는 걸 √ 알고 있겠지." /
"물론이죠. √ 늑대님." //

강아지 말을 √ 믿고 떠났던 늑대는 / 다음 날 √ 밤🌑이 되자 √ 다시 돌아왔습니다. / 하지만 √ 기다리기로 한 강아지는 √ 농장 안에 없었습니다. / 화가 난 늑대가 √ 주위를 둘러보니 / 강아지는 √ 늑대를 피해 √ 농장의 지붕 위에 있었습니다. / 어제 밤🌑처럼 √ 용기🥣에 담긴 √ 밤:🌰을 √ 까먹고 있었습니다. //

늑대는 √ 강아지를 올려다보면서 √ 소리를 질렀습니다. /

"이봐 강아지! √ 약속을 지켜야지." /

그러자 √ 꾀 많고 용:기🐶있는 강아지가 √ 어리석은 늑대에게 대답했습니다. /

"어리석은 늑대씨, / 다음에 나를 잡게 되면 √ 결혼피로연이 열릴 때까지 √ 기다리지 않는 것이 √ 좋을 거예요. / 난 √ 늑대의 먹이가 될 생각이 없으니 √ 오늘 밤🌑에는 √ 다른 식사거리를 찾아보세요. / 난 √ 이 용기🥣에 담긴 √ 맛있는 밤:🌰이나 √ 계속 까먹겠어요. / 안녕!"

이솝우화 낭독 연습문 2

- 제목 : 지키지 못할 약속을 하는 농부

- 글자 수 : 557자 / 낭독 시간 : 2분 10초 ~ 2분 20초

- MR 듣기 : blog.naver.com/sorikgt

같은 글자 다른 뜻	길게 내는 소리	벌:		날아다니는 벌
		병:		몸이 아픈 것
	짧게 내는 소리	벌		죄를 지은 사람에게 내리는 벌
		병		물을 담는 병

| 지혜얻기 | 사람들은 어렵고 힘든 궁지에 몰렸을 때 그 상황을 벗어나기 위해 지키지 못할 약속을 합니다. 하지만 곧 더욱 힘든 궁지에 몰릴 수 밖에 없습니다. 아무리 어려운 처지에서 한 약속이라도 반드시 지켜야 합니다.

가난한 농부가 √ 깨진 **병**에 찔려 √ 심한 **병:**에 걸렸습니다. / 농부의 아내가 √ 의사를 불러왔습니다. /

"의사 선생님, 제 **병:**이 √ 나을 수 있을까요?" /

힘없는 목소리로 √ 농부가 물었습니다. /

"물론입니다. / 깨진 **병**조각이 √ 깊이 박혀 있지만 / 수술을 하여 √ **병** 조각을 빼면 √ 곧 √ 나을 겁니다." /

의사의 대답에 농부는 √ 기뻐하며 수술을 하였습니다. / 하지만 √ 이 핑계 저 핑계를 대며 √ 수술비를 주지 않았습니다. //

그러던 √ 어느 날 /

이번에는 √ 독이 있는 벌:에 쏘여 √ 다시 √ 큰 **병:**🐝에 걸렸습니다. / 농부의 아내가 √ 다시 의사를 찾아갔습니다. /

"당신 남편은 √ 틀림없이 √ **벌**🐝을 받아서 √ **벌:**🐝에 쏘인 것이 분명하니, / 나를 찾지 말고 √ 신부님께 가서 살려달라고 하시오." / 라고 말하며 √ 농부의 아내를 √ 돌려보냈습니다. //

농부의 아내가 √ 신부님을 불러왔습니다. /

"신부님 √ 제발 저를 살려주세요." /

벌을 받아 √ **벌:**🐝에 쏘인 농부가 √ 말했습니다. / 그러나 √ 신부님에게도 √ 그 **병:**🐝을 √ 치료할 방법은 없었습니다. / 하지만 √ **벌**🐝을 받은 농부는 √ 끝까지 신부님에게 √ 부탁했습니다. /

"신부님, / 만약 √ 제 **병:**🐝이 낫게 된다면 √ 100개의 큰 **병**🍾에 √ 포도주를 가득 담아, / 황소 √ 100마리와 함께 √ 신에게 바치겠습니다. / 그러니 √ 제발 √ 제 **병:**🐝을 낫게 해 달라고 √ 기도해 주세요." /

"알겠습니다. √ 기도는 해 보겠습니다." /

신부님은 √ 농부의 사정이 가여워 √ 신에게 √ 기도해 주겠다고 약속하고 √ 돌아갔습니다. //

신부님이 돌아가자 √ 농부의 아내가 √ 물었습니다. /

"**벌**🐝을 받아 √ **병:**🐝이 든 당신이 √ 어디서 √ 그 많은 돈을 구할 거예요?" /

그러나 √ 농부가 대답했습니다. /

"걱정 마시오. / 나는 √ **병:**🐝이 낫게 되어도 √ 약속을 지키지 않을 거요. / 설마 √ 신이 나에게 √ 약속을 지키라고 √ 의사처럼 독촉하겠소?"

이솝우화 낭독 연습문 3

- 제목 : 세 마리의 황소와 사자

- 글자 수 : 679자   □낭독 시간 : 2분 40초 ~ 2분 50초

- MR 듣기 : blog.naver.com/sorikgt

같은 글자 다른 뜻	길게 내는 소리	장:사		힘이 센 사람
		말:		사람이 내는 소리
	짧게 내는 소리	장사		물건을 파는 일
		말		사람이 타는 동물

| 지혜얻기 | 힘이 약한 친구들이라 해도 서로 의지하고 사이 좋게 지내면 큰 힘이 됩니다. 좋은 친구 사이는 서로 믿음으로 사귀는 것이랍니다.

아주 사이가 좋은 √ 황소 세 마리가 √ 살고 있었습니다. /

그런데 √ 황소들이 사는 곳에는 √ 무서운 사자 한 마리도 √ 살고 있었습니다. /

사자는 √ 황소를 잡아먹기 위해서 √ 호시탐탐 √ 기회를 노렸습니다. / 하지만 √ 항상 √ 세 마리의 황소가 √ 사이좋게 함께 다녔기 때문에 / 힘센 √ **장:사**🏋 사자도 √ 혼자 힘으로는 √ 잡아먹을 수가 없었습니다. /

"어떻게든 √ 저 녀석들을 √ 잡아먹어야 할 텐데." //

사자는 √ 평소에 황소들과 √ 사이가 좋지 않은 **말**🐎에게 √ 좋은 생각이 없느냐고 √ 물었습니다. / 그러자 √ **말**🦓이 √ **말:**🗣했습니다. /

"사자님을 √ 도와 드리고 싶지만 √ 그럴 수 없답니다. / 지금 √ **말**🐎 **장사꾼**🏪 에게 √ 팔려

가게 되었거든요. / 그렇지만 √ 장사꾼🏪에서 저를 구해주신다면 / 꼭 √ 황소들을 잡아먹게 √ 도와드리겠습니다. /

사자는 √ 얼씨구나 생각하고 √ 말🐴 장사꾼🏪을 √ 쫓아 버렸습니다. /

말🐴 장사꾼🏪에게서 √ 풀려난 말🐴은 / 사자의 귀에다 √ 자신의 생각을 √ 소곤소곤 말:🗣했습니다. / 다 듣고 난 사자는 √ 기뻐서 펄쩍 펄쩍 √ 뛰었습니다. //

다음날 √ 말🐴은 / 세 마리의 황소를 √ 찾아가서 √ 말:🗣을 걸었습니다. /

"황소들아, / 너희 셋 중에서 √ 가장 힘센 √ 장:사🏋황소는 누구니?" /

그러자 √ 황소들은 √ 서로 자기가 힘센 장:사🏋라고 √ 말:🗣했습니다. /

"내가 √ 제일 힘이 센 √ 장:사🏋야." /

"아니야, √ 내가 힘이 가장 셀 거야." /

"둘 다 √ 까불지 마, / 이 세상에 √ 나보다 힘센 장:사🏋는 없어." /

가만히 듣고 있던 말이 √ 황소들을 보며 √ 말:🗣했습니다. /

"서로 √ 말:🗣로만 힘이 세다고 하니 √ 알 수가 없구나. / 아무래도 √ 이 중에는 √ 가장 힘이 센 황소가 √ 없는 것 같군." /

말은 √ 황소들을 비꼬며 √ 그 자리를 떠났습니다. / 황소들은 √ 말:🗣로 해서는 √ 장:사🏋를 가릴 수 없다고 √ 생각했습니다. / 그래서 √ 뿔을 부딪치면서 √ 치열하게 싸웠지만 √ 쉽게 √ 결판을 낼 수가 없었습니다. /

이 일로 √ 사이가 벌어진 황소들은 / 서로를 √ 헐뜯는 √ 말:🗣만 하고 다녔습니다. / 말🐴이 계획한 대로 √ 사이가 아주 나쁘게 √ 되어버린 것입니다. / 그래서 √ 세 마리의 황소는 √ 더 이상 √ 함께 다니지 않았습니다. /

말🐴이 시키는 대로 √ 기회를 노리고 있던 사자는 / 마음 놓고 √ 황소들을 잡아먹었습니다.

2) 다양한 표현을 사용한 낭독훈련

MR을 이용한 낭독의 표준속도 익히기가 체화되었다면 이제는 다양한 표현법(강조, 속도, 휴지, 감정 넣기)과 리듬을 사용하여 낭독 연습을 해보자.

낭독 예문은 앞에서 익혔던 '세 마리의 황소와 사자'다. 속도는 충분히 익혔기에 익숙할 것이다. 이 글을 통해 다양한 표현법을 스스로 표시하고 멋진 낭독이 되도록 연습해보자.

| 제목 : 세 마리의 황소와 사자

| 글자 수 : 679자 / 낭독 시간 : 2분 40초 ~ 2분 50초

  - 휴지할 곳이 표시되어 있지 않은 글이다. 자신만의 휴지부호(반 박자, 두 박자, 네 박자)를 넣어본다.

  - 강조할 단어나 어절을 찾아서 강조할 방식을 생각하고 강조 표시를 해보자(동그라미로 강조 등).

  - 속도를 빨리해서 낭독할 부분과 천천히 낭독할 부분을 찾아서 표시하자(색깔로 구분).

  - 감정을 넣어야 할 곳을 찾아서 표시하자(물결 모양의 밑줄 긋기).

아주 사이가 좋은 황소 세 마리가 살고 있었습니다. 그런데 황소들이 사는 곳에는 무서운 사자 한 마리도 살고 있었습니다.

사자는 황소를 잡아먹기 위해서 호시탐탐 기회를 노렸습니다. 하지만 항상 세 마리의 황소가 사이좋게 함께 다녔기 때문에 힘센 장사 사자도 혼자 힘으로는 잡아먹을 수가 없었습니다.

"어떻게든 저 녀석들을 잡아먹어야 할 텐데."

사자는 평소에 황소들과 사이가 좋지 않은 말에게 좋은 생각이 없느냐고 물었습니다. 그러자 말이 말했습니다.

"사자님을 도와 드리고 싶지만 그럴 수 없답니다. 지금 말 장사꾼에게 팔려 가게 되었거든요. 그렇지만 장사꾼에게서 저를 구해주신다면 꼭 황소들을 잡아먹게 도와드리겠습니다."

사자는 얼씨구나 생각하고 말 장사꾼을 쫓아 버렸습니다. 말 장사꾼에게서 풀려난 말은 사자의 귀에다 자신의 생각을 소곤소곤 말했습니다. 다 듣고 난 사자는 기뻐서 펄쩍펄쩍 뛰었습니다.

다음날 말은 세 마리의 황소를 찾아가서 말을 걸었습니다.

"황소들아, 너희 셋 중에서 가장 힘센 장사 황소는 누구니?"

그러자 황소들은 서로 자기가 힘센 장사라고 말했습니다.

"내가 제일 힘이 센 장사야."

"아니야, 내가 힘이 가장 셀 거야."

"둘 다 까불지 마, 이 세상에 나보다 힘센 장사는 없어."

가만히 듣고 있던 말이 황소들을 보며 말: 했습니다.

"서로 말로만 힘이 세다고 하니 알 수가 없구나. 아무래도 이 중에는 가장 힘이 센 황소가 없는 것 같군."

말은 황소들을 비꼬며 그 자리를 떠났습니다. 황소들은 말로 해서는 장사를 가릴 수 없다고 생각했습니다. 그래서 뿔을 부딪치면서 치열하게 싸웠지만 쉽게 결판을 낼 수가 없었습니다. 이 일로 사이가 벌어진 황소들은 서로를 헐뜯는 말만 하고 다녔습니다. 말이 계획한 대로 사이가 아주 나쁘게 되어버린 것입니다. 그래서 세 마리의 황소는 더 이상 함께 다니지 않았습니다.

말이 시키는 대로 기회를 노리고 있던 사자는 마음 놓고 황소들을 잡아먹었습니다.

은메달 과정
심화훈련

1) 변화 있게 표현하며 말하는 연습을 해보자.

표현하며 말하기는 말하고자 하는 문장의 내용이 품고 있는 의미를 청중에게 그 의미에 맞는

표현법으로 잘 표현하여 귀로 들어도 눈으로 보는 것처럼 선명하게 이해시키는 훈련법이다.

  ① 아래의 내용에서 (   )속의 단어는 그 단어가 뜻하는 의미가 분명히 있다. 따라서 그 단

  어가 뜻하는 의미대로 살아있는 표현법으로 연습하라.

  ② 높은 소리와 낮은 소리, 길고 짧은 소리, 많고 적은 소리, 빠르고 느린 소리, 큰 것과 작

  은 소리 등을 확연히 구분이 되도록 연습한다.

산은 (높고), / 길은 (길고), / 비행기는 (빠른데) / 그보다 더 (길고)(빠른) 것은 /

시간이요, 세월이랍니다. //

(하늘)이 있기에 (땅)이 있고, / 밤과 낮이 있으면 / (길고) (짧음)이 있습니다. //

(빠른 것)이 있기에 (느린 것)이 있고, / (높은 곳)이 있기에 (낮은 곳)도 있답니다. //

(큰 것)이 있어야 (작은 것)이 있고, / (많은 것)이 있어야만 (적은 것)도 있으며, /

(약한 것)이 있기에 (강한 것)도 있고, / (느린 것)이 있기에 (빠른 것)이 있는 법입니다. //

2) 음성학 표준발음에 따른 낭독 연습을 해보자.

문자의 음가와 실제 발음의 음가는 다르다. 그러다 보니 영어 문장을 읽을 때도 원래의 텍스트 상의 알파벳과 다른, 발음기호대로 발음 연습을 한다. 이처럼 텍스트와 다른 발음기호가 존재하고 우리의 한글 또한 소리글자라 해도 한글 나름의 음운법칙의 적용을 받아 실제 글자와 다르게 읽힌다.

이런 음운법칙 중에서 가장 많이 소리말의 변화를 주는 것은 자음동화와 구개음화이다. 이러한 언어에 쓰이는 소리와 법칙을 과학적으로 연구하는 학문이 음성학(phonetics)이다. 이 한글 음성학에 따른 표준발음은 글자를 읽을 때 소리 나는 대로 표기하여 보급하고 있다. 어린이들이나 청소년 중에서도 소리 내는 법칙을 이해 못 하고 원음 그대로 발음하는 오류가 많은데 여기서는 법칙을 이해하기 전에 소리 나는 대로 쓴 글을 원래의 문장과 비교하며 낭독하는 방법을 익히도록 하겠다.

처음에는 어색해도 소리 나는 대로 읽는 연습이 익숙해지면 원래의 문장도 자연스럽게 음운법칙대로 읽고 있는 자신을 발견하게 될 것이다.

   (1) 산문을 음성학 표준발음으로 낭독 연습하기
   ① 시골 쥐와 서울 쥐
        이현복 저 『한국어의 표준발음』에서 발췌

시골 쮜와 서울 쮜

하루는 √ 서울 어느 부우자찌베서 사아는 √ 쥐 한 마리가 / 시고레 인는 √ 동무를 차자갓슴니다. / 시골 쮜는 √ 아주 오래간마네 √ 동무가 머언 고세서 차자왓쓰므로 / 자기에 모오든 성이를 다하여 √ 손니믈 대애저파엿씀니다. //

그날 저녁상 위에는 √ 시고레서는 좀처럼 구우경할 쑤 어엄는 / 고기 자양조리미며 √ 햏꼭 씨그로 만든 √ 요오리드리 나왓씀니다. / 게다가 시골 쮜는 √ 서울 쮜가 배부르게 머글쑤 읻 또록카기 위하여 / 자기는√집뿌스러기로 저녀글 머것씀니다. //

저녁상을 물리고 난 뒤, √ 서울 쮜는 마아랫씀니다. /
"너어 √ 이런 초온 꾸서게서 √ 가난한 생화를 하는 거시 √ 보기에도 안됃꾸나. / 그런 걸 먹꼬 √ 어떠케 사라가니? / 이버네 나와 가치 √ 서울로 가자. / 모오두 얼마나 자알 먹꼬 √ 자알 사아는 가를 보여 줄테니.....'' //

시골쮜는 √ 서울쮜가 이럭케 궈언하는 바라메 / 그날 빠므로 √ 서우레 갈까슬 마음머것씀니다. / 그리하여 √ 시골쮜와 서울쮜는 √ 기를 떠나서 / 바미 이이슥캐질 무렵 √ 서울쮜가 사아는 지베√이르럿씀니다. / 서울쮜는 곧 √ 시골 쮜를 데리고 √ 식땅으로 드러갓씀니다. //

거기에는 저엉말 / 시골쮜가 √ 아직 구우경도 해애 보지 모오탄 으음식뜨리 √ 즐비햇씀니다. / 시골쮜는 √ 가장 마딧(싯)써 보이는 걷부터 √ 차근차근 먹끼 시이자카엿씀니다. / 이때 √ 별안간 식땅 무니 활짝 열리며 √ 사아람드리 드러왓씀니다. //

그리고√무섭께 생긴 커어다란 개애도 √ 한 마리 따라 드러와서 / 큰 소리로 지즈며 √ 방아늘 완따 갇따 하엿씀니다. / 쮜드른 그만 √ 거르마 나알 살려라 하고 √ 도망을 첫씀니다. / 가까스로 위기를 모오면한 시골쮜는 √ 서울쮜에게 마알 하엿씀니다. //

"흥, / 이런 서울 생활보다는 √ 귀이리 죽콰 √ 집깍찌를 머글찌언정 / 마음펴니 머글 쑤 인는 √ 시골찌비 √ 더어 조오아. / 이고시 조온타면 √ 넌 머물러 잇쓰럼. / 나는 다시 √ 시골

로 가서 √ 마음 녹코 사알겟써.” / 하고 마알하면서 √ 다시 √ 시골로 도라가 버리고 마아랏
씀니다.

한국음성학 표준발음으로 충분히 연습을 했다면 다음은 원문을 낭독해 보자.

소리 나는 대로 낭독이 되는가?

그렇지 않다면 앞의 음성학 표준발음을 재연습하라.

그리고 다양한 글씨체와 크기를 한눈에 익히는 시각훈련도 함께하자.

시골 쥐와 서울 쥐

하루는 서울 어느 부잣집에서 사는 쥐 한 마리가 / 시골에 있는 동무
를 찾아갔습니다. / 시골 쥐는 아주 오래간만에 동무가 먼 곳에서 찾
아왔으므로 / 자기의 모든 성의를 다하여 손님을 대접하였습니다. //

그날 저녁상 위에는 시골에서는 좀처럼 구경할 수 없는 / 고기 장조림이며 햇곡식
으로 만든 요리들이 나왔습니다. / 게다가 시골 쥐는 서울 쥐가 배부르게 먹을 수
있도록 하기 위하여 / 자기는 짚 부스러기로 저녁을 먹었습니다. //

저녁상을 물리고 난 뒤, 서울 쥐는 말했습니다. /
“너 이런 촌구석에서 가난한 생활을 하는 것이 보기에도 안됐구나. / 그런 걸 먹고 어떻게 살아
가니? / 이번에 나와 같이 서울로 가자. / 모두 얼마나 잘 먹고 잘사는 가를 보여 줄 테니....” //

시골 쥐는 서울 쥐가 이렇게 권하는 바람에 / 그날 밤으로 서울에 갈 것을 마
음먹었습니다. / 그리하여 시골 쥐와 서울 쥐는 길을 떠나서 / 밤이 이슥해질

무렵 서울 쥐가 사는 집에 이르렀습니다. / 서울 쥐는 곧 시골 쥐를 데리고 식당으로 들어갔습니다. //

거기에는 정말 / 시골 쥐가 아직 구경도 해 보지 못한 음식들이 즐비했습니다. / 시골 쥐는 가장 맛있어 보이는 것부터 차근차근 먹기 시작했습니다. / 이때 별안간 식당 문이 활짝 열리며 사람들이 들어왔습니다. //

그리고 무섭게 생긴 커다란 개도 한 마리 따라 들어와서 / 큰 소리로 짖으며 방안을 왔다 갔다 하였습니다. / 쥐들은 그만 걸음아 날 살려라 하고 도망을 쳤습니다. / 가까스로 위기를 모면한 시골 쥐는 서울 쥐에게 말하였습니다. //

"흥, / 이런 서울 생활보다는 귀리죽과 짚 깍지를 먹을지언정 / 마음 편히 먹을 수 있는 시골집이 더 좋아. / 이곳이 좋다면 넌 머물러 있으렴. / 나는 다시 시골로 가서 마음 놓고 살겠어." / 하고 말하면서 다시 시골로 돌아가 버리고 말았습니다.

　② 장가들려던 사자
　　　　이현복 저 『한국어의 표준발음』에서 발췌

자앙가들려던 사아자
아주 머언 예엔날 / 호오랑이가 √ 다암배 먹떤 시저레 이야기지요. / 어느 고세 √ 아름다운 아가씨가 사알고 잇썸땀니다. //

그런데 √ 하루는 / 그은처 숨 쏘게 √ 사알고 인는 사아자가 지나가다가 / 아가씨에 아름다운 모스베 √ 마음이 끄을려 / 마침내 √ 자앙가를 드러야 겐따고 생가카엿씀니다. //

사아자는 저엄잔케 √ 그 아가씨에 아버지를 차자가 / "당신네 따니메게 자앙가를 드러야겟쓰니, √ 그리 아아십씨오" 하고 / 은근히 을럿씀니다. /
이 마아를 드른 아가씨에 아버지는 / 소오그로는 펄쩍 뛰엇쓰나 / 사아자에게 자바 먹킬까봐 √ 이러케 대애답파엿씀니다. /
"저는 √ 사아잔님 가튼 부늘 √ 사위로 마자드리는데 √ 대애차안성이나, / 따라이에 의겨니 어떤지 √ 한번 드러 보아야 하겟씀니다. / 그러니 √ 어려우시지만 √ 내애일 한번 더 들러 주시지요," //

이 마아를 듣꼬 √ 사아자는 조오아서 도라갓쓰나, / 아가씨에 지베서는 √ 뜯타지아는 걱쩡에 √ 싸여 읻께 뒈엇씀니다. //

그도 그럴꺼시 / 달떵이 가치 아름다운 따를 / 그 무섭꼬 징그러운 사아자에게 √ 시지블 보내야만 √ 하게 뒈엇쓰니 마아림니다. / 그 이튿날 새벼기 뒈자 √ 어느새 사아자는 차자왓씀니다. / 아가씨에 아버지는 √ 조오은 얼굴로 사아자를 마자드려 마아랫씀니다. //

"따라이에 √ 의겨늘 드러보니 / 사아자니미라면 √ 더 마아랄 거시 어업쓰나, / 다아만 √ 날카로운 이와 발토비 무서워서 √ 주저하고 잇씀니다. / 그러니 √ 그건만 빼어 버리신다면 / 모오든 니이른 √ 해애결 뒐 꺼심니다."/
이 마아를 드른 사아자는 / "그거야 어렵찌 안치." √ 하고는 / 마아루에 드러누어서 √ 이와 발토블 √ 모오두 뽑께 하엿씀니다. //

아가씨에 아버지는 √ 그제야 √ 숨겨 두엇떤 모옹둥이를 번쩍 드러 / 사아자를 √ 마구 두들겨 주엇씀니다. / 사아자는 √ 이와 발토비 어업써진 뒤이라 / 매만 실컫 어어더맏꼬 √ 산 쏘오그로 도망쳐 버럳씀니다.

한국음성학 표준발음으로 충분히 연습을 했다면 다음은 원문을 낭독해 보자.

소리 나는 대로 낭독이 되는가?

그렇지 않다면 앞의 음성학 표준발음을 재연습하라.

그리고 다양한 글씨체와 크기를 한눈에 익히는 시각훈련도 함께하자.

장가들려던 사자 (원문)

아주 먼 옛날, / 호랑이가 담배 먹던 시절의 이야기지요. /

어느 곳에 아름다운 아가씨가 살고 있었답니다. //

그런데 하루는 / 근처 숲속에 살고 있는 사자가 지나가다가 / 아가씨의 아름다운 모습에 마음이 끌려 / 마침내 장가를 들어야겠다고 생각하였습니다. //

사자는 점잖게 그 아가씨의 아버지를 찾아가 / "당신의 따님에게 장가를 들어야겠으니, 그리 아십시오" 하고 / 은근히 을렀습니다. /

이 말을 들은 아가씨의 아버지는 / 속으로는 펄쩍 뛰었으나 / 사자에게 잡아먹힐까 봐 이렇게 대답하였습니다. /

"저는 사자님 같은 분을 / 사위로 맞아들이는 데 대찬성이나, / 딸아이의 의견이 어떤지 한 번 들어 보아야 하겠습니다. / 그러니 어려우시지만 내일 한 번

더 들려주시지요." //

이 말을 듣고, 사자는 좋아서 돌아갔으나, / 아가씨의 집에서는 뜻하지 않은 걱정에 싸여 있게 되었습니다. //

그도 그럴 것이 / 달덩이같이 아름다운 딸을 / 그 무섭고 징그러운 사자에게 시집을 보내야만 하게 되었으니 말잉니다. / 그 이튿날 새벽이 되자 어느새 사자는 찾아왔습니다. / 아가씨의 아버지는 좋은 얼굴로 사자를 맞아들여 말했습니다. //

"딸아이의 의견을 들어보니 / 사자님이라면 더 말할 것이 없으나, / 다만 날카로운 이와 발톱이 무서워서 주저하고 있습니다. / 그러니 그것만 빼어 버리신다면 / 모든 일은 해결될 것입니다." /

이 말을 들은 사자는 / "그거야 어렵지 않지."하고는 / 마루에 드러누워서 이와 발톱을 모두 뽑게 하였습니다. //

아가씨의 아버지는 그제야 숨겨 두었던 몽둥이를 번쩍 들어 / 사자를 마구 두들겨 주었습니다. / 사자는 이와 발톱이 없어진 뒤라, / 매만 실컷 얻어맞고 산속으로 도망쳐 버렸습니다.

(2) 운문을 음성학 표준발음으로 낭독 연습하기

산문의 표준낭독 속도가 1분에 230~250자라면 운문(시)의 낭독속도는 150자~170자 정도다. 아래의 시는 누구나 한 번쯤 들어봤고 알고 있어야 하는 시다. 운문의 낭독속도와 감성에 충실하며 낭독 연습을 해보자.

① 제목 : 사슴

시인 : 노천명(1912.9.2.~1957.12.10.) 황해도 장연출신. 친일반민족행위자. 1941
년부터 1944년까지 대동아전쟁을 찬양하는 친일 작품들을 남겼다. 「사슴」은 1938년
작품이며 워낙 유명한 시이기도 하다.

사 슴

시인 : 노천명

모가지가 기이러서 슬픈 짐승이여. /

어언제나 저엄자는 편 마아리 어업꾸나. /

과니 햐양기로운 너는 /

무척 노픈 족쏘기언나 보다. //

물쏘게 제 그으림자를 드려다 보고 /

이런떤 전서를 생가캐 내애고는 /

어찌할 수 어업는 향수에 /

슬픈 모가지를 하고 /

머언 데 사늘 바라본다. //

사 슴 (원문)

시인 : 노천명

모가지가 길어서 슬픈 짐승이여. /

언제나 점잖은 편 말이 없구나. /

관이 향기로운 너는 /

무척 높은 족속이었나 보나. //

물속에 제 그림자를 들여다보고 /

잃었던 전설을 생각해 내고는, /

어찌할 수 없는 향수에 /

슬픈 모가지를 하고 /

먼 데 산을 바라본다. //

② 제목 : 빼앗긴 들에도 봄은 오는가!

시인 : 이상화(1901.4.5.~1943.4.25.) 대구 출신. 민족주의 시인으로 식민치하의 민족적 비애와 일제에 항거하는 저항 의식을 기조로 하여 시를 썼다. 시인의 저항정신을 서정적 정조로 잘 가다듬은 대표적 작품이 「빼앗긴 들에도 봄은 오는가」이다.

빼앗긴 드으레도 보믄 오는가!

시인 : 이상화

지그믄 나메 땅 / 빼앗긴 드으레도 보믄 오는가? /

나는 오온모메 햇쌀를 받꼬 / 푸른 하늘 푸른 드으리 맏부튼 고스로 /

가르마 가튼 논끼를 따라 / 꿈소글 가듣 / 거어러만 간다. /

입쑤를 다믄 하느라 드으라 / 내 마아메는 내 혼자 /

온 걷 같찌를 안쿠나. / 네가 끄으런느냐 누가 부르더냐 /

답따뷔라 마아를 해애 다아오. //

바라믄 내 귀에 속싸기며 / 한 자욱또 섣찌 마아라 /

온짜라글 흔들고 종다리는 울타리 너머 /

아가씨가치 구름뒤이에서 반갑따 우운네. //

고오맙께 자알 자란 보리바타 / 간밤 자정이 너머 내리던 고오운 비로 /

너는 삼단 가튼 머리터를 가맏꾸나, / 내 머리조차 가뿐하다. //

혼자라도 기쁘게 나가자. / 마른 노늘 아안꼬 도오는 차칸 도랑이 /

전머기 달래는 노래를 하고 / 제 혼자 어깨춤만 추고 가네. /

나비 제에비야 깝치지 마아라. / 맨드라미 들마꼬체도 인사를 해애야지. /

아주까리 기르믈 바르니가 / 지심 매애던 그 드으리라.

빼앗긴 들에도 봄은 오는가! (원문)

시인 : 이상화

지금은 남의 땅 빼앗긴 들에도 / 봄은 오는가? /

나는 온몸에 햇살을 받고 / 푸른 하늘 푸른 들이 맞붙은 곳으로 /

가르마 같은 논길을 따라 / 꿈 속을 가듯 / 걸어만 간다. /

입술을 다문 하늘아 들아 / 내 맘에는 내 혼자 /

온 것 같지를 않구나. / 네가 끌었느냐 누가 부르더냐 /

답답워라 말을 해 다오. //

바람은 내 귀에 속삭이며 / 한 자옥도 섰지 마라 /

옷자락을 흔들고 종다리는 울타리 너머 /

아가씨같이 구름 뒤에서 반갑다 웃네. //

고맙게 잘 자란 보리밭아 / 간밤 자정이 넘어 내리던 고운 비로 /

너는 삼단 같은 머리털을 감았구나, / 내 머리조차 가뿐하다. //

혼자라도 기쁘게 나가자. / 마른 논을 안고 도는 착한 도랑이 /

젖먹이 달래는 노래를 하고 / 제 혼자 어깨춤만 추고 가네. /

나비 제비야 깝치지 마라. / 맨드라미 들마꽃에도 인사를 해야지. /

아주까리 기름을 바른 이가 / 지심 매던 그 들이라.

| 산문, 운문이 혼합된 문장을 낭독 연습을 해보자 |

제목 : 피어린 6백 리

작가 : 이은상(1903~1982) 경남 마산 출신. 시조 시인이며 수필가. 해박한 역사적

지식과 유려한 문장으로 국토순례기행문과 선열의 전기를 많이 써서 애국 사상을 고취

하는 데 힘썼다.

피어린 6백 리는 필자가 군 생활을 한 향로봉과 진부령의 이야기가 담긴 기행문이다.

마지막 부분의 시는 스피치 웅변 훈련을 할 때 발성 연습용으로 많이 애용되고 있다.

피어린 6백 리(기행문)

이 은 상

오늘은 휴전선 행각의 마지막 날이다. 나는 지금 동부전선에서도 가장 치열한 격전을 치렀다는 향로봉을 향해서 가는 길이다.

여기는 바로 설악산 한계령으로부터 흘러오는 한계의 시냇가, 발길은 북쪽을 향하면서 눈은 연방 설악산 들어가는 동쪽 골짜기를 바라본다. 30년 만에 다시 보아도 밝은 빛, 맑은 기운이 굽이쳐 흐르는 물소리와 함께 가슴 속의 티끌을 대번에 씻어 주기 때문이다. 얼마나 아름답고 시원하냐!

그래, 이런 데서 그렇게 피비린내를 풍겼더란 말이냐! 친소도 없이 은원도 없이, 싸우다 말고 총을 던지고 냇물에 발이라도 담그고 앉아 도란도란 이야기를 하고 싶은 데가 아니냐! 그림보다 더 아름다운 이런 산수 속에서 더구나 지난날 전투 중에서도 가장 처참했던 것이 설악산과 향로봉 싸움이었다니, 우리는 왜 그렇게 싸우지 않으면 안 되었던가! 차는 어느새 진부령을 넘는다. 이 재는 인제, 고성 두 고을의 경계다. 이로부터는 고성 땅 손님이 되는 것이다. 고개를 넘으면 내림 길, 얼마 아니 하여 진부리에 이른다. 마을이었던 터만 남았고, 집도 사람도 없다. 다만 길가에 비석 두 개가 서 있다. 하나는 향로봉 지구 전적비요, 다른 하나는 설화 희생 순국 충혼비다. 피 발린 비석이요, 눈물 어린 비석이다.

……

마침내 향로봉 위에 올랐다. 높이는 1293미터다. 600리 휴전선 밑에서는 가장 높은 산이다.

마루 위에 높이 서서 부슬비를 맞으며 말없이 바라보는 남북 강산아, 조국의 강토는 참으로 장하고 아름답구나! 그렇건만, 지금 이 시각에도 우리는 다만 슬픔과 불행 속에 잠겨 있는 것이 얼마나 안타까우냐. 나는 지금 향로봉 위에서 하늘을 우러러 안타까운 기도를 올린다.

승리를 위해 해를 머무르게 한

여호수아의 기도를 들으신 주여!

공전하는 역사의 바퀴를

오늘도 여기 멈춰 주소서.

불안과 초조와 회한 속에서

다만 슬픔을 되새기면서

바람결에 흰 머리카락을 날리며

헛되이 늙게 하시나이까!

주여! 이 땅에 통일과 자유와 평화를

비 내리듯, 꽃 피우듯 부어 조소서.

그 땅에서 단 하루만이라도 그 땅에서 살게 해 주옵소서.

……

끝없이 철썩거리는 동해의 물결! 백사장 가에 박아 놓은 철조망의 마지막 쇠말뚝을 붙드는 순간, 나는 그만 주저앉아 버리고 말았다.

그래, 이것이 피어린 휴전선의 마지막 철조망, 마지막 쇠말뚝이냐! 그래, 내가 이 마지막 쇠말뚝 하나 잡아 보려고 600리를 허위허위 달려왔더냐.

길이 끝났네, 더 못 간다네. 병정은 총 들고 앞길을 막네.

저리 비키오, 말뚝을 뽑고 이대로 북으로 더 가야겠소.

바닷가 모래 위에 주저앉아 파도도 울고 나도 울고.

/ 심화훈련

그래, 길이 끝나서 우는 것이냐, 더 갈 곳이 없어서 우는 것이냐! 아니다. 북한 동포를 붉은 무리의 손에 저대로 버려 두기가 안타까와 우는 것이다. 울다 말고 눈물 어린 눈으로 북쪽을 바라본다. 바라보다 말고 몸이 절로 움칫해진다. 이대로 철조망을 넘어가 볼까. 그런단들 누가 앞을 막을 것이냐!

……

어느덧 황혼이 짙어 온다. 동해의 파도 소리에 심장이 오히려 터질 것만 같다. 언제까지고 여기서 울고만 섰을 수는 없다. 차라리 돌아가자. 돌아가 할 일이 있지 않으냐.

내일 아침 돋아오를 새 태양을 맞이해야겠다. 인욕의 밤을 새우고 새 삶의 태양을 맞이해야겠다.

푸른 동햇가에 푸른 민족이 살고 있다.

태양같이 다시 솟는 영원한 불사신이다.

고난을 박차고 일어서라. 빛나는 내일이 증언하리라.

산 첩첩 물 겹겹, 아름답다, 내 나라여?

자유와 정의와 사랑 위에 오래거라, 내 역사여!

가슴에 손 얹고 비는 말씀, 내 겨레 잘살게 하옵소서!

| 헌장(憲章)을 낭독 연습 해보자 |

　　헌장은 일반적으로는 기본적인 준칙(準則)이라는 뜻으로, 국민교육헌장, 어린이헌장과 같이 쓰이는 말이다. 웅변인 헌장은 필자가 전에 소속되어 있던 부산웅변인연합회에서 만든 글이다. 필자가 추구하고자 하는 웅변의 이념을 그대로 대변한 듯하여 항상 즐

겨 낭독하고 있다.

헌장낭독은 국민교육헌장 낭독하듯이 우렁차고 헌장의 이념에 맞도록 낭독 연습을 하라.

웅변인 헌장

부산웅변인연합회

우리는 사람만이 표출하는 신비로운 목소리로 인류 역사의 흥망성쇠와 자연의 생사 보존을 선언할 절대적 발언권이 웅변 속에 부여됨을 하늘에 감사한다.

고대 희랍의 라틴 성전으로부터 유래된 웅변이 수천 년 동안 맥과 혼을 이어오며 민중계도의 설파제가 되고 국리민복의 분수대가 되었음을 통연히 주창한다.

인간의 사랑과 진실을 바탕에 둔 종교의 영혼이 웅변과 그 태맥을 같이하고 지구촌의 전쟁과 평화가 시대를 증언하는 웅변인의 호소력 여하에 달렸음을 숙연히 통감한다.

웅변이 주도할 찬연한 미래를 위하여 개인과 가정에 행복과 용기를, 사회와 국가에 번영과 자유를, 인류와 역사에 정의와 창조를 포효하는 웅변, 종교의 진혼이 되자.

웅변은 곧 정의의 표상이요, 자유의 신앙이며 진리의 대변임을 명각하여 꾸준한 수련과 증진으로 군중 선도와 민주 통솔의 선봉이 될 것을 결연히 선포하자.

1) 연설은 몸으로 먼저 말한다.

스피치는 말로만 하는 것이 아니다. 상대를 설득시키고 감동을 주기 위해서는 몸으로 보여주는 시각적 스피치의 비중도 높다고 할 수 있다. 몸으로 하는 스피치는 무엇인가? 연사로써 청중에게 다가가는 걸음걸이, 인사, 표정, 옷차림, 제스처 모든 것이 몸말 스피치이다.

멜라비안의 법칙에 의하면 커뮤니케이션에는 ①내용, ②목소리, ③몸말의 3가지 요소가 있는데 이 중에서 청중을 설득시키는 비중을 보면 스피치 내용이 7%를 차지하고, 연사의 목소리가 38%, 몸말이 55%의 비중을 차지한다고 한다.

따라서 청중은 연사의 스피치 내용보다는 외적인 요소(우뇌의 판단)인 목소리와 몸말(93%)에 설득의 비결이 있음을 알 수 있다. 특히 몸말의 비중이 55%나 되니 가장 비중 있게 배워야 하는 게 몸말 스피치인 것이다.

몸말 스피치를 이해하고 연습하는 과정은 연사가 청중을 향하여 걸어가는 순간부터 스피치가 끝나고 내려오는 순간까지를 순서대로 풀어가며 연습해 보도록 하겠다.

(1) 첫인상의 법칙을 이용하여 연설을 시작하라.

인간의 뇌는 좌, 우로 나뉘는데 좌뇌는 언어전달과 논리적인 사고에 강하고 우뇌는 논리적인 단계를 거쳐서 이해하기 힘든 감각에 의존해야 하는 것 즉 감성과 창의성을 담당한다. 따라서 강사의 강연을 듣는 청중은 좌뇌로는 강사가 전달하는 언어적인 정보전달을 논리적으로 듣고 있고, 우뇌로는 강사의 행동, 음성, 느낌을 순간적으로 판단한다. 그리고 우뇌의 판단에 따라 강사의 첫인상이 청중에게 각인된다.

심리학에서는 첫인상이 형성하는 효과를 '초두효과'라고 하는데 처음 들어온 정보를 기준으로 나중에 들어오는 정보를 해석하는 경향이 있다고 한다. 예를 들어 "저 사람 참 머리 좋네!"라고 판단하기 전에 인간성이 좋다는 첫인상을 가지고 있었다면 그 사람을 현명하고 지혜로운 사람이라고 평가한다. 반면에 인간성이 별로 좋지 않게 보이는 첫인상의 사람이 머리까지 좋다는 것을 알게 되면 교활한 사기꾼 같다는 평가를 한다.

① 얼굴표정을 연습하라.

연사의 첫인상은 얼굴표정에 있다. 청중은 연사가 연단에 서기도 전에 얼굴표정에서 오늘의 연설 결과까지 점칠 수 있다. 청중은 연사의 얼굴에서 연사의 나이, 건강, 자신감, 성격 등에 관한 모든 정보를 거의 다 얻을 수 있다. 목소리와 마찬가지로 얼굴의 표정도 마음의 창과 같아서 스피치 전과 도중의 표정은 연사의 감정을 그대로 반영하고 있다.

평상시에 다른 사람의 얼굴을 살펴보거나 텔레비전에 비친 행인들의 얼굴은 한결같이 무표정하고 딱딱한 얼굴을 하고 있다. 이런 얼굴에서 따뜻함이나 애정은 전혀 느낄 수 없는 것이다. 연사인 자신이 그런 표정으로 연단에 섰을 때 청중은 당신을 어떻게 보겠는가? 그러니 평소의 표정도 청중 앞에 서 있는 자신을 상상하면서 철저하게 자신감과 여유 있는 표정 근육을 만들도록 연습하라.

찡그린 얼굴	이마에 주름이 잡힐 정도로 양 눈썹과 이마에 힘을 잔뜩 준 얼굴이다. 우리가 찡그릴 때 나타나는 얼굴이다. 미간에는 세로로 굵은 주름도 잡힌다. 찡그린 얼굴은 스트레스를 받았을 때나 화가 났을 때, 남을 속일 때 나타나며 사람들은 당연히 이런 얼굴을 보면 도망치고 싶어 한다.	
죽은 얼굴	무표정한 얼굴이다. 이런 얼굴은 찡그린 얼굴보다 못할 수가 있다. 찡그린 얼굴은 차라리 감정이라도 담은 얼굴이지만 무표정한 얼굴은 감정이 없는 죽은 얼굴과 같기 때문이다. 대부분의 사람이 평소에 이 얼굴을 하고 있다.	
밝은 얼굴	밝은 얼굴은 상대방을 행복하게 하는 얼굴이다. 그리고 자신도 행복해지는 얼굴이다. 눈동자를 약간 크게 뜨고 미소를 띠며, 입꼬리가 약간 위로 올려진 모습이다. 밝은 얼굴로 대화를 하라. 상대는 당신이 말하지 않아도 설득될 것이다.	

표정 근육 만들기 연습은 언론에서 많이 방송되었듯이 손가락 2개로 입꼬리를 밀어 올리며 기쁜 일을 상상하면서 하면 더욱 효과적이다. 입꼬리만 올라가도 밝은 표정이 만들어진다. 입꼬리 근육이 만

들어 질 때까지 매일 시간이 나는 대로 연습하자. 당신의 첫인상이다. 첫인상은 당신의 모든 것이다.

② 외모와 옷차림에 신경 쓰라.

대체로 긍정적인 이미지를 풍기는 외모와 옷차림을 연출하도록 항상 신경을 써야 한다.

- 옷차림 : 스피치하는 목적과 동기를 이해하고 청중 분석을 통해 준비하는 것이 좋다. 무엇보다 자신감을 갖게 하는 옷이 좋은데 새 옷을 입는 것도 좋겠지만, 평소 입었을 때 자신감을 갖게 했던 옷을 선택하면 되겠다. 남녀 모두 액세서리는 착용하지 않든지 간단한 액세서리만 착용해야 한다.

- 외모 : 스피치를 하기 전에 머리 모양과 수염은 단정한지, 이 사이의 불순물은 없는지, 넥타이는 삐뚤어지지 않았는지, 와이셔츠나 기타 속옷이 삐져나오지 않았는지, 구두는 깨끗한지 다시 확인하고 강연장에 들어선다.

(2) 인사하는 방법을 제대로 익혀둬라.
① 먼저, 청중에게 인사하기 위해서 서 있는 자세를 연습하자.

㉠ 가장 좋은 자세는 양발을 살짝 벌린 상태에서 양손을 살짝 주먹 쥐고 바지 재봉선에 대고 있는 자세다.

㉡ 열중쉬어 자세는 청중을 깔보는 듯한 인상을 주고,

㉢ 양손을 배 앞에 모으고 있는 자세는 겸손한 자세처럼 보이나 청중들에게는 나약한 인상을 주고,

ㄹ 간혹 바지 주머니에 손을 넣고 있는 자세는 자신을 과시하기 위한 것처럼 보이나 아주 불량한 자세라고 할 수 있다.

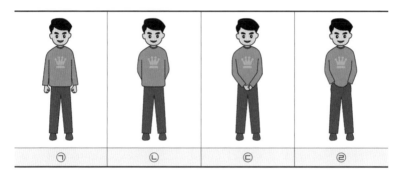

② 고개를 숙여 인사하는 방법에는 크게 3가지로 나눠볼 수 있겠다.

㉠ 가벼운 목례가 있고,

㉡ 정중한 인사가 있고,

㉢ 90도 인사가 있다.

가벼운 목례는 허리가 구부러지는 각도가 대략 15도에서 45도 정도 되며, 90도 인사는 잘 알듯이 허리를 90도 구부리는 인사다. 무엇보다 정중한 인사를 추천하고 싶은데 정중한 인사는 65도 허리를 구부리는 인사다. 여기서는 정중한 인사법과 함께 연단인사법을 함께 익혀두자.

㉠ 가벼운 목례   ㉡ 정중한 인사   ㉢ 90도 인사

연단 인사법을 배워보자

① 당당하고 자신감 있는 걸음걸이로 청중 앞으로 걸어간다. 덜렁거리며 걷는다든지, 히죽거리며 걷는 모습은 좋지 않다.

② 인사할 곳에 멈춰 서서 다리를 모으고 청중을 향해 미소와 함께 시선을 2초 정도 고정한다. 인사하기 전 연습한 밝은 표정으로 청중과 1~2초 정도 눈 맞춤하는 것이 포인트다.

③ 마음속으로 숫자 '하나'를 세는 속도로 허리를 65도 정도 숙인다.

이때 가급적 고개는 허리와 함께 숙이고 눈은 자신의 발 1미터 앞을 향해야 한다. 숙임과 동시에 다시 마음속으로 '둘, 셋' 세는 동안 허리를 숙이고 있다가 숫자가 끝나면 숙이는 속도와 같이 허리를 편다.

④ 최종적으로 숙였던 허리가 펴지면서 청중을 향해 1초 정도 시선을 고정시킨 후 연단으로 이동한다. 보통은 인사와 동시에 청중을 보지 않고 연단으로 바로 가는데 이러한 모습은 청중들로 하여금 좋은 인상을 심어 주지 못한다는 것을 명심하자.

(3) 등단, 하단할 때의 자세를 연습하자.

① 등단할 때 자세

강사가 연단에서 첫마디를 하기 전에 이미 청중을 향한 강연은 시작된 것이다. 강사가 연단을 향해 걸어가는 걸음걸이, 흔드는 팔, 씰룩거리는 표정, 긴장해서 들려오는 숨소리까지 청중은 우뇌를 통해 강사의 첫인상을 평가하고 있다.

당당한 걸음걸이에는 균형과 자연스러움이 배어 나와야 한다. 그리고 연단 옆에 서서, 여유 있는 미소와 태도로 청중들의 좌우를 골고루 돌아본 후 정중한 인사법으로 인사한다.

등단할 때 수행자를 앞세워 등단하면 혼자 오를 때보다 강사의 이미지가 훨씬 돋보인다. 그리고 간혹 사회자의 강사소개가 없는 상황에서 급하게 강단에 오르는 강사가 있는데 그렇게 하지 말아야 한다. 시간이 지체되었더라도 혹은 사회자가 잠시 자리를 비웠을 때도 강사는 꿋꿋하게 자리를 지키고 앉아서 사회자의 멋진 강사소개 후에 박수를 받으며 등단해야 한다.

② 연단에서의 자세

인사가 끝나고 서두를 시작하기 전까지 모든 청중의 시선을 받고 강사는 긴장되기 마련이다. 그리고 외우고 있었던 서두의 인사말을 잊어버리기 전에 해야 한다는 강박관념에 서둘러 말을 시작한다. 하지만 빨리 말하고 싶은 충동을 최대한 억제하고 두 호흡 정도 간격을 두고 청중을 둘러보는 여유를 가져야 한다. 청중을 둘러볼 때 강사를 향해 호감을 보이는 청중이나, 밝은 미소를 보이는 청중, 따뜻한 인상의 청중을 찾아라. 바로 그 청중을 향해서 미소를 보내고 서두를 시작하라.

강연 중의 자세는 한 곳에 고정되어서 계속 강연하기보다는 자세와 위치를 바꿔가며 청중의 주의집중을 유도하고 두 손 중에 한 손은 자유롭게 두어서 언제든지 제스처를 할 수 있도록 한다. 제스처를 할 손과 마이크를 들고 있는 손이 혼동되지 않도록 익숙하게 체화시켜라. 그리고 많은 움직임이 요구되는 강연이라고 판단했을 경우는 미리 '핀 마이크'를 사용할 수 있는지 확인한다.

청중의 입장에서 볼 때 강사의 자질이 의심스러운 자세도 있는데 다음과 같은 자세는 반드시 고치도록 하자.
- 양손으로 연단을 잡고 상체를 굽힌 자세
- 팔꿈치를 연단에 의지한 자세
- 연단에 몸을 심하게 의지한 채 한쪽 발을 쭉 뻗거나 떠는 자세
- 호주머니에 손을 넣은 자세
- 팔짱을 낀 자세
- 뒷짐 진 자세
- 양손을 허리에 얹은 자세

③ 하단할 때의 자세
강연의 끝은 결론을 말한 순간인가? 결론을 말하고 인사를 한 순간일까? 둘 다 아니다. 청중은 특히 강사의 강연에 감동을 많이 한 청중

일수록 강사가 연단을 떠나는 그 뒷모습까지 관심을 가지고 지켜본다.

마지막 인사를 했으면 연단을 바로 벗어나지 말고 잠시 동안 멈춰 서서 청중을 둘러본 후 등단할 때의 모습과 같이 정중하고 당당한 걸음걸이로 연단을 벗어나는 것이 강연의 끝이다.

2) 제스처 연습

영국의 문화인류학자 디스몬드 모리스 박사가 정의한 제스처는 첫째 동작이 타인에게 보여야 하고, 둘째 어떤 정보가 전달되어야 한다고 했다.

강사가 청중에게 보여주기 위한 의식적인 몸짓이나 손짓을 흔히 제스처라고 한다. 하지만 제스처에는 강사 자신도 모르고 사용하는 무의미한 제스처가 있고, 의식적으로 했음에도 어색하고 보기 싫은 제스처도 있다. 무의미하고 나쁜 제스처는 빨리 버리고, 강사의 강연을 보다 더 효과적이고 설득력 있게 포장해줄 수 있는 좋은 제스처를 개발하고 완벽하게 숙련시킬 때, 유능한 강사로 평가받을 수 있다.

제스처는 강연보다는 주로 연설이나 웅변에서 많이 사용하고 그 가치성도 높다고 할 수 있다. 강사(연사)의 열정, 자신감, 내용에 대한 확신을 청중에게 표출하는 과정에서 청각적 전달의 한계를 극복하기 위한 수단이며 청중의 흥분을 더욱 유발시킬 수 있다.

세련되고 멋진 제스처는 하루아침에 만들 수 있는 게 아니다. 아무렇게나 하면 정말 우스꽝스럽고 유치해 보인다. 유명한 강사(연사)

의 멋지고 세련된 제스처는 피나는 훈련 끝에 얻을 수 있었다는 것을 알아야 한다. 처음에는 어색하겠지만 훈련을 하다 보면 어느 순간 멋진 제스처를 표현하는 자신을 보게 될 것이다.

제스처의 개념과 사용원칙을 알아야 하고, 기본동작과 내용에 따른 표현 형태를 철저히 익혀보도록 하자.

(1) 제스처의 사용원칙
① 자연스러워야 한다.

어색하고 뻣뻣한 제스처는 너무 긴장을 했거나 잘못 습득한 연사에게서 많이 나온다. 제스처는 내용과 어울리면서 마음에서 우러나오는 대로 해야 자연스럽게 보인다.

② 변화가 있어야 한다.

아무리 멋진 제스처라도 똑같은 제스처를 여러 번 반복하면 청중은 권태를 느낀다. 참신하고 새로운 제스처를 연구하고, 변화를 시도해야 한다.

③ 명확해야 한다.

제스처는 어디까지나 연사의 말을 더욱 잘 이해시키려고 사용하는 것인 만큼 청중이 정확하게 인지할 수 있도록 표현해야 한다.

④ 융통성이 있어야 한다.

똑같은 형태의 제스처라도 청중 수가 많거나 장소가 넓은 곳에서는 제스처를 크게 사용하고, 반대로 청중 수가 적거나 장소가 좁은 곳에서는 제스처를 작게 사용하는 것이 원칙이다.

⑤ 생동감이 있어야 한다.

연사 자신의 강한 의지나 신념, 그리고 호소나 당부 등의 간절한 내용을 나타내고자 할 때 제스처에 생동감이 없으면 그야말로 죽은 제스처와 다를 바가 없다.

⑥ 타이밍이 맞아야 한다.

연사의 제스처는 말과 제스처가 시간상으로 일치해야 되는 것이 원칙이다. 그러나 말보다 제스처가 약간 먼저 사용할 수는 있어도, 말보다 제스처가 늦게 사용되면 웃음거리가 되고 만다.

⑦ 시선이 일치해야 한다.

많은 연사가 빠지기 쉬운 함정의 하나가, 제스처와 시선이 따로 논다는 점이다.

손가락으로 어떤 곳을 가리키며 제스처하고 눈은 엉뚱한 곳을 쳐다본다면 어색하지 않겠는가? 연사가 자기의 제스처와 시선을 일치시키면, 청중도 그 제스처를 함께 쳐다본다. 양손을 사용할 때는 그 중간을 보거나 양손 범위만큼의 좌우를 둘러보는 것이 무난하다.

⑧ 내용과 일치해야 한다.

제스처의 사용 원칙 중 가장 중요한 것은 스피치의 내용인 말과 그 말을 강조하는 보조적인 제스처가 반드시 일치해야만 한나는 것이다.

(2) 제스처의 3단계

모든 제스처는 크고 작든 간에 시작의 단계, 완성의 단계, 복귀의 단계로 구성되어 있다.

① 시작의 단계 (준비의 단계)

제스처를 써야만 될 상황에 이르면 어떤 제스처를 써야 할 지 생각하고, 기본자세에서 제스처가 시작될 곳으로 손을 가져가는 단계다.

② 완성의 단계

제스처를 완전한 동작으로 표현한 상황이며 절정의 단계라고 한다. 완성의 단계에서는 제스처로 표현하고자 하는 모든 메시지가 담겨있어야 한다.

③ 복귀의 단계

기본자세로 되돌아가는 동작이다. 제스처를 완벽하게 표현했을 때도 중요하지만 그 동작을 얼마나 자연스럽게 원위치시키느냐도 중요하다. 엉거주춤 거둬들인다거나 불성실하게 복귀시키면 멋지게 표현했던 제스처의 효과도 반감되고 만다.

어떤 제스처이든 시작, 완성, 복귀의 3단계가 말의 내용과 함께 조화를 잘 이루어야 멋지고 세련되어 보인다.

④ 제스처의 사용범위

제스처는 자신의 몸을 기준으로 해서 몸 안에서 행해지는 제스처와 몸 밖에서 행해지는 제스처가 있다.

몸 안이라 함은 상하좌우의 범위 내를 말하는데 머리, 허리, 양어깨를 중심으로 한 직사각형의 범위 내를 말한다. 주로 몇몇 청중과 대화하듯 말할 때 사용한다. 그러나 많은 청중을 상대로 하는 강연, 연설, 웅변은 몸 밖에서 즉 직사각형 밖에서 사용하는 것이 좋다.

대중연설에서의 제스처는 크고 활기차게 보여야 한다. 그래야 멋지고 세련되고 자연스럽게 보인다.

(3) 제스처의 분류

① 모방 제스처

실제의 사물이나 동작을 될 수 있는 한 정확하게 흉내 내는 제스처이다.

새가 날아가는 모습을 양팔을 펴서 흔든다든지, 슬픈 표정이나 기쁜 표정을 하는 등이다.

② 형식 제스처

나타내고자 하는 대상의 뚜렷한 특징을 한 가지 골라서 표현하는 형식이다.

소를 표현할 때, 소의 돌출한 두 개의 뿔을 두 손가락으로 나타내는 것 등이다.

③ 상징 제스처

사물이나 동작이 아닌 기분이나 의견 등 추상적인 특성을 나타내는 제스처이다.

바보를 흉내 낼 때 콧물을 들어 마시는 흉내나 코를 옷소매로 닦는 것 등이다.

(4) 제스처의 형태

제스처의 형태는 말의 내용과 연사의 습관에 따라서 여러 가지 형태로 표현되고 있다. 다음의 제스처들은 일반적으로 사용하고 있는 형태이기에 기본적으로 훈련해 두어야 하고, 또 통일성을 위해서라도 알고 있어야 한다.

제스처의 시작 완성 복귀의 3단계를 염두에 두고 거울을 보면서 실전처럼 연습해보자.

주장		가장 많이 쓰이는 제스처의 형태, 연사 자신의 각오나 의지 등을 청중들에게 단호히 표현할 때 사용하는 제스처로 대개 주먹을 불끈 쥐고 청중들을 향해서 힘차게 내뻗는 동작이다. [이것만이 우리 국민이 살길이라고 강력하게 주장합니다!] [여러분! 이것이 바로 저의 단호한 결심인 것입니다.]
부탁		부탁이나 호소, 권고나 애원 등을 할 때 사용하는 제스처로, 두 팔을 벌린 채 손바닥을 위로 향해 앞으로 내뻗는다. 이때 양팔의 벌린 각도는 가슴보다 조금 더 넓게 벌리는 것이 좋다. [5천만 동포 여러분에게 간곡한 부탁의 말씀을 드립니다] [여러분의 현명한 판단을 간절히 호소하는 바입니다]
요구		청중에게 요구하거나 촉구, 선언을 할 때 사용하는 제스처로 손바닥을 위로 향해 한쪽 손을 앞으로 내밀며 아래위로 흔든다. [뭐라고? 증거가 있거든 어디 대보란 말이야!] [정상모리배들의 뼈저린 각성을 촉구하는 바입니다.]

단결		단결이나 협동, 협력이나 합류 등의 뜻을 표현할 때 사용하는 제스처로, 두 손을 앞으로 들어 올려 힘차게 맞잡으면 된다. [우리 민족이 사는 길은 오직 뭉치는 길밖에 없습니다.] [우리 고장의 발전을 위해 손잡고 일해 나갑시다.]
분리		분리나 이별, 양단 등을 표현할 때 사용하는 제스처로, 가슴 앞에서 합친 두 손바닥을 좌우 양쪽으로 가르면 된다. [국토는 남북으로 양단되고, 민족 또한 분열되었습니다.] [이 좁은 땅덩어리에서 경상도 전라도로 갈라져서 싸우는]
배척		배척이나 거절, 거부나 방어 등을 표현할 때 사용하는 제스처로, 손바닥을 청중을 향해 세워 펴 보이면서 앞으로 힘차게 내밀면 된다. [나는 사이비 민주주의를 배척합니다!] [갈등을 조작하는 일에 저는 결단코 반대를 하였습니다.]
존엄		존엄이나 숭고, 신성이나 존경 등의 표현을 할 때 사용하는 제스처로, 하늘을 받들 듯이 양팔을 머리 위로 구부려 펴고 손바닥을 하늘을 향하게 한다. [오-, 천지신명이시여! 굽어살피소서.] [선열들이시여! 고이고이 잠드소서.]
감탄		감탄이나 희열, 감격 등의 표현을 할 때 사용하는 제스처로, 두 손바닥이 위를 오도록 펴고 양팔을 힘 있게 내용에 따라 머리 위, 가슴높이, 가슴 아래로 쭉 뻗는다. [오-, 찬란한 태양이여! 너는 온 세계의 미소이어라!] [아름다운 별 무리여! 그대는 밤하늘의 대서사시이다.] [넓은 틀에 오곡백과가 민발하였그니!]
지시		지시나 방향, 경고 등을 표현할 때 사용하는 제스처로, 오른쪽 둘째손가락이나 손바닥을 펴고 손끝으로 가리키는 곳을 향해 힘차게 팔을 뻗거나 둘째손가락 끝을 위로 향하여 상징적으로 흔들어도 된다. [앞줄에 앉아계신 아주머니! 문 옆에 서 있는 아저씨!, 그리고 맨 뒷줄에 앉아 계신 할아버지도 제 말을 좀 들어 보십시오.]
진압		진압이나 평정, 억압이나 억제 등을 표현할 때 사용하는 제스처로, 손바닥을 아래로 향해 두 팔을 벌려 밑을 누르는 듯이 한다. [여러분! 잠시 동안 조용히 해주십시오!] [여러분! 진정해 주십시오. 그리고 제발 그것만은 참으십시오!]
결판		결판이나 결단, 절단 등을 표현할 때 사용하는 제스처로, 왼손은 손바닥이 위로 향하게 펴고, 오른손은 손바닥을 칼날처럼 세워, 왼손 손바닥을 내려칩니다. 오른손만 사용하기도 한다. [국민성을 좀먹는 퇴폐풍조는 하루속히 근절해 버려야 합니다.] [동서로 갈라지느냐, 합치느냐 결판내는 선거가 바로 이번 선거입니다.]

기도		기도나 기원, 소망 등을 표현할 때 사용하는 제스처로, 양손을 맞잡거나 양 손바닥을 합장하여 경건한 표정을 지으면 된다. [모쪼록 여러분의 앞날에 부처님의 가호가 있기를 빕니다.] [주여! 이렇게 두 손 모아 기원하오니 축복을 주시옵소서.]
승리		승리나 성공, 행운 등을 표현할 때 사용하는 제스처로, 둘째와 셋째 손가락을 'V'자 모양으로 펴서 팔을 앞으로 내뻗는다. [인간은 성공하기 위해 태어났습니다. 당신의 행운을 빕니다.] [이기면 생존이요, 지면 죽음일 뿐, 우리에게는 오직 승리가 있을 뿐입니다!]
사망		사망이나 살인, 섬멸 등을 표현할 때 사용하는 제스처로, 엄지손가락만 편 주먹을 가슴 앞에서 거꾸로 뒤집는다. [어떻게 되었냐고요? 결국 죽어 버렸습니다.] [오늘의 문제는 무엇이냐? 싸우는 것이다! 내일의 문제는 무엇이냐? 이기는 것이다! 모든 날의 문제는 무엇이냐? 죽는 것이다!]
환영		환영이나 수용, 포옹 등을 표현할 때 사용하는 제스처로, 양팔을 벌려서 상대를 안으려는 듯한 포즈를 취한다. [어서 오십시오. 진심으로 환영합니다.] [이 세계적 위인을 우리는 환영합니다.]
충만		충만이나 환희, 공포 등을 표현할 때 사용하는 제스처로, 두 주먹을 가슴 앞에서 불끈 쥐고 부르르 떨면 된다. [얼마나 기뻤는지 모릅니다. 하느님의 성령이 온몸에 충만함을 느낄 수 있었습니다.] [나는 그만 공포를 느꼈습니다. 온몸이 부들부들 떨리기 시작했습니다.]
최고		최고나 제일, 정상 등을 표현할 때 사용하는 제스처로, 엄지손가락만 편 주먹을 앞으로 힘차게 내뻗거나, 주먹을 내뻗는 동시에 두세 번 흔들어 주기도 한다. [우리 모두 정상에서 만납시다!] [우리 다 함께 멋진 인생을 향해 출발합시다.]
숫자		연사가 숫자나 순서, 순위 등의 의사표시를 할 때 사용하는 제스처로, 오른쪽 둘째손가락이 첫째가 되고 연속되는 숫자를 이어서 힘차게 뻗거나 팔목이 굽혀진 상태로 펴도 된다. [이것이 나의 첫 번째 주장입니다.] [이 문제는 상당히 복잡한 것 같지만 세 가지로 요약할 수가 있습니다.]
통탄		통탄이나 통곡, 분노 등을 표현할 때 사용하는 제스처로, 손바닥이나 주먹으로 가슴이나 탁자를 친다. [저는 가슴속에서 끓어오르는 분노를 감출 수가 없었습니다.] [어떻게 이런 일이 있을 수 있습니까? 땅을 치고 통곡할 일입니다.]

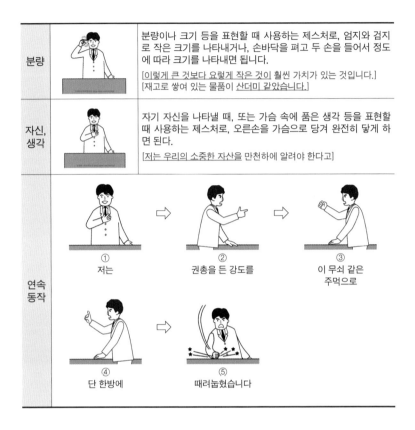

분량		분량이나 크기 등을 표현할 때 사용하는 제스처로, 엄지와 검지로 작은 크기를 나타내거나, 손바닥을 펴고 두 손을 들어서 정도에 따라 크기를 나타내면 됩니다. [이렇게 큰 것보다 요렇게 작은 것이 훨씬 가치가 있는 것입니다.] [재고로 쌓여 있는 물품이 산더미 같았습니다.]
자신, 생각		자기 자신을 나타낼 때, 또는 가슴 속에 품은 생각 등을 표현할 때 사용하는 제스처로, 오른손을 가슴으로 당겨 완전히 닿게 하면 된다. [저는 우리의 소중한 자산을 만천하에 알려야 한다고]
연속 동작	① 저는 ⇨ ② 권총을 든 강도를 ⇨ ③ 이 무쇠 같은 주먹으로 ④ 단 한방에 ⇨ ⑤ 때려눕혔습니다	

3) 눈 맞춤 : 아이 컨택 연습하기

눈 맞춤 : 아이 컨택(eye contact)

시선을 마주친다는 뜻이다. 상대편과 대화를 할 때 시선을 마주치며 말하는 것이 기본예절이며, 시선을 피하는 것은 상대를 속이거나 소심한 느낌을 주는 등의 부정적인 이미지를 준다.

마찬가지로 다수의 청중 앞에서 낭독을 할 때도 청중들과의 눈 맞춤을 최대한 많이 하며 스피치를 해야 한다.

눈 맞춤의 완성은 낭독스피치를 할 때 반드시 청중을 보고 말하는 것이다. 글을 보고 읽어서는 안 된다. 낭독문은 잠깐 보는 것이고 말은 청중을 보며 하는 것이다.

시선 처리가 100% 청중을 향해 말할 수 있을 때까지는 많은 훈련이 필요하다. 따라서 처음에는 문장의 내용에 익숙해 있지 않기에 눈 맞춤의 비율을 50% 정도로 연습하고, 차츰 연습을 거듭하면서 눈 맞춤 비율을 높여가며 최종 완성한다.

연설문장 낭독법에 따라 연습하기

TIP

대중연설에서 가장 많은 비중을 차지하고 있는 것이 낭독형 연설이다. 청중에게 꼭 전해야 할 중요한 내용을 빠트리지 않고 전달할 수 있는 장점과 암기에 대한 부담이 없고 즉흥 연설의 위험에서도 해방될 수 있다. 하지만 자칫 머리를 숙이고 글만 읽어대는 수준으로 낭독만 한다면 이 또한 큰 낭패가 아닐 수 없다. 따라서 이번 연습은 낭독에 있어서 가장 중요한 눈 맞춤(아이 컨택)에 가장 큰 비중을 두고 연습해보자.

-반장 후보 또는 회장이라고 생각하고 생동감 있게 발표해야 한다.

-음성높이를 표시해야 한다.

-다양한 강조법을 표시해야 한다.

-종결어의 평음과 억양을 표시해야 한다.

-휴지 부호를 표시해야 하고, 내용의 의미에 따른 스피치 속도를 조절해야 한다.

-단어나 어절이 뜻하는 표현을 감성적으로 잘 표현해야 한다.

-적절한 제스처를 1개 이상 사용해야 한다.

-아이 컨택(눈 맞춤) 비율을 최대한 높여서 낭독 발표해보자.

1) 출마연설문 1

안녕하세요. / 저는 기호 ( )번 (　　　)입니다. //

아직 여러분의 이름도 다 모릅니다. /

여러분의 성격도 다 모릅니다. //

하지만 제가 반장이 된다면 / 우리 반을 위해서 /

어떤 일을 해야 하는지는 알고 있습니다. //

제가 반장이 된다면 / 우리 반과 여러분을 위해 /

뛰고 또 뛰어서 / 신발이 다 닳아서 없어질 때까지 뛰겠습니다. //

기호( )번 (　　　　)을(를) / 꼭 찍어주세요. //

감사합니다.

2) 출마연설문 2

안녕하세요. / 저는 기호 ( )번 (　　　)입니다. //

저는 특별히 잘난 것이 없습니다. /

얼굴이 잘생긴 것도 아닙니다. /

하지만 여러분과 우리 반을 위해 /

누구보다 열심히 일할 자신은 있습니다. //

왕따 없는 반, / 친구끼리 사이좋게 지내는 반을 /

꼭 만들어 보겠습니다. //

기호 ( )번 (   )을(를) / 꼭 찍어주시면 /

이 팔이 부서지도록 열심히 하겠습니다. //

감사합니다.

3) 출마연설문 3

안녕하세요. / 저는 기호 ( )번 (   )입니다. //

여러분이 저를 / 반장으로 뽑아주신다면 //

첫째, / 우리 반에는 /

절대 외톨이로 지내는 친구가 없도록 만들겠습니다. /

둘째, / 우리 반에는 /

절대 남을 괴롭히는 친구가 없도록 만들겠습니다. /

셋째, / 우리 반 모든 친구가 /

서로 돕고 친하게 지내는 반이 되도록 만들겠습니다. //

제가 공약한 이 3가지를 / 꼭 지킬 수 있도록 /

여러분의 소중한 한 표 / 꼭꼭 부탁합니다. //

감사합니다.

4) 출마연설문 4

안녕하세요? /

저는 반장 후보 (   )입니다. //

저를 학급반장으로 뽑아주신다면 /

참 좋은 나무 같은 반장이 되고 싶습니다. //

봄에는 씨앗을. / 여름에는 시원한 그늘을, / 가을에는 열매를, /

그리고 겨울에는 겨울을 따뜻하게 보낼 수 있는 /

땔감 같은 반장이 되고 싶습니다. //

앞으로 1년 4계절 / 여러분이 저를 필요로 할 때 /

항상 변함없이 달려가서 도움을 주는 반장이 되겠습니다. //

그러나 여러분! / 나무 같은 반장이 되기 위해서는 /

물과 햇빛이 필요한 것이 아니라 / 여러분의 한 표, 한 표가 / 꼭 필요합니다. //

나무같이 든든한 반장 / 기호 ( )번 (   )를(을) / 꼭 선택해 주세요. //

감사합니다.

5) 출마연설문 5

친구 여러분! 안녕하세요? /

저는 여러분의 새로운 친구 / (   )입니다. //

이제 새 학년이 되어 / 많은 친구 가운데 여러분과 새로운 친구가 되고 / 함께 공부하게 된 것을 정말 기쁘게 생각합니다. //

제가 이 자리에 나온 것은 / 여러분들보다 더 잘났거나 똑똑해서가 아닙니다. / 같은 반에서 따돌림을 당하는 친구, / 풀이 죽어있는 친구들을 보면 / 마음이 안 좋기 때문입니다. //

따라서 저는 / 저의 가장 큰 장점인 (   ) 발휘해서 / 우리 반 친구 모두가 / 골고루 친하게 지낼 수 있는 반을 꼭 만들어 보고 싶습니다. //

따라서 제가 반장이 된다면 / 선생님 말씀을 잘 듣고, /

학급 친구 중에서 **단 한 명도** / 외롭게 지내지 않게 할 것이며, /

학급 친구 모두 똘똘 뭉쳐 / 우리 학교에서 제일가는 반이 되도록 /

솔선수범하는 심부름꾼 반장이 되겠습니다. //

기호( )번 / ( )(이)였습니다. / 감사합니다

6) 출마연설문 6

친구 여러분! /

저는 5학년 ( )반에서 올라온 / ( )입니다. //

초등학교의 마지막인 6학년을 / 여러분과 함께 공부하게 된 것을 기쁘게 생각합니다. / 우리가 먼 훗날 어른이 되었을 때 / 초등학교 6학년이 가장 아름다운 추억으로 남는다고 합니다. / 따라서 우리 6학년 ( )반 친구 모두는 / 먼 훗날 가장 아름다운 추억의 친구로 남을 것입니다. //

제가 반장 후보로 나선 것은 / 이처럼 가장 아름다운 추억을 만드는 반을 만드는데 / 헌신하고 싶어서입니다. //

제가 반장이 된다면 저 혼자 반장이 아니라 / 우리 반 모두가 / 각자 잘 할 수 있는 분야에서 모두 반장이 되어 / 전교에서 가장 좋은 학급을 만들고 싶습니다. / 공부도 중요하지만 / 각자 자기만의 잘하는 것이 있다고 봅니다. / 그래서 저마다의 특기를 존중하고 앞장서게 하여 / 모든 친구가 골고루 / 아름다운 추억을 만들 수 있도록 하고 싶습니다. //

그러기 위해서 저는 / 여러분을 대표하는 반장이기 이전에 / 우리 학급의 공부와 특기 활동을 열심히 뒷받침하는 / 봉사하는 반장이 되어 / 먼 훗날 우리 학급 친구 모두가 /

아름다운 추억을 만들 수 있도록 열심히 일하겠습니다. //

감사합니다.

7) 동창회장 인사말 낭독 연습

동창 여러분 그동안 안녕하셨습니까? //

먼 길을 돌아오신 동창들, / 고향에서 찾아주신 동창 여러분 모두에게 / 진심으로 감사를 드립니다. //

매년 명절이나 집안 행사 때 고향을 방문했었지만 / 오늘처럼 설레는 감정으로 방문하기는 처음인 것 같습니다. //

그동안 고향도 많이 변했고 / 우리 모교 또한 눈에 띄게 많은 변화가 있었습니다. // 하지만 오늘 이 자리에 오면서 맡았던 고향의 향기는 / 30여 년 전 제 가슴에 남아있던 향기와 전혀 변함이 없었고, / 그래서 그런지 그 향기 때문에 학창 시절의 추억이 떠올라 가슴 찡한 감정을 느꼈습니다. //

동창 여러분! / 부족한 제가 초대 회장의 무거운 책임을 맡게 되어 / 오늘 이 자리에 섰습니다. //

기쁨보다는 걱정이 앞섭니다만 / 부디 임원 여러분과 회원 여러분들께서 이끌어 주시고 밀어주신다면 / 우리 기수가 최고의 모범동창회가 될 수 있도록 / 제 모든 역량을 다 바치겠습니다. //

그리고 물러가는 날 동창 여러분의 뜨거운 박수를 받을 수 있기를 기원하며 / 미리 박수 한 번 보내주시면 감사하겠습니다. //

오늘은 그동안 나누지 못한 우리의 정을 / 마음껏 나누는 시간이 되었으면 좋겠습니다. / 아무쪼록 마치는 시간까지 / 즐겁고 보람 있는 시간이 되시기를 바라며 / 여러분 가정에도 행복이 늘 함께하기를 기원 합니다. //

끝으로 이 자리를 위해 수고하신 / 임원들과 동창 여러분께 진심으로 감사의 말씀을 드립니다. //

감사합니다.

8) 라이온스 회장 취임사 낭독 연설

존경하는 라이온 가족 여러분! /
50대 회장직을 맡게 된 (　　　)입니다. //

봉사라는 공동의 목표를 가지고 / 평생 함께하고자 이 자리에 계신 / 선·후배 라이온 여러분께 / 감사와 경의를 표합니다. //

또한 / 바쁘신 와중에도 / 오늘 이 자리를 빛내주시기 위해 참석해주신 / 내·외빈 여러분께도 / 진심으로 감사의 인사를 올립니다. //

오늘 저는 / 제50대 회장이라는 명예에 앞서서 / 무거운 책임감으로 이 자리에 섰습니다. / 오랜 전통과 역사를 가진 / 우리 (   )라이온스클럽이 되기까지 / 훌륭하게 이끌어 오신 선배 라이온분들의 봉사와 희생을 / 이어가는 것에 / 무한한 책임감을 느낍니다. //

특히, / 지난 일 년 동안 / 클럽발전을 위해 솔선수범하시며 / 열정적으로 봉사해 오신 / (   )전 회장님, / 그리고 함께 헌신하며 봉사해주신 / 집행부 여러분께도 감사의 말씀을 드립니다. //

(   )라이온 가족여러분! /
제50대 회장으로써 / 부탁과 다짐의 한 말씀만 드리겠습니다. /
저는 / 제 삶의 소중한 시간들을 / (   )라이온으로 생활해왔고 / 그 시간 동안 봉사와 나눔을 배우고 실천하면서 / 새로운 가치관을 정립할 수 있었습니다. //

존경하는 선후배 라이온 여러분! / 저와 새로운 집행부는 / 여러분들께서 보내주시는 / 신뢰와 격려가 변치 않도록 / 열정을 다하겠습니다. / 혹 미더운 점이 있으시면 / 언제든 질책해 주시면 / 발전의 밑거름으로 삼도록 하겠습니다. / 또한 라이온 간의 소통과 화합에도 / 선후배님들의 적극적인 의사 표현을 부탁드립니다. / 이러한 선후배님들의 / 신뢰와 격려를 통해 / 제 삶의 가치관으로 정립된 / 라이온정신을 실천하는데 / 제 모든 역량을 다 할 것을 / 다짐하겠습니다. //

존경하는 라이온 가족여러분! //

벤저민 프랭클린의 말 주에 /'죽음과 세금 이외에 확실한 것은 아무것도 없다' / 라는 말이 있습니다. //

그러나 / 저는 오늘 이 자리에서 / 확실한 것 한 가지만 / 더 말씀드리겠습니다. //

우리 (   )라이온스클럽은 / 분명히 / 1년 뒤 / 오늘보다 더 발전된 클럽으로 여러분을 뵐 것을 약속드립니다. //

감사합니다.

은메달 과정
평가하기

동메달 과정에서 익혔던 호흡과 마이크 음 발성, 발음, 종결어 평음고저억양을 낭독의 기본으로 하고, 이번 은메달 과정에서 익힌 것을 5가지 평가항목 중심으로 낭독 발표하고 동영상을 촬영해서 스스로 점수를 매겨보자.

평가항목은 5가지로 각 항목마다 최소 80점 이상 나올 수 있도록 연습해보자.

① 다양한 강조능력, ② 휴지와 스피치 속도 조절 능력, ③ 표현력, ④ 인사법과 제스처 사용능력, ⑤ 아이컨택 비율

1) 평가1 : 초등 저학년용

제목 : 나쁜 버릇

여러분! 반갑습니다. //

저는 / (   )초등학교 / (   )학년에 재학 중인 / (   )(이)라고 합니다. /
오늘 저는 / 나쁜 버릇에 대해서 발표하겠습니다. //

여러분! /

우리나라 속담에 / 세 살 버릇 / 여든까지 간다는 말이 있습니다. /

한 번 잘못 가진 버릇은 / 좀처럼 버리기 힘들며 /

또한 / 좋은 버릇을 가진다는 것도 /

그렇게 쉬운 일만은 아니라는 것도 / 우리가 잘 알고 있습니다. //

아침이면 / 늦잠을 자고, / 군것질을 많이 해서 / 밥을 안 먹는가 하면, /

컴퓨터를 오래 해서 눈이 나빠지고, / 엄마 아빠 말씀을 잘 듣지 않는다면 /

이는 당장 고쳐야 할 / 나쁜 버릇인 것입니다. //

여러분! /

우리가 / 착하고 모범적인 어린이로 / 자라나는 것은 /

나 자신을 위하고 / 부모님에게도 기쁨을 드리는 일인 것이니 /

우리 모두 / 나쁜 버릇은 반드시 고쳐서 / 장차 어른이 되었을 때 /

훌륭한 사람이 되는 습관을 가지자고 /

여러분께 자신 있게 말씀 드립니다. //

2) 평가2 : 초등 고학년용

제목 : 환경보호

여러분! 반갑습니다. /

저는 / (   )학교 (   )학년에 재학 중인 / (   )(이)라고 합니다. /

오늘 저는 / 환경보호에 대해서 발표하겠습니다. //

여러분! /
한 사람이 씹고 난 껌을 /
생각 없이 아무 데나 버리는 데 걸리는 시간은 / 순간입니다. / 그러나 / 이렇게 버려진 껌들을 줍거나 / 바닥에 붙어 얼룩이 되어버린 껌들을 / 완전히 긁어내어 / 다시 깨끗하게 만들려면 / 1년 365일 수많은 사람이 동원되어도 / 모자랍니다. //

여러분! /
달콤한 맛과 향으로 / 우리에게 즐거운 시간을 만들어 주는 껌이지만 / 씹고 난 뒤에 아무데나 버린다면 / 결국은 / 씁쓸한 뒷맛으로 남게 되는 것이니 / 씹고 난 껌을 꼭 종이에 싸서 / 휴지통에 버려야 하는 중요성을 / 여러분 앞에 강조합니다. //

이 자리에 모이신 여러분! /
우리의 산과 강을 / 다시 살리는 일 역시 / 마찬가지입니다. /
가정에서부터 시작하여 / 길거리나 유원지 등 / 우리가 놀고 난, 뒷마무리가 깨끗이 될 때 / 거리는 깨끗해지고 / 산과 강은 / 푸르게 제 모습을 간직할 수 있는 것이니, / 이처럼 환경을 보호하는 일은 / 결코 / 어렵고 먼 곳에 있는 것이 아니라 / 내가 하나씩 실천해 나갈 때 / 이루어지는 것이며 / 바로 우리들의 손에 / 우리 환경의 오늘과 내일이 달려 있다는 것을 / 명심해 주시기 바랍니다. //

감사합니다.

제목 : 자린고비 정신

여러분! 반갑습니다. /

저는 / (   )학교   (   )학년 / (   )입니다. /

오늘 저는 / 자린고비의 정신에 대해서 발표하겠습니다. //

여러분! /

굴비 한 마리를 / 천장에 매달아 놓고 / 혀끝에 군침을 삼키며 밥을 먹었다는 / 충주의 자린고비는 / 결국은 천석 갑부가 되었고 / 후에 가뭄으로 / 고을 사람들이 굶어 죽어 갈 때 / 자기의 창고에 쌓인 곡식을 풀어 / 고을을 살렸다는 이야기는 / 여러분도 잘 알고 계실 것입니다. //

저축이란 / 먹고 쓰고 남아서 하는 것이 아니라 / 오직 허리띠를 졸라매며 / 소금을 깨물고 밥을 씹는 한이 있더라도 / 이를 악물고 쓰지 않는 / 자린고비의 정신이 될 때 가능한 것이며 / 한 번 쓴 물건을 / 그냥 내 버리는 일회용 소비가 아니라 / 폐품일지라도 재활용하여 / 소비와 낭비를 주저할 때 / 저축은 가능한 것입니다. //

이렇게 아낀 돈이 저축될 때 / 비로소 / 우리 가정의 안정과 행복이 약속되고 / 나아가서는 / 어려워져 가는 우리 경제가 / 회복될 수 있을 것입니다. //

저축의 상징인 개미의 허리가 / 가는 것도 / 저축의 왕인 꿀벌의 허리가 / 그렇게도 가는 것도 / 저축을 위해 / 허리띠를 졸라맸기 때문인 것처럼 / 우리들도 / 자린고비의 정신을 / 다시 한 번 가슴속에 담아 / 저축으로 나도 너도 모두가 잘살고 / 더불어 / 사회도 나라도

풍요롭게 만들자고 / 간곡히 말씀드립니다. //

감사합니다.

3) 평가3 : 고등학생, 대학, 일반용

제목 : 작은 일의 중요성

┌─ 스피치 상황을 설정하고 자연스럽게 자기소개와 도입 스피치를 만들어서 시작해보자. ─┐
│   │
│   │
│   │
│   │
└──┘

(   ) 여러분! //

작은 일에 지나치게 소심하면 / 속 좁은 사람으로 평가받는 게 √ 우리 사회입니다. / 그래서

√ 사소한 일에 신경을 쓰다 보면 / "사람이 어째 그리 째째해!" √ 라든가 / "사람이 잘구만"

√ 하는 소리를 종종 듣게 됩니다. / 그러나 / 작은 일이 √ 엄청난 결과를 가져오고 / 그 작은

일에 √ 관심과 정열이 부족한 탓에 / 큰일을 그르치는 경우는 √ 얼마든지 있습니다. //

여러분! /

미국의 √ 맥킨리 대통령에게 √ 이런 일화가 있습니다. / 대통령에 당선되고 난 직후 √ 맥

킨리는 / 미국의 외교를 떠맡을 중요한 자리에 √ 누구를 앉힐까 하고 √ 고심하고 있었습니

다. /

외교책임자로 물망에 오른 사람이 √ 두 사람이 있었습니다. / 두 사람 모두 √ 대통령의 오

랜 친구였으며 √ 능력 면에 있어서도 / 누구 하나 나무랄 데가 없는 √ 후보들이었습니다. / 두 사람 모두가 √ 아까운 인재들이었기에 / 맥킨리는 √ 어떤 기준을 갖고 √ 둘 중 한 사람을 택해야 했습니다. //

그러던 어느 날 √ 맥킨리 대통령은 / 후보 중의 한 사람과 √ 전차를 타게 되었습니다. / 그때 √ 한 늙은 여자 청소부가 / 무거운 짐을 들고 전차를 탔습니다. / 그러나 √ 늙고 쇠약한 모습이 역력한 그 여자 청소부에게 / 누구 하나 √ 자리를 양보하는 사람이 없었습니다. / 그 여자 청소부가 서 있는 √ 바로 옆자리에 / 대통령과 함께 √ 전차를 탄 후보가 앉아있었는데 / 오히려 그는 √ 자리를 양보해 주지 않기 위해 / 열심히 √ 신문을 보는 척 √ 하는 것이었습니다. / 대통령은 √ 생각했습니다. / "이런 정도의 친절조차 √ 베풀지 못하는 사람에게 / 외교라는 중책을 √ 맡길 순 없지" / 그래서 √ 다음날 즉시 맥킨리대통령은 / 다른 후보에게 √ 그 자리를 맡기고 말았습니다. //

여러분! /
남에게 자리를 양보하는 √ 작은 친절을 베풀지 못했기에 / 큰일을 그르쳐 버린 이 일화는 / 우리에게 √ 많은 의미를 던져주고 있습니다. /

┌─ 자신만의 결론과 끝인사를 작성하여 마무리해보자. ──────────────┐
│   │
│   │
│   │
│   │
│   │
└──┘

제목 : 직업의 선택

┌─ 스피치 상황을 설정하고 자연스럽게 자기소개와 도입 스피치를 만들어서 시작해보자. ─┐

하루 18시간을 꼬박 / 연구에 매달렸던 √ 발명왕 에디슨은 / 어떻게 그렇게 √ 중노동을 할 수 있느냐는 물음에... //

"내가 이처럼 √ 재미난 일을 하는데 / 힘이 들겠느냐?"고 √ 반문했다고 합니다. / 에디슨의 이 일화는 / 우리의 인생에서 / 자기가 하는 일 √ 그리고 √ 직업이 얼마나 중요한가를 / 단적으로 말해 주는 것이죠. / 보수가 많다고 √ 좋은 직업일까요? / 명예가 보장된다고 좋은 직업일까요? // 아니죠. / 돈이나 명예보다는 / 자기가 √ 그 일을 얼마나 사랑하고 √ 소중하게 생각하며 / 즐겁게 하고 있느냐가 / 중요한 것입니다. //

18세기 / 성 베드로 √ 성당을 지을 때 / 공사 책임을 맡고 있던 책임자가 / 세 명의 석공에게 / "당신은 지금 뭘 하고 있습니까?"하고 / 물었다고 합니다. //

첫 번째 석공은 / "보면 모릅니까? √ 난 지금 돌을 다듬고 있잖소!" / 라고 대꾸했습니다. / 그다음 두 번째 석공은 / "아휴, 말하면 뭣합니까. / 입에 풀칠을 하려고 이 모양이 아니요." / 하고 푸념했습니다. //

그러자 √ 마지막 세 번째 석공은 /
"난 지금 / 위대한 √ 베드로 성당을 짓는 √ 영광스러운 일을 하고 있죠." / 라고 말하며 √

즐거워했다고 합니다. //

똑같이 석공으로 일하는데 / 세 사람의 관점이 √ 이렇게 다른 걸 보더라도 / 우리가 장차 √ 성인이 되어 / 어떤 자세로 일해야 하는지 √ 한 번쯤 / 생각해 볼 필요가 있다고 봅니다. //

좋아서 하는 일은 / 재미가 붙고 √ 능률도 오릅니다. / 또 당연히 / 그에 대한 √ 대가도 따릅니다. / 그러나 √ 억지로 하는 일, / 의무로 하는 일에는 / 재미도 없고 √ 능률도 오르지 않는 법이죠. //

겉으로 드러난 조건으로 / 직업을 택해서는 안 됩니다. / 토마스 카알라일은 / 세상에서 가장 행복한 사람은 / 천직을 발견한 √ 사람이라고 말했습니다. / 직업의 귀천이 문제가 아니라 / 우리가 그 일속에서 / 얼마나 만족과 즐거움을 찾을 수 있느냐를 살펴 / 직업을 선택하는 √ 지혜로움이 있어야 하지 않겠습니까! //

┌─ 자신만의 결론과 끝인사를 작성하여 마무리해보자. ─────────────────┐
│   │
│   │
│   │
│   │
└──┘

III단계
금메달 과정

금메달 과정에서는 일상생활에서 자신의 의견이나 주장을 그때그때 상황에 따라 조리 있게 즉석에서 발표하는 요령을 '프레임 발표법'으로 익히는 과정 이다.

자신의 생각을 생각지도에 따라 핵심키워드로 표현하면서 스피치 방향을 정 하고, 발표프레임에 핵심키워드를 중심으로 자료를 찾아 내용을 쓰고, 내용 에 부호와 기호를 표시해가며 발표 연습을 하고, 최종적으로 메모지에 핵심 내용만 적어서 자연스럽게 발표하는 방법을 익히는 과정이다.

일반적인 TED 강연이나, 프레젠테이션할 때 필요한 스피치 요령이라고 생각 해도 된다.

1) 강연이란 무엇일까요?

(1) 강연은 연설과 달라요.

연설은 주로 선동의 성격이 강하지만 프레젠테이션이나 강의 강연은 대중을 상대로 상당한 시간을 어떤 목적을 달성하고자 애쓰는 행위라는 면에서는 같다고 할 수 있다. 따라서 여기서는 프레젠테이션, 강의, 강연을 묶어서 강연법이라 정의하여 전체를 다루고자 한다.

강연은 그 목적에 따라 정보제공(Inform), 설명(Explain), 설득(Persuade)의 목적을 가지고 있다. 그러나 모든 강연은 목적 여하를 불문하고 설득을 목적으로 하는 강연이 되어야 한다. 단순한 정보만을 전달하고 설명하는 강연이 되어서는 강연의 진정한 목적을 달성할 수 없기 때문이다.

그렇다고 설득을 핑계로 청중을 가르치려 해서는 안 된다. 물론 교육을 목적으로 하는 강의도 있겠지만 이러한 강의조차도 가르치고자 하는 의도를 최대한 배제해야 한다. 가르친다는 것은 물길을 아래에서 위로 끌어올리는 것처럼 어렵고 부자연스러운 것이다. 자연의 법칙처럼 위에서 아래로 흐르는 흐름 속에 청중이 의도하지 않아도 자연스럽게 받아들이며 깊이 새길 수 있게 하는 것이 교육이다.

(2) 강연은 한 편의 영화와 같다.

강연이란 한 편의 영화와 같다고 정의하고 싶다.

2시간 정도의 시간을 청중들로 하여금 꼼짝 못 하게 화면 속으로 빠져들게 만드는 영화의 비결, 중간 중간에 저절로 손수건을 꺼내 눈물을 훔치게 만들고 소리 내어 웃게 만드는 비결, 소중한 아기를 안듯이 가슴에 감동을 품고 영화관을 나서게 만드는 비결, 영화를 보지 못한 주변 사람들에게 그 감동을 전하고 싶어서 온종일 영화 얘기로 시간을 보내게 만드는 비결, 오랜 시간이 흘러도 그 감동이 잊히지 않는 그런 영화와 같은 강연이 되어야 하는 것이다.

영화와 강연의 가장 큰 차이는, 영화는 수많은 사람에 의해 만들어지지만 강연은 오로지 강사 스스로의 힘으로 만들어야 한다. 마음에 들지 않으면 다시 만들 수 있는 것이 영화지만, 강연은 생방송이다.

그러나 무엇보다 가장 큰 차이점은 강연은 청중과 호흡하며 함께 만들어 가야 한다는 것이다. 청중은 기계에서 나오는 화면을 바보처럼 보고 있는 것이 아니라 강사의 호흡을 느끼며 살아있는 화면을 보는 것이다. 이러한 살아있는 강사의 화면이 기계에서 나오는 화면과 같이 될 때가 있는데 그것은 바로 죽은 이야기를 죽은 사람처럼 하는 것이다. 아무런 감정 없이 전달만을 목적으로 하는 강연은 차라리 잘 만들어진 화면을 보는 것보다 못한 것이다. 살아있는 화면을 만드는 것은 강사의 열정이다.

(3) 열정이 있어야 해요.

열정, 이것이야말로 강연자에게 없어서는 안 되는 필수조건이다.

청중의 마음을 사로잡기 위해서는 여러 가지 기법도 중요하지만 가장 중요한 것은 강사 스스로의 열정이 있어야 한다. 만약 열정이 없는 상태라면 열정이 있는 것처럼 행동해야 한다. 그것은 즐겁기 때문에 웃는 것이 아니라 웃으면 즐거워진다는 말과 같다. 열정이 있는 것처럼 행동하면 자신도 모르게 열정이 생기는 것을 알 수 있다.

열정적인 연설의 좋은 예로 그리스 시대의 웅변가 데모스테네스와 관련된 이야기가 있다.

그리스가 적국의 침략으로 위기에 처하자 웅변가로서의 역할을 다하고자 데모스테네스는 거리에 나가 조국을 위해 전쟁에 참여해야 한다는 폭풍과도 같은 연설을 했다.

그러나 열변을 토한 후 광장을 둘러보자 그 많던 시민이 한 사람도 눈에 띄지 않았다.

데모스테네스는 옆에 있던 친구에게 시민들이 한 사람도 없는 것은 자신의 연설이 형편없다는 것과 같지 않겠느냐고 힘없이 푸념을 했다.

그러자 친구가 흥분된 목소리로 대답했다.

"여보게 무슨 말인가? 사람들은 자네의 열정적인 연설을 듣고 너무나 감동한 나머지 연설이 끝날 때까지 기다릴 수 없어 모두 전쟁터로 달려갔네"

(4) 시각적 언어로 표현해야 해요.

언어 사용은 추상적인 표현보다는 시각적인 표현을 하도록 해야 한다.

시각적인 표현이란 그 말 자체가 마음속에 빨리 이미지화되는 언어를 말한다. 물체를 나타내는 말(비행기, 장갑차, 강아지 등)과 동작을 표현하는 말(춤추는, 허겁지겁 먹는 모습) 등이 있다.

추상적인 표현이란 쉽게 이미지가 떠오르지 않거나 여러 가지로 복합적으로 떠오르는 말(착한 어린이, 훌륭한 노인) 등이 있다. 즉, 비행기나 춤추는 말은 그 이미지가 선명하지만, 훌륭한 노인은 청중이 생각하는 훌륭한 정도가 다 다르기 때문에 강사가 요구하는 노인의 이미지를 정확히 전달하기 힘들다.

특히 숫자로 표현해야 하는 내용은 숫자를 나열하기보다는 그 숫자를 이미지화 할 수 있는 그림 언어를 사용하며 훨씬 이해도를 높일 수 있다.

따라서 강연의 이해도나 청중의 적극적 관심을 유도하기 위해서라도 강연내용의 대부분을 시각적인 언어표현으로 구성하면 좋겠다.

2) 강연을 요청받으면 꼭 파악해 두어야 할 것

일반적인 독자들은 강연을 할 경우가 거의 없겠지만 어느 정도 사회적 지위나 연륜을 갖추게 되면 인사말이나 강연을 요청받는 상황이 많아진다. 또한 대학에서도 프레젠테이션 능력을 수업의 평가항목으로 학점이 주어지다 보니 본 강연법에 관심을 가져 봐도 좋을 것이다.

어쩌다 강연을 하게 되었든지, 강연이 많은 강사의 경우도 마찬가지다. 강연 요청을 받았을 때는 강연 자료를 수집하기에 앞서 강연과 관련된 상황에 대한 면밀한 조사가 우선되어야 한다. 또한 어떤 특정한 제목의 강연을 요청받았을 때는 요청 단체의 특성이나 청중, 강연의 목적을 확실히 파악한 후에 준비해야 한다.

(1) 강연의 목적 결정하기

목적이란 강사가 청중들에게 무엇을 요구하고 어떤 반응을 원하는지를 구체적으로 명시하는 것이라 할 수 있다.

① 왜 이 강연을 하는가?

② 강연을 해서 무엇을 성취하고자 하는가? (정보제공, 설득, 실천, 계몽 등)

(2) 강연 상황 분석하기

상황 분석의 목적은 강사 자신이 중요하게 생각하는 사실과 청중이 생각하는 중요도가 다르기에 어느 정도 일치점을 찾아주는 데 그 목적이 있다. 강사의 경험이나 가치관에 의해 강사 스스로가 감탄한 아이디어에 청중도 그렇게 반응해 주리라 생각하지 않도록 냉정함을 찾게 해준다. 따라서 강연의 상황에 대한 충분한 분석으로 청중의 입장을 충분히 고려한 강연이 되도록 준비해야겠다.

① 강연장에 모인 목적은 무엇인가?

청중이 모인 이유가 강사의 강연만을 듣기 위한 것인지 다른 여러 행사나 강연 중의 일부인지를 알아야 하고 청중들의 모임이 정규적인 모임인지, 특별한 목적을 위해 임시적으로 모인 것이지도 알아야 한다.

② 모임의 구성원들에게 어떤 규정이나 관례적인 관습이 있는가?

단체의 특성을 파악해야 한다. 정관이나 회칙 등의 내용을 알아보고 그 단체가 특별히 존중하는 이념이나 전통 같은 것은 무엇인지 미리 분석하고 대비해야 실수하지 않는다.

③ 강연 시간 앞과 뒤는 어떤 프로그램인가?

강사가 가장 피하는 시간대가 점심 식사 후나 강사의 앞 시간에 장시간의 프로그램으로 지쳐있는 청중에게 강의해야 할 때이다. 따라서 강연 시간 앞뒤에 어떤 계획들이 준비되었는지 알아보고 청중의 피로도와 관심도를 미리 분석해 보고 어쩔 수 없는 상황에 대비한 준비도 필요하다.

④ 강연장의 환경은 어떠한가?

냉난방이 잘 된 쾌적하고 편안한 환경인가, 짜증 나고 불편한 환경인가, 청중 맨 뒤 사람도 강사가 잘 보이고 목소리도 잘 들리는가. 강연장의 환경은 청중의 집중에 큰 영향을 미치며 강사의 기분에도 영향을 준다. 따라서 환경에 따라 강의의 전개 배열과 시간 관리에 주의를 기울여야 한다.

⑤ 보조도구와 필수도구의 준비사항은 어떠한가?

컴퓨터, 빔프로젝터, 간이차트, 화이트보드와 같은 보조도구와 마이크 상태, 조명과 음향시설, 청중석에서의 연단 위치와 시선 배치를 빠지지 말고 점검해야 한다.

(3) 청중 분석하기

상황 분석이 끝났다면 다음으로는 강사의 강연을 듣게 될 청중에 대해 분석해 보아야 한다.

① 청중의 규모

청중의 규모에 따라 강연 형태가 달라야 한다.

- 10~20명 내외의 청중들 : 청중은 서로 안면이 있다. 한 단체의 구성원들일 경우가 많고 서로 알고 있는 관계이므로 강연내용은 구체적이고 깊게 다룰 수 있다. 이야기식의 화법을 구사한다.

- 100명 내외의 청중 : 여러 단체가 공동의 목적으로 모인 경우가 많다. 서로 모르는 관계다. 강연내용은 다양하게 하며 범위를 좁히기가 어렵다. 일반적인 화법과 웅변조의 화법을 적절히 사용한다.

② 청중의 연령

청중의 연령에 따라 경험과 지혜의 차이가 있고, 이해력에도 많은 차이가 있다.

- 젊은층 : 혁신적, 도전적, 개혁적인 새로운 제안의 주제를 전달한다.

- 중년층 : 보수적, 실제적, 논리적이고 원칙적인 주제를 전달한다.

③ 청중의 성별

남자와 여자는 흥미와 관심의 대상에서 차이가 많이 난다.

- 남성 : 논리적, 분석적, 데이터나 통계에 근거한 추상적 개념으로 접근해야 한다.

- 여성 : 감성적, 주관적, 경험담이나 사례, 구체적인 예를 많이 활용한다.

④ 청중의 직업과 지식 정도

세일즈맨을 상대로 하는 강연과 샐러리맨을 상대로 하는 강연이 같을 수 없다. 그리고 청중의 평균적인 지식 수준을 고려하여 내용을 전개해야 한다. 어려워서 이해가 안 되거나 시시하다는 느낌을 갖지 않도록 적절히 배려해야 한다.

⑤ 청중의 기본적인 관심과 욕구

청중들이 원하는 것이 무엇인지, 어떤 것에 관심을 가지고 있는지를 알아보고 욕구와 관심을 충족시킬 수 있는 방법을 찾아야 한다.

⑥ 청중의 고정된 태도와 신념

미리 청중의 태도나 신념을 파악함으로써 불필요한 오해나 적대감을 예방할 수 있고, 오히려 설득의 근거로 활용할 수 있다.

이처럼 강연 상황을 분석하는 일은 강연의 전체 그림을 그리는데 스케치와 같은 역할을 한다. 귀찮게 생각하지 말고 이른 시간 내에 다양한 정보 매체를 통해 정보를 파악해야 한다. 정보 파악요령은 다음과 같다.

- 강연을 요청한 단체의 담당자를 통해 정보를 수집한다.
- 주관단체의 임원과 직원을 통해 정보를 수집한다.
- 청중이 속한 집단 내 친분이 있는 사람을 통해 정보를 수집한다.
- 인터넷 등 정보 매체를 통해 정보를 수집한다.

3) 강연 자료 수집과 정리는 이렇게 하세요.

(1) 먼저 핵심 주제를 정하라

앞에서 강연의 목적을 정했다. 그 목적을 기준으로 강연 시간 내에 전개할 수 있는 내용의 한계를 정하고, 강사가 전달하고자 하는 주제의 내용과 목적을 한 마디의 문장으로 만들어 강의안이 완성될 때까지 보고 또 보며 목적을 벗어나지 않는 강의안을 만들어야 한다.

① 왜 주제가 필요한가?

강연은 목적이 있고 그 목적을 달성하기 위한 목표가 있다. 따라서 어떤 방향으로 강연을 이끌고 갈 것인지 분명한 방향이 주제로 제시되어야 한다. 그리고 강연의 내용은 그 목적과 목표를 벗어나서는 시간 낭비일 뿐이다. 강연의 처음부터 끝까지 다양한 내용전달에 있어서 주세의 중심사상이 녹아 있어야 한다.

② 적합한 주제는 어떤 것인가?

청중과 목적을 고려하여 주제를 정한다. 강의 의뢰자가 정해준 주제로 강연을 많이 하게 되지만 보다 더 다양한 자료를 확보한 후에 보다 더 분명한 주제를 정의하도록 해야 한다.

(2) 자료를 수집하고 정리하고 기록하라

강연 주제가 정해지는 대로 언제까지 자료를 수집하겠다는 목표를 정하고 하루의 24시간을 자료수집의 안테나를 열어놓고 있어야 한다. 주제를 어떻게 전개할지 자료를 모을 수 있을지 고민이 되겠지만 수집하는 동안에 이미 고민이 사라져 버린 것을 알게 될 것이다. 번쩍이는 아이디어가 뿜어져 나올 것이다.

① 생각지도를 활용하여 자료를 모으자

자료를 모으는 가장 효과적인 방법 중의 하나가 생각지도를 이용하는 방법이다. 생각지도란 자신이 강의할 내용 전개를 강의 전개 프레임에 핵심주제나 생각들을 무작정 기록해 나가며 최종 생각을 정리하여 그 생각에 맞는 자료를 수집하는 것이다.

생각지도 만드는 방법은 금메달 과정 기초연습을 할 때 상세히 기록하니 참고해 주기 바란다.

② 자료 수집할 출처

- 일차적인 자료는 자신이 이미 알고 있거나 경험한 것을 주제에 대입하여 기록한다.

- 평소에 모아둔 자료집에서 생각지도에 맞는 주제를 찾아 정리한다.

- 주변인 및 주제 관련인과의 대화를 통해 자료를 수집한다.

- 인터넷 등 대중매체를 통해 꾸준히 강연에 맞는 자료를 수집한다.

주의할 것은 흥미 있는 자료와 내용이라 하더라도 주제와 진정 관련이 얼마나 있는가 하는 점에 주의를 기울여야 한다. 재미 위주로만 전개하다가 자칫 주제에 벗어나 강의의 핵심을 놓칠 수 있다.

③ 자료의 기록

일정 기간 자료를 수집하게 되면 다양한 종류의 자료들이 확보된다. 하지만 아무리 많은 자료를 수집해도 정리가 되지 않으면 무용지물이다.

수집된 자료는 먼저 쓸모없는 부분은 제외하고 따로 보관해 둔다. 그리고 생각지도의 프레임에 맞는 주제별로 정리해 둔다.

여기서 보다 더 안정된 주제 전개를 위해서는 선택된 주제별 요점들을 보다 더 세분화시킬 필요가 있는데 ①시간 순서에 따라, ②원인과 결과에 따라, ③문제와 해결에 따라, ④공간 순서에 따라 분류해 두면 크게 두 가지의 장점이 있다.

하나는 분류된 자료를 대충 훑어만 보아도 무엇이 부족한지를 금방 알 수 있고, 따라서 그 부족한 부분을 보충하는 수집을 하게 된다는 것이다.

다른 하나는 원고 작성을 위해 자료를 배열하고 조직하는 일이 보다 쉬워진다는 것이다.

준비된 자료 파일은 될 수 있으면 한 장 한 장 분리될 수 있는 형태로 보관하며 필요한 내용만 분리해서 사용하고 사용 후 원래 자리에서 보관한다.

평소에 다양한 주제 파일을 만들어 아이디어나 자료가 생기면 그때그때 모아두는 것이 가장 좋겠다.

(3) 기록된 내용을 채로 걸러 요점만 뽑아라.

준비된 파일을 가지고 주제와 맞는 요점을 정리하는 단계이다. 요점을 정리할 때는 3단계의 그물을 통과한 요점만을 사용한다는 나름의 철칙을 가지는 게 좋다.

첫 번째 넓은 그물은 주제와의 관계다. 아무리 재미있는 내용이라도 주제와 동떨어진 요점은 과감하게 버려라.

두 번째는 첫 그물을 통과한 요점을 다시 걸러내는 단계로 보다 더 좁은 그물이다. 여기서는 청중의 흥미를 충분히 자극할 수 있는가를 판단해 보고 통과시켜야 한다.

세 번째는 최종적으로 이 요점이 진정 가치 있는 내용인가를 평가해 봐야 한다.

이렇게 3단계의 그물을 통과한 요점이라면 틀림없이 멋진 강연의 자료가 될 수 있다.

(4) 3-3-3 정리기법을 이용하여 정리하라

이렇게 선택된 요점을 정리할 때 강사에 따라 다르겠지만 추천하고 싶은 것은 필자가 사용하는 3-3-3 기법이다.

첫 번째 3은 모든 강연은 서론 본론 결론의 3단계 과정으로 정리한다.

두 번째 3은 본론 전개 시 욕심부리지 말고 3가지의 핵심명제만 전달하라는 것이다.

세 번째 3은 핵심명제 하나당 3가지 요점으로 명제를 증명하라는 것이다.

3 : 강연의 3부 구성	3 : 본론의 3부 구성	3 : 핵심명제의 3부 논증
서론 본론 결론	핵심명제1 핵심명제2 핵심명제3	논증1 요점2 논증3 요점1 논증2 요점3 논증1 요점2 논증3

강연내용이나 목적에 따라 약간의 차이는 있겠지만 웬만하면 욕심부리지 말고 3가지의 핵심명제만으로 주제를 전달하고자 노력하라. 욕심을 부려서 더 많은 명제를 나열하고 싶겠지만 강연이 끝난 후 청중의 머릿속에 남아있을 수 있는 기억의 한계는 '5%의 법칙'으로 증명되고 있다.

즉 강연이 끝난 후 청중은 단지 5%의 정보만을 기억하고 있다는 연구 결과에서 나온 말이다. 강연 후 청중이 기억하지 못하는 내용은 '소귀에 경 읽기', '마이동풍'의 글귀처럼 쓸데없는 시간 낭비일 뿐이다. 오로지 강연이 끝날 때까지 3개의 명제를 한 명제당 3가지의 아이디이로 잘 포장해서 청중의 기억 속에 오랫동안 남겨질 수 있도록 하는 것이다.

(5) 핵심명제와 요점을 조직적으로 조직하라

3가지의 핵심명제와 각 명제를 뒷받침하는 요점 3가지를 어떤 형태로 조직할 것인가?

강연의 메시지를 어떤 형태로 조직화할 것인가에 따라 청중의 잔존 기억과 강연의 성공 여부를 판단하는 잣대가 될 수 있다. 단순히 추상적인 설명보다는 오감과 육감의 느낌을 통해 전달되는 강연에서 더욱 큰 매력을 느낄 수 있다. 철저하게 청중의 입장에서 청중이 좋아하고 감동받을 수 있게 조직해야 한다.

① 시간적 순서, 지리적(공간적) 순서, 단계적 순서, 논리적 순서, 변증법적으로, 연역법적으로, 귀납법적으로 조직하기

② 육하원칙의 방법으로 조직하기 : 5W(who, what, when, where, why) 1H(how)에 대한 대답을 해야 한다.

③ 최선의 대안을 찾아가는 방법으로 조직하기 : 발표자는 문제를 제시한 다음 여러 가지 대안을 생각해 본다. 여러 대안을 하나씩 제거하다 보면, 단 하나의 대안이 남게 되는데 그 대안이 바로 최선의 대안이 되는 것이다.

④ 장, 단점 비교 형식으로 조직하기 : 먼저 문제 제기를 한다. 일반적인 해결책을 열거한다. (그러나 강사가 도출하고자 하는 해결책을 아직 언급하지 않는다.)

일반적인 해결책에 대한 장점과 단점을 모두를 설명한다. (먼저 가장 반박하기 어려운 해결책부터 반박하고, 강사가 쉽게 반박할 수 있는 해결책을 나중에 한다.)

그리고 더 이상 최선의 해결책이 없다고 설명하고 강사가 논증하고자 하는 비장의 해결책을 제시한다. (이때 강사의 해결책은 앞에서 반박하는 방법인 장점을 설명하고 반박하는 논리와 반대로 청중이 충분히 반박할 수 있는 단점을 먼저 말하고 장점을 말한다. 그러면 청중은 강사가 제시하는 해결방안에 대체로 만족하게 된다.)

마지막으로 해결방안의 명확하고 설득력 있는 사례를 들고 청중이 강사의 뜻에 따라 실천하도록 호소한다.

4) 강의안 작성은 이렇게 하세요.

(1) 강의안은 반드시 작성해야 한다.

스피치는 그 실행 방법에 따라 강의안 스피치, 암기 스피치, 낭독 스피치, 즉흥 스피치로 나눌 수 있다. 어떤 스피치를 실행하던지 반드시 강의안이 작성되어야 한다. 즉흥 스피치 또한 최소 머릿속으로 강의안이 즉흥적으로 작성되어야 한다.

스피치 중에서 가장 자연스럽고 청중과의 커뮤니케이션을 원활하게 할 수 있는 방법은 강의안에 의한 스피치이다. 강연을 준비하는 과정에서나, 그것을 실행하는 과정 모두에서 완성된 종합강의안 대본을 작성하고, 연습용 강의안을 만들어 연습하고 수정 후 실전 강의안으로 최종 강연하게 된다.

종합강의안을 작성한 후 연습용 강의안으로 연습을 하다 보면 똑같은 프레임의 내용이라도 연습 횟수에 따라 표현 방법이 다양화되어 많은 아이디어를 얻을 수 있다. 또 청중의 반응도 연구할 수 있고 적절한 몸동작 시각 도구의 필요성 등 다양한 연구를 해 볼 수 있게 된다.

이렇게 연습용 강의안으로 최종적인 수정을 거쳐 실전 강의안이 완성되고 현장에서 강연을 하게 되는 것이다.

(2) 강의안의 구성

강의안의 구성은 기본적으로 3-3-3 구성법을 따르기로 한다. 그러나 어린이와 청소년들의 강의안 구성법은 금메달 기초훈련과정에서 배울 프레임 구성법으로 간략한 강의안을 만들게 될 것이다

| 강의안 구성 3단계 |

① **서론 단계(5~10%의 비율)** : 서론 단계의 강의안 비율은 10% 내외이지만 실제 강의의 효력에서는 전체의 50%를 차지하는 가장 중요한 단계다.

- 아이스브레이크 단계 : 청중과 강사와의 첫 대면의 긴장을 완화해 강의 전체의 흐름을 결정하는 가장 중요한 단계이다. 주제와 관련된 아이스브레이크로 서먹한 긴장을 깰 수 있으면 가장 바람직하다 하겠다.

- 동기부여를 통한 강연주제 소개단계 : 청중들로 하여금 강연을 듣고자 하는 동기부여를 시켜야 하고 강연주제와 전개 방향을 자연스

럽게 접근해 가며 스케치를 해주는 과정이다.

② 본론 단계(80~85%의 비율)

- 내용 조직이 논리적이고 구체적으로 설명될 수 있어야 한다.

- 재미있게 하고자 하는 욕심 때문에 핵심을 계속 벗어나거나 희미하게 해서는 안 된다.

- 강연 중에 몇 번의 동기부여를 할 것인지 계획을 해야 한다.

- 강연 중에 주의집중을 위한 준비를 해야 한다.

- 질문을 중간에 여러 차례 실시할 준비를 해야 한다.

- 판서를 할 것인지, 하게 된다면 어떤 배분으로 계획할 것인지 준비해야 한다.

- 보조재료 및 시각 자료 사용계획을 치밀하게 사전에 계획해야 한다.

- 전개 단계 마지막에 질의응답 시간을 마련하여 청중의 의문을 해소해 주어야 하며, 또한 강사가 질문을 구사하여 청중의 이해도를 측정할 수 있어야 한다.

③ 결론 단계(10%의 비율) : 본론 전개에서 검증되고, 설명된 사항들을 요약하는 단계

- 본론 전개 단계에서 언급되지 않은 새로운 사실을 말해서는 안 된다.

- 프로젝트나 컴퓨터를 통해 요약하여 알려주면 좋다.

- 질문의 형식으로 요약하는 것도 좋은 방법이다.

- 결론 단계가 길어서는 안 된다.

- 반드시 기억해야 하는 정보들을 다시 한 번 청중에게 설명하고, 청중의 실천을 촉구하는 호소로 마무리한다.

(3) 강의안의 종류

① 연습용 강의안

종합강의안의 내용을 그대로 옮겨 강의프레임에 대입해 연습용 강의안으로 작성하면 일단 강연의 준비는 완성되었다고 할 수 있다.

연습용 강의안으로 각각의 요점들을 완전한 문장으로 표현해 보는 연습을 하며 강연의 핵심을 잘 전달하는 문장인지 올바르지 못한 표현법은 없는지를 분석해서 즉석에서 나오는 쓸모없는 표현이나 어투 등을 고쳐보는 것이다.

강의안 문장의 오른쪽 여백은 비워두고 강사 자신을 위한 메시지를 기재한다. 예를 들면 '정면을 향하여 미소 지어라', '잠깐 쉬어라' 등 그 자리에는 '적절한 제스처(손가락 펴들기 등)'나 '박수받기', 또는 '강조하기' 등의 문구를 삽입하여 적절한 강조 형태를 알려주고 수정해 가며 최종 기억해둔다.

② 실전용 강의안

연습용 강의안으로 충분한 연습을 했지만 실전 강연에는 연습용 강의안의 방대한 내용을 가지고 강연을 하는 것은 학생들을 지도하는 교사의 교육 강의안과 같다. 강의하는 것과 교육하는 것은 다르다는 것을 명심하자. 그래서 실전용 강의안은 연습용 강의안의 요약본으로 실전 강연 시 반드시 지참하도록 한다. 실전용 강의안은 연상 기억법의 활용 방법이나 강사가 강연내용을 잘 기억할 수 있는 형식으로 교안을 간추려 작성하며 연습용 강의안의 순서에 따른다.

일단 최종적으로 실전용 강의 교안이 작성되면 강연 시 참고하기 편리하도록 카드 형태로 만들어 사용해도 된다. 카드의 크기는 강사의 손에 쥐기 적당한 크기로 하고 그렇지 못한 경우는 실전 교안을 교탁에 올려놓고 그대로 사용하면 된다. 그리고 카드나 교안은 2가지 정도의 색상과 글자 크기로 구별하여 작성해 두는 것이 좋고 우측여백은 연습용 교안으로 연습할 때의 강사 자신에 대한 메시지를 전달하는 용도로 활용하면 된다.

마지막으로 실전용 강의안이나 카드로 최종 점검을 하며 부족했던 부분을 완성한다. 필자는 연습용 강의안을 핵심주제만 정리하여 A4용지 2장 정도로 준비한다. 1장당 1시간 정도로 활용한다. 요즘은 ppt를 많이 활용하기에 실전 강의안 작성이 훨씬 수월해졌다.

강연 후 강의안은 반드시 보관해서 다음번 강연에 참고하면 도움이 된다. 강연 중에 불편했던 내용, 예기치 못했던 질문, 보충할 내용, 삭제할 내용 그리고 순서를 바꿀 사항 감동적인 반응 등 여러 가지 보완해야 할 것들을 보충 기록하여 보관하도록 한다.

5) 서론, 본론, 결론에 대해 공부해 봅시다.

(1) 서론 공부
① 서론의 중요성

　서론 없이 자기소개만 하고 바로 본론으로 들어가는 강사가 있는데 이것은 좋은 방법은 아니다. 아무런 주제예고도 없이 바로 본론 전개를 한다는 것은 처음 보는 고객에게 보험세일즈맨이 자기소개만 하고 바로 보험상품 설명하는 것과 같다. 준비가 되어 있지 않은 상대에게는 내 상품을 살 수 있도록 호기심과 강한 동기부여의 시간이 필요하다. 즉 주제소개를 꼭 해야 하는데 잘해야 한다는 말이다.

　그럼 어떻게 하는 게 잘하는 것인가? 우물쭈물하면 잘하는 것이 아니고, 쓸데없는 소리를 하는 것도 잘하는 것이 아니다. 엉뚱하고 우스운 소리를 하는 것도 잘하는 것이 아니다. 내가 아무리 좋은 상품이나 강의안을 가지고 있더라도 첫 대면에서 고객이나 청중에게 강한 호기심과 동기부여를 하지 못하면 고객과 청중은 끝까지 당신의 말에 귀를 기울이지 않는다.

서론을 전개하기 전에 꼭 필요한
아이스브레이크(icebreaker)

고객을 처음 만났을 때나 강연 시 청중과 첫 대면의 어색함을 누그러뜨리기 위해 하는 말을 아이스브레이크라고 한다. 특히 강사의 긴장감도 서론 부분에서 극에 달하는데 강사의 강연을 결정짓는 시기이므로 긴장감을 해소하는 서론(도입부)을 가지고 있다면 강연의 결과도 이미 성공했다고 기대해도 된다.
아이스브레이크는 강사마다 다른데 많이 사용하는 아이스브레이크로 자기소개 ppt 활용이 많은 것 같다. 강사뿐만 아니라 청중 앞에 나설 기회가 많은 이들은 삶의 모든 부분에서 아이스 브레이크할 자료를 발굴하는 것이 중요하다.
자신이 가장 잘 할 수 있는 아이스브레이크를 반드시 계발해야 한다.

② 서론을 잘하는 방법

- 인사단계가 있어야 한다.

인사 및 자기소개를 통해 청중에게 신뢰할 수 있는 강사라는 이미지를 주어야 한다.

- 도입단계가 있어야 한다.

청중의 주의를 집중시키고 강연에 참여해야 하는 강한 동기부여를 일으켜야 한다.

- 주제 예고단계가 있어야 한다.

오늘 어떤 강연을 듣게 될지 호기심을 자극할 수 있는 주제 소개를 할 수 있어야 한다.

서론은 전체 강연 시간의 약 5~10%의 비율로 배분하고 도입부는 미리 완벽하게 원고를 작성하여 연습한 후 자신감을 가지고 스피치 한다. 하지만 준비한 도입원고와는 전혀 다른 환경이나 분위기를 대비한 예비 도입내용을 항상 염두에 두어야 한다.

③ 도입부가 없는 서론 기법

도입단계를 사용하여 충분한 공감대를 형성한 후에 주제를 소개하는 방법을 표준으로 본다면 도입단계 없이 바로 강연주제를 공포하는 서론 기법도 있다. 강연을 통해서 이루고자 하는 목표와 강연장의 분위기, 청중의 속성에 따라 선택해 볼 수 있다.

도입부의 주의집중 및 흥미 유발을 위한 기법이 없이 강사가 말하고자 하는 주제에 대해 청중에게 미리 선언해버리는 기법이다. 주로 청중들이 흥분해 있거나 본론을 빨리 듣고 싶어 할 때 주제가 그렇게 흥미롭지 않을 때 사용한다. 또 강사의 강연이 1회로 끝나는 것이 아니라 똑같은 청중을 향해 몇 차례 이어지는 강연에도 이 기법을 사용한다.

장점은 기교를 부리지 않는다는 느낌을 갖게 하므로 청중들에게 솔직한 인상과 신뢰감을 심어줄 수도 있다.

④ 도입부가 있는 서론 기법

㉠ 도입부의 유의할 사항

- 반드시 강연주제와 연관성이 있을 것

재미있는 도입을 하겠다는 욕심에 강연주제와 전혀 상관이 없는 도입은 말장난에 지나지 않는다. 모든 스피치 자료는 주제와 연관되어야 한다.

- 사과하는 말을 하지 말 것

'많은 준비를 하지 못해서 미안하다', '부족한 제가 강의를 하게 되었다' 등의 말은 청중을 우롱하는 말이다. 준비를 많이 하지 못했거나 부족하면 강단에 서지 말아야 한다. 청중은 준비가 제대로 되지 못한 강사의 강연을 시간이 남아서 들어주는 게 아니다.

- 상투적인 말을 하지 말 것

'먼저 시작하기에 앞서', '본론에 들어가기 전에' 등의 말은 하지 않는 것이 좋다.

- 소개자 등의 이름을 틀리게 부르지 말 것

강사를 소개한 사람이라든지 강연을 주최한 단체나 단체장, 담당자의 이름 등을 틀리게 부르게 되면 더 없는 실례가 되며 호명 당한 사람의 불쾌감은 다음번 강연의 기회까지도 없애 버릴 수 있다.

ⓛ 도입부 스피치는 이렇게 하라.

외워둔 도입부를 아주 천천히 그러면서 강한 어조로 청중 중 당신을 향해 미소 짓고 있는 사람과 시선을 마주 보고 스피치 하라. 그리고 다음 문장은 다른 청중에게 시선을 주고 또 다음 문장은 다른 청중에게 시선을 주면서 최대한 많은 청중과 시선 접촉을 하면서 청중 모두에게 말하고 있다는 입장을 보여줘라. 아마도 시선을 받은 청중은 강사에게 애정과 존중의 표현을 무언의 몸짓으로 보내고 있을 것이다.

ⓔ 도입부에 필요한 기법들
- 비교를 이용한 도입

강연의 핵심주제를 다른 주제와 비교하여 설명하는 기법이다. 비교의 차이가 너무 커서 주제와 상관이 있는지 의문을 가지게 해서는 안 된다. 다양한 비교주제를 찾아보고 주제와의 연관성을 다시 한 번 고려해 보자.

- 인용문에 의한 도입

명언이나 책, 신문, 영화, 인터넷 등에서 알맞은 인용문을 찾아보라. 가장 최근의 것, 누구나 잘 아는 저명인사와 관련된 인용문이면 더 좋다. 이때도 사용된 인용문은 강연 주제와 분명한 관계가 있다는 것이 드러나야 한다.

　- 주변 상황 설명 도입

강연의 배경을 이루는 주변 상황이나 청중과 관련된 내용을 도입부에 활용하는 방법이다.

　- 생생한 일화를 이용한 도입

청중은 이야기를 좋아한다. 특히 실제 있었던 일화를 재미있는 이야기식으로 시작하면 청중은 처음부터 부담 없이 강사의 스피치에 귀 기울이게 된다.

　- 질문을 이용한 도입

전체 청중을 향해 질문을 해도 되고 몇몇 청중을 지목해서 질문을 해도 된다. 청중은 질문에 대한 답변을 생각하면서 이 강연을 경청해야 된다는 의무감을 갖게 된다.

질문의 형태는 답변을 구체적으로 요구하는 것이 아니라, '예' '아니오' 정도의 간단한 대답을 필요로 하는 질문이 좋다. 강연 중간에 하는 질문은 단답형 질문을 피하고 청중이 자신의 생각을 표현하는 답변을 요구해야겠지만 도입부에서는 강연에 대한 기대감과 호기심을 자극하는 용도이기 때문에 단답형이나 아니면 수사적 질문으로 답변이 요구되지 않는 형태의 질문기법을 사용한다.

- 신뢰감을 주는 목차를 이용한 도입

영어권에서는 목차를 이용한 도입을 공식적인 강연에서 표준으로 삼고 있다고 한다. 특히나 핵심명제들이 청중의 기대치를 높여주는 것이라면 더욱 효과적이라고 할 수 있다. 목차를 말함으로 인해 청중은 강연이 처음부터 끝까지 어떻게 진행되는지 알게 되어서 이해도가 빠를 수가 있다. 주로 제품설명회나 시연회 공공기관의 브리핑에서 이런 도입을 많이 사용한다. 그러나 목차는 간단하게 설명해야지 장황한 목차설명은 청중의 관심이 식어버리는 역효과가 날 수도 있다.

- 역사적 내용을 이용한 도입

과거의 역사적 배경이나 내용이 현 강연주제와 어떻게 적절한 관계가 이루어지는지를 설명하면서 진행하는 방법이다. 역사적 내용을 도입함으로써 청중은 신뢰감을 가지게 된다.

과거의 역사를 너무 장황하게 설명하지 말고 현재의 강연주제를 돋보이게 하는 용도여야 한다.

- 칭찬을 이용한 도입

칭찬은 청중 개개인이 될 수도 있고, 청중이 소속된 단체가 될 수도 있고, 강연 분위기가 될 수도 있다. 일단 칭찬을 하게 되면 청중은 그 칭찬에 대한 보답을 하게 된다. 그러나 가식적이거나 과장된 칭찬은 피해야겠다.

- 시사성 있는 뉴스를 이용한 도입

될 수 있으면 가장 최근의 내용을 도입하면서 하는 게 좋다. 상점은 오늘의 강연이 매우 시사성이 있는 주제라는 인상을 심어주고, 그것도 오래전 뉴스가 아니라 최근의 것이라는 것에 신선함을 느끼게 한다.

- 충격기법 이용한 도입

청중이 전혀 예상하지 못한 충격적인 말을 던져서 청중의 쇼크를 유발한다. 그러나 쇼크 뒤에 내용이 청중이 충분히 납득할 수 있다면 성공하지만, 그렇지 못하고 청중을 모욕하는 느낌이 들게 했다면 그 효과를 기대하기 어렵다. 따라서 충격기법은 노련한 강사가 아니면 활용하기가 쉽지 않다.

- 서스펜스를 이용한 도입

서스펜스, 이것이야말로 청중에게 흥미를 느끼게 하는 절대적이고도 확실한 방법 중 하나이다. 연극이나 영화에서처럼 관중에게 불안과 긴장을 주어 관객들의 흥미를 북돋워 주는 것처럼 강연의 시작을 서스펜스 기법으로 몰아간다면 청중의 몰입도는 최상이 될 것이다.

(2) 본론 공부
① 본론 전개 방법
본론 단계는 전체강연 시간의 80~85%의 비율로 배분하는 강연의 몸통 부분이다.

본론에 들어가게 되면 빙빙 돌리지 말고 핵심을 찾아가야 한다. 그리고 욕심을 내지 말고 앞에서 설명한 대로 5% 잔존 기억률을 생각해서 너무 많은 정보를 전달하려 하지 말아야 한다. 전개 단계 마지막에 강사가 질문을 구사하여 청중의 이해도를 측정할 수 있어야 한다.

㉠ 미리 생각해야 할 주의점
- 강연 중에 몇 번의 동기부여를 할 것인지 계획을 해야 한다.
- 강연 중에 산만해졌을 때 할 수 있는 주의집중을 준비를 해야 한다
- 질문을 중간에 수회 실시할 준비를 해야 한다.
- 판서를 할 것인지 하게 된다면 어떤 배분으로 계획할 것인지 준비해야 한다.
- 보조재료 및 시각 자료 사용계획을 치밀하게 사전에 계획해야 한다.

㉡ 90-20-10의 법칙 활용
- 90 : 어떤 교육도 90분은 넘지 않도록 시간 배열을 한다.
- 20 : 20분마다 변화를 주며 숨 돌릴 여유를 주어야 한다. 20분이 지나면 청중은 시계를 본다.
- 10 : 10분마다 청중이 참여할 수 있게 만든다.

㉢ 3-3-3 구성법 중에서 3가지 핵심명제와 핵심명제 한 개당 3개의 요점을 사용한다.

첫째, 핵심명제 1, 2, 3의 구성 방법을 결정한다.

둘째, 핵심명제를 증명하는 요점 1, 2, 3의 증명 방법을 결정한다.

② 핵심명제 3단계 구성 방법

㉠ 시간적 순서에 의한 3단계 구성

현재 상황의 원인이나 현재까지 이르게 된 이유 등을 설명하기 위해 일련의 과거 사건들을 시간적 순서에 따라 나열하는 구성법

과거(1)⇒현재(2)⇒미래(3)의 순서이며 주로 발전적인 내용과 미래의 비전을 제시할 때 많이 사용한다.

㉡ 지리적(공간적) 순서에 의한 3단계 구성

지역별 현황이나 조직도 등을 장소 A(1)⇒장소 B(2)⇒ 장소 C(3)의 순서로 구성하며 주로 정보 전달과 현황 보고를 할 때 사용한다. 특히 영상자료를 만들어 사용하면 효과가 크다.

㉢ 단계적 순서에 의한 3단계 구성

규모가 확대된 상황이나, 성장하고 있는 내용을 소규모(1)⇒중규모(2)⇒대규모(3)의 순서로 구성한다.

㉣ 논리적 순서에 의한 3단계 구성

설득이나 동기부여를 목적으로 할 때 현상(1)⇒문제점(2)⇒해결책(3)의 순서로 구성한다.

ⓜ 변증법적 3단계 구성

강사가 주장하고자 하는 논리와 반대 논리를 대립시키고 다시 반대 논리를 설득력 있는 사례를 들어 강사의 주장이 최선의 주장임을 증명하는 방법이다.

긍정 명제(1)⇒반대 명제(2)⇒반대 명제의 반대 명제(3)의 순서로 구성한다. 강사의 주장을 설득시키고 문제해결의 목적으로 사용한다.

ⓗ 연역법적 3단계 구성

강사가 주장하고자 하는 결론의 긍정명제를 먼저 말하고 이 주장이 사실이라는 것을 확인시켜주고 최종적으로 확증해주는 결론으로 도출하는 방법이다.

결론명제(1)⇒확인명제(2)⇒확증명제로 결론(3)의 순서로 구성한다. 주로 정책의 당위성이나, 제안의 목적으로 많이 사용한다.

ⓢ 귀납법적 3단계 구성

일반적인 사실들을 사례를 하나둘 들면서 그 사례들에 의해 자연스럽게 결론이 도출되도록 하는 방법이다.

사실 A(1)⇒사실 B(2)⇒결론(3)의 순서로 구성한다. 문제를 제기하거나, 해결 그리고 정책 제안을 목적으로 할 때 많이 사용한다.

※다양한 구성 방법을 함께 사용하라. 자료에 대한 호소력을 넓혀준다. 어떤 청중은 통계치를 좋아할 수 있고, 다른 청중은 유추나 일화를 선호할 수 있다.

③ 요점 구성법

핵심명제를 증명해주는 요점들은 명제 하나당 요점 3가지로 구성하라고 앞에서 서술한 바가 있다. 단지 요점만을 말하는 것은 어려운 것이 아니지만 강연 전체의 구성에서 대부분을 차지하는 것이 요점들이다. 따라서 단조롭고 지루한 요점의 나열이 아니라, 강연에 활력과 흥미를 주는 다양하고 생동감 있는 요점이 요구된다.

요점 구성 방법은 서론의 도입부와 본론의 핵심명제 구성 방법을 참고하여 요점과 가장 적절한 논증 방법을 찾아서 활용하면 된다.

㉠ 통계자료를 인용하라.

일반적인 실례를 들어 설득하기 어렵다고 생각될 때 보증된 통계자료로써 주장을 증명하여 청중을 이해 납득시킬 때 사용한다. 통계자료를 설명할 때는 단지 숫자나 양만을 나열하면 청중의 이해가 감소한다. 따라서 누구나 쉽게 이해할 수 있는 시각적인 언어나 사실적인 표현이 될 수 있도록 해야 한다.

예) 1년 동안 늘어나는 노숙자의 숫자를 통계자료로 설명하고 나서 보충해서 현재까지의 노숙자 숫자가 얼마나 되느냐 하면 '경부고속도로 부산에서부터 1미터 간격으로 노숙자를 세워놓으면 대전까지는 노숙자 행렬을 보면서 운전해야 한다'고 말한다. 노숙자 숫자는 10초 안에 잊어버리지만 부산에서 대전까지의 고속도로에 노숙자들이 쪽 늘어서 있는 모습은 기억할 것이다.

ⓛ 전문가 증언을 인용하라.

전문가의 증언을 통해 말하고자 하는 요점을 효과적으로 주장할 수 있다. 다만 주의해야 할 것은 통계를 인용하든지 전문가의 증언을 인용하던지 인용하려는 출처가 분명하고 확실한가를 먼저 보증해 두어야 한다. 그리고 그 전문가가 청중이나 기타 일반인들에게 잘 알려지고 존중받는 인물이면 좋겠다.

ⓒ 비슷한 예를 인용하라.

강사가 말하고자 하는 중요한 내용을 비슷한 예를 들어 보강하게 되면 청중의 설득을 이끌어내는 뛰어난 방법이라고 할 수 있다.

예) 남북전쟁 당시 정부의 어려운 현실을 비판하던 사람들에게 비유를 통해 설득한 좋은 예이다.

"여러분! 잠시 동안 어떤 경우에 대해서 상상해 주십시오. 가령 지금 여러분들이 가진 재산이 모두 금이나 현금이라고 가정하고, 그 것을 줄타기 명인인 브론딘에게 맡겨서 나이아가라폭포 위에 쳐놓은 밧줄을 타고 운반해 달라고 했다고 상상해 보십시오. 줄을 타고 가는 브론딘에게 여러분은 밧줄을 흔들거나 '브론딘! 조금 더 허리를 낮춰, 좀 더 빨리빨리 오게'하고 소리를 지르겠습니까? 아마도 그렇게 하지 않을 것입니다. 한 마디도 입을 떼지 않고, 오직 숨을 죽이고 안전하게 건너갈 때까지 그저 지켜보고만 있을 것입니다.

지금의 우리 정부도 이와 꼭 같은 상태에 놓여 있습니다. 많은 무거운 짐을 짊어지고 폭풍이 몰아치는 저 넓은 바다를 건너가려고 하고 있습니다. 미지의 보물이 그 손에 맡겨져 있습니다. 정부는 최선의 노력을 다하고 있습니다. 방해하지 말아 주십시오. 오직 조용히 지켜봐 주십시오. 그렇게만 해주신다면 반드시 이 난국을 헤쳐나갈 것입니다."

ⓔ 예화를 많이 사용하라.

요점을 전개하는 방법 중에 가장 좋은 것은 많은 예(일)화를 사용하는 것이다. 청중은 예화를 듣는 동안 긴장에서 벗어나 편안한 생각으로 여유와 휴식을 가질 수 있고, 중요한 논점을 이해하는 데 많은 도움을 준다.

〈좋은 예화의 다섯 가지 특징〉

첫째, 인간미가 있어야 한다.

평범한 이야기라도 인간미가 있는 내용은 훨씬 호소력이 있다. 인간미가 넘치는 재료의 원천은 강사 자신의 체험에서 얻은 것이 가장 확실하다.

둘째, 이름을 사용하여 인간화한다.

어떤 사람들에 관한 이야기를 할 경우에는 반드시 그 사람의 이름을 써야만 된다. 그 사람의 신원을 밝혀서는 안 될 경우에는 가명이라도 써라.

셋째, 구체적으로 표현한다.

육하원칙에 따라 이야기를 표현하면 예화는 생명력 있는 실체가 된다. 하지만 너무 지나치게 늘어놓으면 청중을 따분하게 만든다.

넷째, 대화체를 써서 극적으로 만든다.

예화를 단지 설명할 것이 아니라 실제 대화하는 방식으로 말하면 극적인 효과를 거둘 수 있다.

다섯째, 손짓, 몸짓, 표정으로 이야기를 시각화한다.

최고의 예화는 귀로 듣게 하는 것이 아니라 눈으로 듣게 하는 것이다. 어떤 상황을 묘사할 때 말로만 하지 말고 실제 그 상황에 닥친 것처럼 실감 나는 목소리와 표정 그리고 그 상황의 몸동작까지 함께 표현하도록 하자.

〈예화 사용 시 주의할 점〉
- 개인적 프라이버시가 있는 상담내용은 사용하지 않는 것이 좋다.
- 저속한 것은 피해야 좋다.
- 너무 많은 예화를 사용해서는 안 된다.
- 완전히 기억해야 한다.
- 거짓이 있어서는 안 된다.
- 청중의 경험이나 흥미와 맞아야 한다.

(3) 결론 공부

결론 단계는 전체강연 시간의 10%의 비율로 배분하며 청중에게 강한 인상을 남길 수 있는 마지막 기회다.

서론과 본론을 잘 전개해왔다면 마지막으로 완벽하게 결론을 도출해야 한다. 그리고 서론과 본론에서 만족스러운 강연이 되지 못했다 하더라도 결론에서 충분히 만회할 수 있다. 그러나 결론에서 실패하면 아무리 좋은 서론과 본론이 전개되었다 하더라도 소용없다. 청중은 강사의 마지막 모습을 가장 오래도록 기억한다.

따라서 강연의 결론 부분은 치밀하게 계산된 상황으로 끌고 가야한다.

① 결론 신호 보내기

결론 신호 보내기는 결론의 도입부에 해당한다. 많은 강사가 본론이 끝나자마자 결론 신호를 주지 않고 핵심명제나 요점을 재강조하거나 결언으로 들어가는 데 이것은 청중들을 혼란스럽게 만든다. 결론 신호가 없이 재강조하거나 결언을 하면 청중은 본론이 계속되는 줄 알다가 결국에 허탈하게 결론을 받아들이게 된다.

따라서 강연의 결론 부분은 본론과 뚜렷한 구분을 하는 게 중요하다. 결론 신호로는 본론 종료 후 약간의 여유를 둔다든지, 목소리의 음색을 본론과 확연한 구분을 한다든지, 강하고 큰 소리로 말한다든지 하여 청중으로 하여금 결론이 시작됨을 알게 하여야 한다.

② 핵심명제나 요점 재강조로 결론하기

핵심명제나 요점 재강조는 결론의 몸통 부분에 해당한다. 본론의 핵심 명제를 다시 강조하거나, 요점을 정리하여 재강조하는 방법이 있다.

어떤 유명한 강연가는 스피치의 비결을 이렇게 표현했다.

"먼저 무슨 이야기를 하려고 하는지를 말하고, 다음 이야기를 하고, 마지막으로 무슨 이야기를 했는가를 또 말하라."

요점을 재강조해야 하는 이유를 충고해주는 매우 적절한 표현이다.

㉠ 요점 재강조의 3가지

첫째, 핵심명제를 재강조할 때는 서론이나 본론에서 언급한 경우보다 더 강력한 태도와 표현법으로 재강조해야 한다.

둘째, 요점을 정리하여 재강조할 때는 단순한 요점보다는 요점의 아이디어를 요약 정리해 주는 것이 더 효과적이다.

셋째, 서론을 다시 한 번 설명하며 재강조할 때는 "서론에서 3가지의 정답을 찾아야 한다고 말씀드렸습니다. 이제 그 해답을 다시 한번 요약하면 하고 해답을 제시한다.

㉡ 요점 재강조 시 주의점

- 전개 단계에서 언급되지 않은 새로운 사실을 말해서는 안 된다.
- 프로젝트나 컴퓨터 차트 실물 등을 이용하여 요약하면 더욱 좋다.
- 질문의 형식으로 요약하는 것도 좋은 방법이다.

③ **결언으로 마무리하기**

결언은 결론 중의 결론에 해당한다. 더 이상 새로운 내용이나 요점을 재강조할 필요가 없다. 청중들에게 지금껏 강사가 말한 내용을 토대로 무엇인가 행동하도록 요청해야 하고 언제까지 해야 한다는 마감 시간을 정해 주어야 한다. 참석한 청중들이 무엇을 어떻게 해야 할지 모르는 상태에서 강연을 끝맺어서는 절대 안 된다.

그리고 결언은 강사의 남은 에너지를 모두 쏟아서 열정적으로 끝마쳐야 한다.

㉠ 행동을 촉구하며 결언하라.

행동하도록 하는 것이 목적인 결언은 강사의 강력한 에너지를 가지고 행동하도록 요구해야 한다. 하지만 행동을 촉구할 때는 구체적으로 실천 방법을 제시하고 마감 시간을 정하라, 그리고 청중의 한계를 생각해서 요구해야 한다. 그러면 청중은 당장 무엇을 해야 할 때인가를 생각하게 된다.

㉡ 긍정적인 미래를 약속하며 결언하라.

당장 행동하도록 요구하는 것이 불가능한 강연에서는 앞으로 실천하기 위한 준비를 시켜주는 것이 좋다. 희망을 약속해주고 준비를 통한 실천이 이루어졌을 때 그것이 얼마나 희망적이고 긍정적인 상황이 되는지 그 감동의 느낌을 간직할 수 있도록 결언하라.

㉢ 감동적인 슬로건으로 결언하라.

결언에서 적절하면서도 감동적인 말을 사용하여 가슴에 남을 수 있는 슬로건으로 마무리하라. 본론에서 발표한 중요한 요점들은 기억하지 못해도 강력한 슬로건은 청중의 기억 속에 오래 남아 있을 수 있다. 이왕이면 실천을 요구하는 내용까지 포함된 슬로건이라면 더욱 이상적이다.

- 가능한 짧게, 듣기 좋은 어감의 긍정적인 단어를 사용한다.

- 주제와 관련이 있는 내용이어야 한다.

- 행동을 이끌어 낼 수 있는 용어를 사용한다.

- 청중이 반드시 기억할 수 있도록 반복한다.

강연이 진행되는 동안 10~20분 간격으로 슬로건을 따라 외칠 수 있게 하고, 최종적으로 강사가 유도만 해도 청중이 슬로건을 외칠 정도가 되면 아마도 꽤 오래도록 강사와 슬로건을 기억하게 될 것이다.

ⓔ 초보 강사 식 결언은 피하라.

초보 강사들은 결언을 어떻게 마무리해야 할지 몰라 난처해하다가 강단을 내려오거나, 무의미한 말로 초보 냄새를 풍기면서 강단을 내려온다.

가장 대표적인 초보 강사의 표현으로 "이상 이것으로써 마치겠습니다.", "끝까지 들어주셔서 감사합니다." 필자의 얼굴도 화끈거린다. 할 말을 다 했으면 더 이상 불필요한 말을 할 필요가 없다. 남은 것은 청중의 몫이다. 반드시 결언을 만들어 두자.

6) 강사의 질문과 청중의 질문

(1) 강사의 질문

① 강사의 질문 목적

대부분의 강사는 강연의 처음부터 끝까지 혼자서 말해야 하는 것이라고 생각하고 있는 것 같다. 하지만 이런 식으로 강연을 하면 정말 힘든 강연이 된다. 빨리 청중을 강연에 참여시키고 무거운 짐을 내려놓아라. 청중을 참여시키는 가장 좋은 방법은 청중에게 질문을 함으로써 말할 기회를 제공하는 것이다.

- 청중의 주의집중을 목적으로 질문한다.
- 청중을 참여시키려는 목적으로 질문한다.
- 청중에게 새로운 흥미를 일으킬 목적으로 질문한다.
- 청중의 강연내용 이해정도를 피드백할 목적으로 질문한다.
- 질문을 통해 그 내용을 강조할 목적으로 질문한다.
- 강연 내용을 정리할 목적으로 질문한다.

② 질문 유형

- 넓은 질문 : 청중의 다양한 의견을 파악하기 위한 질문으로 청중과 대화를 원하고, 그들에게 의미 있는 답변을 이끌어 내고 싶을 때 하는 질문유형이다.
- 좁은 질문 : '예, 아니오', '맞다, 틀리다' 등의 짧은 대답을 요구하는 질문으로 청중이 말로써 길게 답변하기 어려운 질문유형이다.
- 전체 질문 : 청중 전원을 대상으로 하는 질문으로 청중 전원을 집단사고로 유도하기 위해 하는 질문유형이다.
- 직접 질문 : 특정 개인에게 하는 질문으로 전체 질문 후 대답이 없거나, 특정 개인의 주의를 환기할 목적으로 하는 질문유형이다.

③ 넓은 질문 정리

강사는 질문의 목적에 따라 차이가 있겠지만 좁은 질문보다는 넓은 질문을 주로 사용하도록 해야 한다. 그리고 넓은 질문을 어떤 식으로 활용할 것인지 미리 계획하고 점검해 볼 필요가 있다.

- 청중 분석을 토대로 어떤 넓은 질문이 청중에게 호소력이 있는지를 생각해 보라.

- 넓은 질문과 좁은 질문을 함께해보는 것도 좋다.

- 질문에 대한 답변이나 응답이 없을 때는 두 번째 질문을 던지지 말고 강사가 생각했던 답변으로 대신하라. 이것은 청중에게 답변할 시간적 여유를 주는 것이다. 그리고 청중의 답변을 다시 한 번 유도해 보라.

- 청중이 답변을 했을 때는 답변에 대한 감사를 표해야 하며, 이때 수다스럽게 할 필요는 없이 "고맙습니다", "매우 흥미로운 답변이군요"라는 정도의 반응만 보이면 된다. 그리고 다시 다른 사람의 답변을 들을 준비를 해야 한다.

- 여러 청중의 답변을 듣고 나서는 곧바로 발표내용으로 되돌아가야 한다. 이 시점에서 청중의 답변을 요약 정리하는 것도 좋다. 요약정리를 한 다음에는 본론에 있는 주요 요점을 다시 한 번 말한 다음, 새로운 내용을 소개해야 한다.

④ 넓은 질문 준비

본론과 결론부의 어디에서 넓은 질문을 할 것인지 질문내용은 무엇으로 할 것인지 미리 준비해야 한다. 그리고 강연의 에너지가 고갈되었을 때를 대비해서 별도의 예비 질문도 한두 개 정도 준비하고 있어야 한다.

그리고 강사 자신만의 넓은 질문 즉 어떤 부류에게 어떤 질문을 하면 쉽게 답변을 유도할 수 있는 지 나름의 질문법을 연구해 두는 것도 좋겠다.

(2) 청중의 질문

① 청중의 질문 목적

강사가 청중에게 하는 질문과는 달리 청중이 강사에게 하는 질문은 강연의 말미에만 시간을 예정해서 시행하는 것이 좋다.

- 청중은 순수한 목적으로 불투명한 부분을 확실히 알고 싶어서 질문한다.
- 청중은 추가정보를 얻기 위해 질문한다.
- 청중은 자신의 의견을 말하기 위해 질문한다.
- 청중은 단순히 눈에 띄기 위해 질문하기도 한다.

② 질의 응답 방법

강연을 하기 전에 미리 청중의 질문을 예상하고 있어야 한다. 그리고 미리 예상 질문을 생각해 보고 청중이 충분히 신뢰할 만한 답변을 만들어 예행연습을 해 두면 좋다.

③ 질문에 대한 질문

- 중계 질문 : 청중의 질문에 대해 강사가 직접 답하지 않고 다른 청중에게 이 질문에 답변할 사람이 없는지 중계 질문하여 또 다른 청중으로 하여금 대답을 하게 하는 방법이다.

1단계(환경조성)

질의응답 시간은 5분 혹은 10분의 한정된 시간으로 정해져 있다고 청중에게 말하고, 질문이 있는 사람은 반드시 손을 들게 하고 강사가 지목한 사람의 질문으로 한정시킨다. 그래야만 질문 응답시간을 강사의 통제권 안에 둘 수 있다.

2단계(경청하기)

끝까지 들어야 한다. 청중의 질문이 끝날 때까지 질문의 내용에 대해 미리 짐작하지 말고 중간에 끊지 말라. 질문의 요지를 확실히 파악하지 못했다면 질문한 사람에게 다시 한 번 요청한다.

3단계(질문내용 확인)

대답하기 전에 청중의 질문을 강사의 말로 바꾸어 말해라. 질문을 듣지 못한 청중에게 다시 한 번 들려줄 수 있고, 질문을 바꾸어 한 번 더 언급하는 만큼 답변의 내용을 정리할 시간을 벌 수 있다.

4단계(질문을 환영하고 인정)

질문을 한 청중은 용기 있는 사람이며 강연을 열심히 경청한 사람일 것이다. 강사의 입장에서는 고마운 청중이다. 그러니 훌륭하고 적절한 질문을 했음을 인정해주고 칭찬하라. 그래야 다른 청중도 갈등에서 벗어나 질문의 당위성을 느낄 수 있게 된다.

5단계(질문에 답변하기)

질문을 던진 청중과 눈 맞춤을 하면서 성실하게 답변한다. 그리고 다른 청중과도 눈 맞춤을 하면서 그들도 참여하게 준비시킨다. 질문에 대한 답변을 마쳤을 때는 질문을 던진 청중과 다시 눈을 마주치지 말라. 즉시 다른 사람과 눈 맞춤을 하면서 새로운 질문을 유도한다.

6단계(질의응답 시간 끝내기)

마지막 질문에 대한 답변이 끝나면 이제 마쳐야 한다고 말하라. 더 이상 질문받을 수 없음을 확실히 주지시킨다. 그리고 질문과 답변 후의 결언을 준비했다면 지금 결언하라. 그리고 강연을 끝마친다.

- 반대 질문 : 청중의 질문에 대해 그 질문자에게 강사가 되돌려 질문하는 방법이다. 주로 청중의 엉뚱한 질문을 위트 있게 넘기기 위해서 사용한다.

④ 주의 사항

- 질문에 대한 답변이 길 수밖에 없다면 요점만 간단하게 답변하고 쉬는 시간에 보충 설명하든지 이메일 등으로 추후 답변하도록 한다.
- 질문자의 이해도가 떨어져 추가 답변이 요구될 때에도 별도의 추후 답변을 한다.
- 질문에 대한 답변을 찾지 못했을 때는 솔직하게 인정하고 준비해서 추후 답변이 가능하도록 하겠다고 한다.
- 질문자와 1 : 1로 대화해서는 안 된다. 모든 청중과 함께 질문과 답변을 공유해야 한다.

7) 멋진 강연을 위한 Tip

(1) 청중의 주의력을 끌어올리는 기법
① 청중과 동질성을 가져라
- 가능한 빨리 청중과 강사가 직접적으로 연결되어있음을 명확히 밝혀라.
- 청중 속에 있는 사람의 이름을 사용한다. 막연히 이름을 부르는 것이 아니라 이야기의 내용 속에 청중의 이름을 교묘하게 집어넣

어서 부르는 것이다. 청중은 자기 이름이 강사의 입을 통해 노출되면 새로운 동질감이 생겨난다.

　- 당신이나 여러분이라는 말보다는 우리라는 표현을 사용한다. 청중을 호칭할 때는 일반적으로 '여러분'이라는 표현을 사용해도, 내용이 교훈적이거나 훈계의 말을 할 때는 '우리'라는 표현을 사용한다.

　② 눈 대 눈의 강연을 하라.

　강연이 진행되는 동안 강사의 눈은 청중을 향하고 있어야 한다. 강사와 청중 간에 호흡의 일치와 청중의 주의집중을 염두에 둔 방법이다.

　강사가 강연 중 강의안을 읽어나가거나 교재를 낭독하면서 진행하는 것은 교육자는 무방해도 강사로서는 바람직하지 못하다. 특히 판서를 하거나 판서한 것을 설명하는 경우에도 시선은 청중을 향해 있어야 한다. 따라서 항상 강사의 눈은 청중을 향해 있어야 한다. 눈 맞춤이 없다면 결코 강사의 생각을 제대로 전달하지 못한다.

　시선은 항상 강사 대 개인으로 초점을 맞추며 그 초점이 주변의 청중을 포함해도 좋다. 그리고 'One Sentence One Person'의 법칙에 따라 하나의 문장을 한 사람이나 주변 사람에게 맞추며 문장이 끝나기 전에 다른 사람이나 다른 집단에 시선을 옮겨서는 안 된다.

　| 시선 처리가 중요한 이유 |

　첫째, 청중은 주목받고 싶어 한다. 어린 시절 선생님과의 눈 맞춤 한 번에 모범생으로 변해버린 추억을 기억해 보기 바란다. 강사와 청

중은 어린 시절의 선생님과 학생들과의 관계와 크게 다르지 않다.

둘째, 청중이 지루해하고 집중하지 않는 이유는 눈 맞춤이 없기 때문이다. 모든 청중과 눈 맞춤을 할 수는 없겠지만 해야 한다는 의무감은 버리지 말자.

셋째, 강사와의 눈 맞춤이 많았던 청중은 자신감과 친근감 그리고 상당한 강의력이 있는 강사로 평가하고, 눈 맞춤이 적을수록 차가운 인상과 미숙한 강의력을 가진 강사로 평가한다는 것을 잊지 말자.

100명 이상이 되는 대규모 집단에서 어떻게 각각의 개인과 눈 맞춤이 가능할까? 라고 생각할 수 있다. 맞다! 한 사람 한 사람 모두에게 눈 맞춤을 시도할 수는 없다. 그러나 걱정할 필요는 없다. 강사가 한 사람과 눈 맞춤을 할 때 주변의 청중도 자신과 눈 맞춤을 하는 것처럼 긴장한다. 그리고 멀리 떨어져 있는 사람과 눈 맞춤을 할 때는 그 주위의 청중들은 자신과 눈 맞춤을 했다고 생각하기 마련이다.

이러한 눈 맞춤이 자유자재로 가능하다면 이미 유능한 강사라고 자부해도 될 것이다.

(2) 청중과 하나가 되는 기법
① 정보를 소화할 시간을 준다.

청중은 기억의 한계가 있다. 무턱대고 많은 정보를 전하려고 하지 말고 적당한 시간을 배려해 청중의 두뇌에 휴식을 주어야 한다. 앞에서 논했던 것처럼 90-20-10의 법칙에 따라 대략 20분 정도 강연한 후 숨 돌릴 여유를 준다. 간단한 요약을 해 주거나, 유쾌한 내용의 유머나 일화를 간단히 소개한다.

② 손을 들게 만들어라

청중을 향해 질문을 하고 손을 들어 대답하게 하는 것이다. 이 방법은 이미 결과에 자신이 있을 때 즉 손을 많이 들게 할 수 있을 때 실시하는 것이 좋다. 이때 주의해야 할 것은 손을 들어 달라고 청중에게 미리 예고하고 질문해야 한다는 것이다.

질문1. "여러분 중에 대화하는 데 어려움을 느껴보신 분들은 손 들어 보십시오."

질문2. "여러분께서는 제 질문에 손을 들어 주셔야겠습니다. 대화하는 데 어려움을 느껴보신 분들은 손을 들어 주십시오."

질문1보다는 질문2가 훨씬 청중의 반응을 이끌어내기 수월한 것이다.

③ 강연에 참여시켜라

어떤 요점을 강조한다든지 아이디어를 극적으로 표현하기 위해서 청중 중의 한 사람을 선택하여 참여시키는 것은 청중의 주의력을 한껏 높이는 효과를 얻을 수 있다. 청중들은 자기들 중 한 사람이 강사와 한 연단에서 어떤 한 역할을 맡게 되면, 그 동료를 자신과 동일시하며, 결과가 어떻게 나타날지 무척이나 흥미 있어 할 것이다.

④ 청중과 맞는 언어 수준을 선택하라.

언어 수준을 언제나 청중에게 맞추어야 한다. 청중의 직업과 학식 정도, 업무 분야를 미리 체크해서 청중과 맞는 언어로 말해야 한다.

(3) 강연 도중 말문이 막힐 때

강사가 가장 두려워하는 것이 강연 도중 말문이 막히는 것이다. 막힘없이 완벽하게 흐름을 이어가면 좋겠지만 어디 그렇게 되는 게 쉽겠는가? 유능한 강사도 말문이 막힌다. 이럴 때 어떻게 위기를 모면하는가를 익혀두면 좋겠다.

가장 중요한 것은 당황스러울 수 있겠지만 당황스러움을 인정하는 것이다. 억지로 당황스럽지 않게 보이려고 애쓰지 마라. 더욱 당황하게 된다. 그럼 말문이 막힐 때는 어떻게 위기를 모면하면 좋을까?

아래의 방법으로 위기를 모면하고 천천히 강의안이나 ppt를 보면서 다음 말을 이어가면 된다.

① 잠깐 기지개를 켜게 하거나, 창문을 열게 한다.
② 청중이 메모할 수 있게 하거나, 잠깐 여유 시간을 가져본다.
③ 이해했는지 질문을 해 보면서 다음 요점을 확인한다.
④ 아무 내색도 하지 않고 다음 요점을 확인한다.
⑤ 솔직히 시인하고 짧은 유머를 언급하고 지나간다.

금메달 과정
기초훈련

대중 스피치의 최종목적은 결국 청중에게 자신의 생각과 주장을 전달하고 설득시키는 데 그 목적이 있다고 하겠다. 따라서 이번 기초훈련을 통해서는 어린이와 청소년들 위주의 강연법으로 훈련하는데 의미를 두고 있으며, 성인들도 크게 다르지 않으니 참고하기 바란다.

1) 도형설명으로 사고 전환 연습하기

일반적인 대화뿐만 아니라 대중 스피치에 있어서도 상대방을 고려하지 않고 오로지 자신의 생각(One Way)만을 전하는 것이 전부인 양 오해되고 있는 상황을 많이 볼 수 있다. 대화에서는 서로의 의견교환으로 이해와 합일점을 찾을 수 있겠지만 대중 앞에서 혼자 하는 강연은 쌍방향 의사소통이 힘들 수밖에 없다. 따라서 철저하게 청중의 입장에서 청중의 수준으로 스피치하는 능력을 길러야 하는 것이다.

그러기 위해서 가장 먼저 해야 할 일은 청중의 수준과 의식으로 바꾸어 말해야 하는 것이 얼마나 중요한지 자신의 무의식에 기억시키기 위한 도형그림 훈련이 있다.

(1) 도형그림 말로만 설명하기

아래의 도형그림을 상대방에게 말로만 설명하고 상대방이 내 설명대로 그린 도형그림을 대조해 본다.

(설명 시 주의점)
-손짓으로 도형그림을 설명하면 안 된다.
-말로만 설명해야 한다.
-상대방의 질문을 받아서는 안 된다.
-단 1회 설명으로 끝내야 한다.

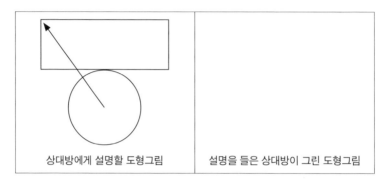

| 상대방에게 설명할 도형그림 | 설명을 들은 상대방이 그린 도형그림 |

대부분 자신이 설명한 도형그림과 전혀 다른 그림을 보고 놀랐을 것이다. 왜 이런 결과가 나왔을까를 이해하는 것이 금메달 과정의 핵심이다.

그림이 서로 다른 이유는 크게 2가지로 생각해 볼 수 있다.

하나는, 살아온 습관의 벽 때문이다.

밥 먹는 습관, 생각하는 습관, 말하는 습관 등 자신도 모르게 굳어져 버린 이런 습관의 벽은 자신의 사고, 감정, 행동, 모든 것들을 지배하고 있다. 그리고 상대방의 생각과 말을 자신의 지배하에 두고 평가하려는 오류를 범하고 있다. 상대방도 자신만의 습관이 있음을 알아야 한다.

즉, 자신은 직사각형을 생각할 때 가로형 직사각형을 떠올리는 사고의 소유자지만 상대방은 세로형 직사각형을 떠올리고 있는 것과 같다. 이처럼 사소한 것에서도 습관의 사고는 현저하게 나타난다.

또 하나는, 완벽한 전달은 없다. 상대는 50%만 이해하고 있다.

우리는 평소에 강의나 인사말을 할 때나, 대화를 할 때 자신이 말한 대부분을 상대방이 이해하고 기억하리라고 생각한다. 하지만 평균적으로 상대방은 내 말의 절반 정도만 이해하고 있고 그것도 잠깐뿐이다. 그렇기에 상대방의 이해력을 높이고 기억에 오래 남을 수 있는 사고 전환 즉 상대방의 수준과 입장에서 말하는 연습이 필요한 것이다.

(2) 도형그림 글로 써서 설명하기

이번에는 앞에서 설명했던 도형그림을 조금 변형하여 철저하게 상대방의 입장에서 도형 설명을 해보자. 그러기 위해서 먼저 글로 써야 하는데 상대방의 의식 수준과 입장으로 도형설명을 글로 써보자. 이해력과 잔존기억력을 높일 수 있는 방법은 있는지도 검토해 보자. 그리고 글로 쓴 도형설명을 상대방에게 읽어주며 서로 그림을 비교해보자.

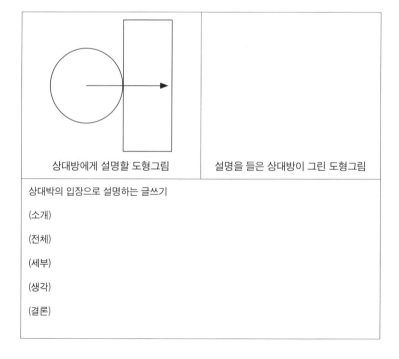

상대방에게 설명할 도형그림	설명을 들은 상대방이 그린 도형그림
상대박의 입장으로 설명하는 글쓰기	
(소개)	
(전체)	
(세부)	
(생각)	
(결론)	

다음은 초등학교 고학년 이상의 아이들이 설명한 글 중에서 우수한 글들을 토대로 편집한 글이다.

(소개) : 도형그림을 설명하기 전에 상대방에게 내가 무엇을 할 것인지를 먼저 소개하는 과정이다.

지금부터 도형그림을 설명할 것입니다. 제가 설명하는 대로 도형그림을 그려주시면 됩니다. 질문을 받을 수 없고 한 번만 설명을 드리니 잘 들어주시기 바랍니다.

(전체) : 설명하고자 하는 도형 전부의 유형을 설명하는 과정이다.

제가 설명하고자 하는 도형은 3가지입니다. 둥근 원(동그라미) 1개, 직사각형 1개, 화살표1개 이렇게 3가지로 구성되어 있습니다.

(세부) : 도형의 모양과 위치를 상세하게 설명하는 과정이다.

먼저 원 1개를 그려주세요. 둥근 원 오른쪽 끝에 붙여서 직사각형을 그리는데 직사각형은 세워진 직사각형입니다. 마지막으로 화살표를 그려주시면 되는데 화살표는 둥근원 중심에서 시작하여 세워진 직사각형 오른쪽 끝까지 수평으로 그려주시면 됩니다.

(생각) : 도형설명의 이유와 의미를 전하며 잔존기억을 오래가게 하는 과정이다.

제가 도형그림을 설명하는 것은 모든 스피치는 상대방의 입장에서 상대방의 언어로 표현해야 하는 것을 이해하기 위한 것입니다.

(결론) : 상대방에게 내가 원하는 것을 최종 정리하여 말하고 결언하며 마친다.

여러분도 다른 사람에게 도형설명을 해보시면 스피치를 잘해야 하는 이유를 충분히 아실 것입니다. 끝까지 들어주셔서 감사합니다.

---

2) '왜냐하면 3단계 스피치'기법 배우기

은메달 과정의 스피치 학습이 주로 연단에서 행해지는 스피치였다면 금메달 과정은 직접 마이크를 들고 자유롭게 발표하는 형식의 스피치를 익히는 과정이다. '왜냐하면 3단계 스피치'기법은 자유롭지만 정형화된, 그래서 어떤 자리에서든지 긴장과 두려움에 관계없이 습관처럼 자연스럽게 스피치를 이어갈 수 있도록 몸에 체화시키는 과정이다.

| 왜냐하면 3단계 스피치기법 발표 방법 |

1단계, 2단계, 3단계 순서대로 발표 연습을 해야 한다. 단계별로 완벽히 체화시킨 후에 다음단계로 학습해야 자연스럽게 몸과 머리가 기억하게 된다. 단계별로 발표 연습을 할 때도

내용을 암기해서 발표하는 것이 아니라, 스피치의 내용 전개 순서가 저절로 연상되도록 해야 하며 내용을 발표해도 자신이 쓴 글과 다르게 발표되는 즉흥스피치의 테크닉도 익혀야 한다. 또한 마이크 사용법과 인사법의 순서도 기억에 의존하지 않고 무의식의 작용으로 저절로 이루어질 때까지 연습해보자.

| 왜냐하면 3단계 스피치기법 발표순서 |

① 자신감 있고 당당한 모습으로 걸어가며 무대의 중앙에 선다.

② 무대에 서서 인사법에 맞도록 청중을 향해 인사한다.

③ 무대 전체를 삼등분하여 청중을 둘러본다.

④ 크게 숨을 들이마시며 마이크를 입 가까이 댄다.

⑤ 숨을 토하며 소리를 던지듯이 마이크 음 2단계로 자기소개를 시작한다.

⑥ 발표가 끝났으면 다시 인사법에 맞도록 청중을 향해 인사하고 당당한 걸음으로 무대를 벗어난다.

다음의 '왜냐하면 3단계 발표법'을 단계별로 발표순서대로 연습해보자. 반드시 한 단계가 몸에 체화된 후에 다음 단계로 넘어가기 바란다.

(1) 왜냐하면 3단계 발표법 (1/3)

이 과정에서는 무대매너와 발표순서, 그리고 요점 중심의 발표를 몸에 체화시키는 과정이다. 내용에는 크게 비중을 두지 말고 가급적 자신이 쓴 글을 보지 않고 편안하게 연습하라.

서론	소개 [자기소개 및 발표주제를 소개한다]
본론	발표 [주제에 대해 발표한다] ① **요점을 발표한다.**
결론	결론 [결론을 말한다]

발표 예시)

발표주제 : 나의 장래희망에 대해 발표하기		
서론	자기소개 주제소개	안녕하세요, 저는 김진성이라고 합니다. 저의 장래희망에 대해 발표하겠습니다.
본론	① 요점	저의 장래희망은 게임 유튜버입니다.
결론	결론	저는 게임 유튜버가 꼭 되겠습니다. 감사합니다.

<발표 예시와 같이 빈칸에 발표할 글을 쓰고 발표순서에 따라 연습해보자.>

발표주제1) : 나의 장래희망에 대해 발표하기		
서론	자기소개 주제소개	
본론	① 요점	
결론	결론	

발표주제2) : 가장 좋아하는 동물 발표하기		
서론	자기소개 주제소개	
본론	① 요점	
결론	결론	

발표주제3) : 가장 좋아하는 꽃 발표하기		
서론	자기소개 주제소개	
본론	① 요점	
결론	결론	

발표주제4) : 가장 좋아하는 계절 발표하기		
서론	자기소개 주제소개	
본론	① 요점	
결론	결론	

발표주제5) : 가장 좋아하는 공부과목 발표하기		
서론	자기소개 주제소개	
본론	① 요점	
결론	결론	

(2) 왜냐하면 3단계 발표법 (2/3)

이 과정에서는 자신이 발표한 요점의 이유를 "왜냐하면"이라고 말하며 청중의 궁금증을 해

소해 주기 위한 설명과정이다. 1/3단계 발표법으로 발표순서 등이 익숙해졌기에 이유를

설명하는 과정에서도 보고 읽으며 발표할 필요가 없다.

서론	소개 [자기소개 및 발표주제를 소개한다]
본론	발표 [주제에 대해 발표한다] ① 요점을 발표한다. ② 이유를 설명한다. (왜냐하면)
결론	결론 [결론을 말한다]

발표 예시)

발표주제 : 나의 장래희망에 대해 발표하기		
서론	자기소개 주제소개	안녕하세요, 저는 김진성이라고 합니다. 저의 장래희망에 대해 발표하겠습니다.
본론	① 요점 ② 이유	저의 장래희망은 게임 유튜버입니다. 왜냐하면 저는 게임을 잘하고 재미있게 말할 수 있어서 유튜 버를 잘 할 수 있다고 생각하기 때문입니다.
결론	결론	저는 게임 유튜버가 꼭 되겠습니다. 감사합니다.

<발표 예시와 같이 빈칸에 발표할 글을 쓰고 발표 순서에 따라 연습해보자.>

발표주제1) : 나의 장래희망에 대해 발표하기		
서론	자기소개 주제소개	
본론	① 요점 ② 이유	
결론	결론	

발표주제2) : 가장 좋아하는 동물 발표하기		
서론	자기소개 주제소개	
본론	① 요점 ② 이유	
결론	결론	

발표주제3) : 가장 좋아하는 꽃 발표하기		
서론	자기소개 주제소개	
본론	① 요점 ② 이유	
결론	결론	

발표주제4) : 가장 좋아하는 계절 발표하기		
서론	자기소개 주제소개	
본론	① 요점 ② 이유	
결론	결론	

발표주제5) : 가장 좋아하는 공부과목 발표하기		
서론	자기소개 주제소개	
본론	① 요점 ② 이유	
결론	결론	

(3) 왜냐하면 3단계 발표법 (3/3)

1/3, 2/3단계 발표법을 학습하였기에 이제는 머릿속으로 스피치 순서를 떠올리지 않아도 저절로 몸이 반응하는 단계까지 체화되었을 것이다. 이 과정에서는 이유를 증명하기 위해

자신의 경험담이나 주변의 예화를 사례를 들어 청중에게 확인 시켜 주는 과정이다. 사례를 설명할 때는 실감 나게 표현하면 좋겠다. 보고 읽는 것이 아니기에 토씨 하나의 변화에도 말이 바뀌는 즉흥스피치의 순발력을 익히며 3단계 발표법을 완성하자.

발표할 내용이 많지만 결코 보고 하려고 하지 말고 전체구성을 머릿속에 그리며 발표 연습한다.

서론	소개 [자기소개 및 발표주제를 소개한다]
본론	발표 [주제에 대해 발표한다] ① 요점을 발표한다. ② 이유를 설명한다. (왜냐하면) ③ **사례를 들어 추가 설명한다.**
결론	결론 [결론을 말한다]

발표 예시)

발표주제 : 나의 장래희망에 대해 발표하기		
서론	자기소개 주제소개	안녕하세요, 저는 김진성이라고 합니다. 저의 장래희망에 대해 발표하겠습니다.
본론	① 요점 ② 이유 ③ **사례**	저의 장래희망은 게임 유튜버입니다. 왜냐하면 저는 게임을 잘하고 재미있게 말할 수 있어서 유튜버를 잘 할 수 있다고 생각하기 때문입니다. 저는 자주 유튜브를 보면서 인기 있는 유튜버들이 돈을 많이 번다는 것을 알았습니다. 그래서 게임도 잘하고 말도 잘할 수 있고 돈까지 많이 벌 수 있어서 유튜버가 되고 싶습니다.
결론	결론	저는 게임 유튜버가 꼭 되겠습니다. 감사합니다.

<발표 예시와 같이 빈칸에 발표할 글을 쓰고 발표 순서에 따라 연습해보자.>

발표주제1) : 나의 장래희망에 대해 발표하기		
서론	자기소개 주제소개	
본론	① 요점 ② 이유 ③ **사례**	
결론	결론	

발표주제2) : 가장 좋아하는 동물 발표하기

서론	자기소개 주제소개	
본론	① 요점 ② 이유 ③ **사례**	
결론	결론	

발표주제3) : 가장 좋아하는 꽃 발표하기

서론	자기소개 주제소개	
본론	① 요점 ② 이유 ③ **사례**	
결론	결론	

발표주제4) : 가장 좋아하는 계절 발표하기

서론	자기소개 주제소개	
본론	① 요점 ② 이유 ③ **사례**	
결론	결론	

발표주제5) : 가장 좋아하는 공부과목 발표하기

서론	자기소개 주제소개	
본론	① 요점 ② 이유 ③ **사례**	
결론	결론	

왜냐하면 발표법 학습자료 (양산 신주초등학교 2학년 민지홍)

왜냐하면 3단계 발표법 (1/3)

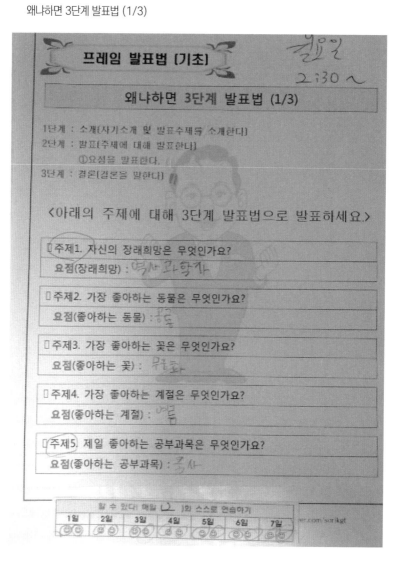

왜나하면 3단계 발표법 (2/3)

1단계 : 소개(자기소개//와 발표주제를//소개한다)
2단계 : 발표(주제에 대해 발표한다)
　　　　①요점을 발표한다//
　　　　②이유를 설명한다.(왜냐하면)/　　　　//
3단계 : 결론(결론을 말한다)

〈아래의 주제에 대해 3단계 발표법으로 발표하세요.〉

주제1. 자신의 장래희망은 무엇인가요?
이유 : (왜냐하면)/ 목래 는 목과과 할 까가 되고 싶어 한다데 공사가 입욕 맞어져서 역가라 ... 를 ... 드리고 좋다.

주제2. 가장 좋아하는 동물은 무엇인가요?
이유 : (왜냐하면)/ 컴안댕이기 때문입니다. //

주제3. 가장 좋아하는 꽃은 무엇인가요?
이유 : (왜냐하면)/ 우리 나라를 대표 하는 꽃이가 때문입니다

주제4. 가장 좋아하는 계절은 무엇인가요?
이유 : (왜냐하면)/ 수영을할수 있기 때문입니다 //

주제5. 제일 좋아하는 공부과목은 무엇인가요?
이유 : (왜냐하면)/ 제가 한국에 역사를 좋아하기 때문입니다.

할 수 있다! 매일 (2)회 스스로 연습하기						
1일	2일	3일	4일	5일	6일	7일
☺☺	☺☺	☺☺	☺☺	☺☺	☺☺	☺☺

왜냐하면 3단계 발표법 (3/3)

1단계 : 소개(자기소개 및 발표주제를 소개한다) //
2단계 : 발표(주제에 대해 발표한다)
　　　　① 요점을 발표한다. //
　　　　② 이유를 설명한다.(왜냐하면) //
　　　　③ 사례를 들어 추가 설명한다. //
3단계 : 결론(결론을 말한다)

〈아래의 주제에 대해 3단계 발표법으로 발표하세요.〉

☐ 주제1. 자신의 장래희망은 무엇인가요?

사례 : 제가 언젠가 넣인섭의 역사동 영상이 재밌대서
역사과학자가 꿈이 되었습니다

☐ 주제2. 가장 좋아하는 동물은 무엇인가요?

사례 : 7살때 컴퓨터에서 공룡동영상을보니
그때부터 가장좋아하는 동물이 가장좋
았습니다.

☐ 주제3. 가장 좋아하는 꽃은 무엇인가요?

사례 : 제가유치원 유치원 선생님이 여국가르도려
주셨는데대씨선생님이 무궁화 논리나라꼳다꼳하는
꽃이가 ... 니다

☐ 주제4. 가장 좋아하는 계절은 무엇인가요?

사례 : 여름의 열집형과 물놀이를땠을때 붓터
입니다.

☐ 주제5. 제일 좋아하는 공부과목은 무엇인가요?

사례 : 넣인섭의 역사동영상을 본뒤로 한국사가
좋아졌습니다.

금메달 과정
심화훈련

금메달 기초훈련과정에서는 스피치 순서와 몸말을 체화시키기는 것이 주목적이었으므로 스피치의 내용은 다소 소홀하게 다루었다. 심화훈련에서는 스피치프레임에 자신의 생각을 글로 표현하는 방법과 그 글을 스피치 순서에 따라 낭독 연습하고, 낭독이 익숙해졌으면 낭독했던 내용 중에 키워드만 메모지에 작성하여 메모지만 들고 발표하는 방법을 학습하게 된다. 특히 메모발표법은 프레젠테이션(P/T)과 거의 동일하니 참조하여 연습하기 바란다.

| '소요이사결' 발표프레임 익히기 |

'소요이사결'은 소개, 요점, 이유, 사례, 결론의 첫 글자로 만든 말이다. 기초과정에서 익힌 왜냐하면 발표법의 연장이라 할 수 있다. 다만 왜냐하면 발표프레임보다 더 논리적으로 글을 쓰고 발표훈련을 하며 스피치 시간개념도 익히게 된다.

'소요이사결' 발표프레임은 주로 면접에서 면접관의 질문에 답하거나 주장을 말할 때 응용하면 좋은 발표프레임이다. '소요이사결' 꼭 암기해 놓도록 하자.

1) 주제 : 나의 장래희망에 대해 발표하기.

자신의 장래희망 발표는 기초훈련과정에서 이미 연습했었다. 여기서는 생각지도를 작성하여 보다 더 구체적이고 논리적인 글쓰기로 기초훈련과정의 글과 비교해보자.

(1) 생각지도 만들기

생각지도는 발표할 주제에 대해 생각나는 아이디어를 '소요이사결' 발표프레임에 기록하며 발표형식과 전개 방식을 정리해가는 과정이다. 생각지도에 아이디어를 기록할 때는 떠오르는 대로 작성하는 것이 중요하다. 아이디어 기록에 대한 평가는 나중에 하는 것이다.

① 생각지도에 자신의 아이디어를 기록해보자~

 스피치 생각지도 만들기

1. 프레임에 적용하고 싶은 아이디어가 떠오르면 ⬤안에 마음껏 단어를 써 넣으세요.
2. 주제에 맞는 결론이 나도록 논리적으로 생각해 보고 필요 없는 단어는 지우세요.
3. 논리적으로 완성된 단어를 가지고 시간에 맞춰 말을 만들어 보세요.
4. 완성된 말을 글로 상세하게 적어서 발표문장을 만들어 보세요.

주제 : 나의 장래희망 발표하기

소개			
요점			
이유			
사례			
결론			

② 초등학생들의 생각지도 작성 예

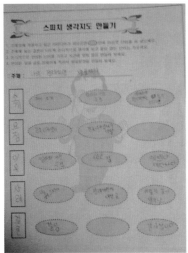
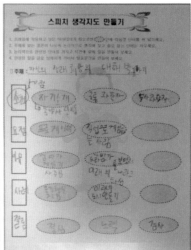

OICA학교 5학년 김가빈 양의 생각지도 · 양산 신주초등학교 2학년 민지홍 군의 생각지도

(2) 1분 스피치 글쓰기 및 발표 연습하기

생각지도에 기록된 아이디어를 중심으로 1분 정도의 발표용 원고를 완성해보는 과정이다.

완성된 글을 낭독 발표해보면서 1분의 스피치시간을 지키도록 하며, 더불어 핵심내용을

정리하는 방법도 익히게 된다.

완성된 원고를 암기할 필요까지는 없지만 스피치 내용과 흐름을 완벽히 파악할 때까지 1

주간은 연습을 해야 한다.

① 1분 발표프레임에 글쓰기를 해보자

'소요이사결' 발표프레임은 주로 면접 등에서 답변할 때 응용하면 좋은 발표프레임입니다.
다양한 질문과 주어진 발표주제를 '소요이사결'에 대입하여 발표연습을 해 봅시다.
그리고 '소요이사결' 꼭 암기하세요.

'소요이사결' 1분 발표법

발표주제 : 자신의 장래희망에 대해서 발표해 보세요. (1분)

1단계	소개	자기소개
		주제소개
2단계	요점	
	이유	
	사례	
3단계	결론	

② 초등학생들의 1분 글쓰기 작성 예

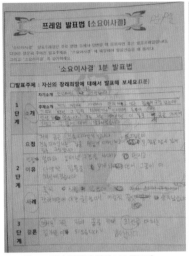

OICA학교 5학년 김가빈 양의 1분 글쓰기

양산 신주초등학교 2학년 민지홍 군의 1분 글쓰기

(3) 1분 스피치 메모지 만들기와 메모발표 연습하기

1분 스피치 낭독발표 연습을 통해 충분히 내용을 익혔다면 이 내용을 메모지에 핵심키워드만 작성하여 발표하는 연습 과정이다. 암기의 부담을 줄일 수 있고, 작성된 핵심키워드 메모지는 자칫 발표 도중 엉뚱한 방향으로 흘러갈 상황에 충분한 대비책이 될 수 있다. 무엇보다 메모지를 잡는 요령과 마이크 사용법을 함께 익히는 과정이다.

① 메모스피치 발표 순서와 요령

순서	발표요령	
1	메모지와 마이크를 들고 무대 중앙을 향해 걸어간다.	

2	청중을 향해 정중한 인사법으로 인사를 한다.	
3	청중 전체를 둘러보면 눈 맞춤을 한다.	
4	숨을 들이마시며 마이크를 동시에 입 가까이 가져다 댄다.	
5	참았던 숨을 토해내면서 소리를 터트리듯 자기소개와 주제소개를 시작한다. 이때까지는 메모지를 들어 올리지 않는다.	
6	본론(요점, 이유, 사례)을 말할 때는 메모지를 마이크 끝부분과 일치하는 선까지 올리며 메모지의 핵심 키워드만 보고 자연스럽게 스피치 한다. 이때는 메모지를 보면서 말을 해서는 안 되고 스피치를 할 때는 시선이 청중을 향해야 한다. 본론이 끝날 때까지 유지한다.	
7	결론 부분을 스피치 할 때는 메모지를 처음처럼 자연스럽게 내리고 나서 결론을 스피치 한다. 청중으로 하여금 스피치의 종료를 알리는 몸짓언어라고 할 수 있으며 청중에게 박수 준비를 시키기 위함이다.	
8	스피치가 끝나면 정중한 인사법으로 인사를 하고 당당한 걸음으로 강단을 내려온다.	

② 1분 발표 메모지 만들기

🧑 소요이사결 메모 발표법

발표주제 : _____

1단계(소개) : 자기소개와 주제소개를 자세하게 적는다.(암기)

_____
_____
_____
_____

———————————————— 접는선 ————————————————

핵심단어만 메모!
(숫자, 영어단어, 인용할 말은 틀리지 않게 중요한 말은 굵게 색깔로 표시한다.)

2단계 - 1(요점)	2단계 - 1(요점)	2단계 - 1(요점)
-	-	-
-	-	-

———————————————— 접는선 ————————————————

3단계(결론) : 자세하게 적는다.(암기)

_____
_____
_____
_____

(4) 2~3분 스피치 글쓰기 및 연습하기

1분 글쓰기와 스피치 연습을 통해 익숙한 '장래희망' 발표 주제를 초등저학년은 2분 글쓰기로 고학년 이상은 3분 글쓰기로 늘려서 쓰는 연습 과정이다. 생각지도에서 미처 사용하지 못한 아이디어들을 마음껏 사용해 볼 수 있으며 똑같은 주제도 1분과 2, 3분의 차이를 통해 꾸며주는 글들의 중요성을 깨닫게 되고 3분이라는 장시간의 발표에 자신감을 갖게 해주는 과정이다.

① 2, 3분 발표프레임에 글쓰기를 해보자

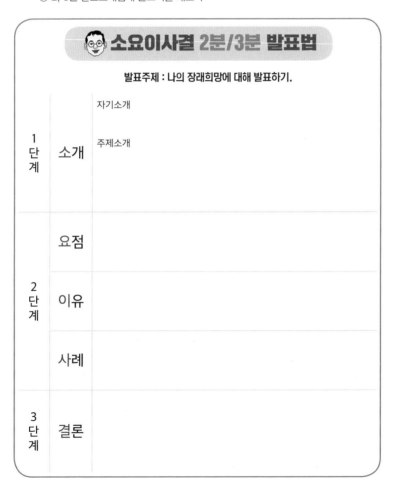

소요이사결 2분/3분 발표법

발표주제 : 나의 장래희망에 대해 발표하기.

1단계	소개	자기소개 주제소개
2단계	요점	
	이유	
	사례	
3단계	결론	

② 초등학생들의 2, 3분 글쓰기 작성 예

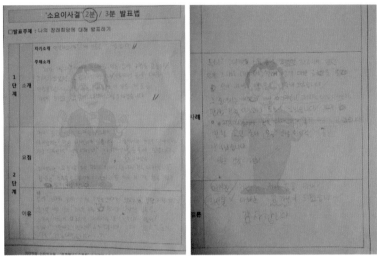

OICA학교 5학년 김가빈 양의 2분 글쓰기

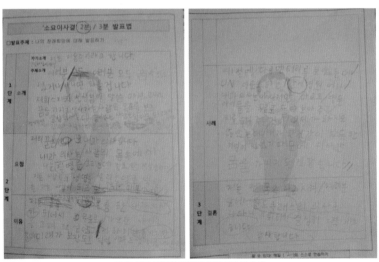

OICA학교 5학년 이동준 군의 2분 글쓰기

(5) 2, 3분 스피치 메모지 만들기와 연습하기

1분 메모 발표의 연장선이다. 대중 앞에 나서는 최종 메모지를 만들어 연습해보자.

발표주제 : _____

발표시간 : _____   준비물 : _____

소개	
(요/전)	
(이/세)	
(사/생)	
결론	

2) 주제 : 나에게 가족이란 어떤 의미인가요?

어린이와 청소년들에게 가족에 대한 소중함을 일깨워주고 어린이다운 톡톡 튀는 발상으로 가족의 정의를 내려 보게 한다. 앞 과정에서 익혔던 장래희망 발표의 반복 학습이며 금메달 과정 수료를 위한 마지막 연습 과정이다.

(1) 생각지도 만들기 (초등생들의 생각지도 예)

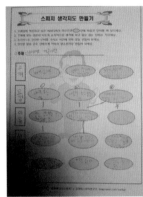

양산 신주초 2학년 민지홍 군의
생각지도

울산 신정초 3학년 김지우 양의
생각지도

(2) 1분 스피치 글쓰기 (초등학생들의 글쓰기 예)

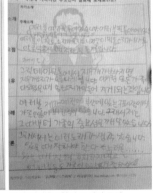

울산 신정초 3학년 김지우 양의
1분 글쓰기

양산 평산초 5학년 조성인 군의
1분 글쓰기

(3) 2, 3분 스피치 글쓰기 (초등생들의 글쓰기 예)

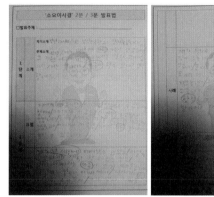

울산 신정초 3학년 김지우 양의 3분 글쓰기

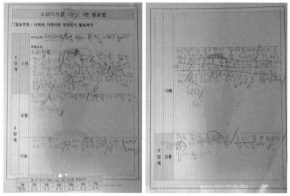

양산 신주초등학교 2학년 민지홍 군의 2분 글쓰기

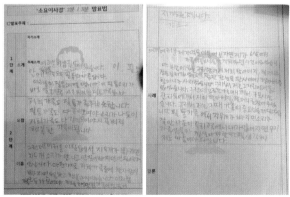

양산 평산초등학교 5학년 조성인 군의 3분 글쓰기

(4) 2, 3분 스피치 메모지 만들기(초등생들의 메모지 만들기 예)

※발표주제: 나에게 가족이란
▌발표시간 : 3분　　　　▌준비물 : 메모지, 마이크

소개	신정초등학교 김지우 1학년때 새로운 가족 생김/예쁘고 귀여운 러키 강아지도 가족 됨
(요/전)	가족 3가지 기쁨, 사랑, 가족 나의 모든것
(이/세)	태어나고, 건강하게 생활은 엄마, 아빠 엄마, 아빠 모든 사랑 주듯 나도 사랑함
(사/생)	5살 가족과 대공원 강/길 읽고 가족 잃어버림 목걸이 덕분에 만남/가족이 소중함 앎
결론	가족 나의 모든 것처럼 나도 가족의 모든 것 되도록 노력

울산 신정초 3학년 김지우 양의 메모지

주제 : 나에게 가족이란 어떤 의미일까요?

박민준(양산 대운초 1학년)

소개	여러분, 저에게는 엄마 아빠 동생이라는 가족이 있습니다. 하지만 엄마 아빠 동생이 없는 친구들도 있습니다. 여러분에게는 엄마 아빠 동생이 있습니까?
요점	저에게는 엄마 아빠 동생이란 가족은 바로 돈입니다. 돈은 무엇이든지 살 수 있고 소중합니다.
이유	여러분 이처럼 돈이 없으면 안 되는 것처럼 저에게 가족은 없으면 안 되기 때문입니다. 그리고 돈을 아껴야 하듯이 가족도 아껴야 하는 소중한 존재입니다. 엄마는 맛있는 요리를 해주시기 때문에 소중합니다. 아빠는 열심히 일하여서 가족을 지켜주기 때문에 소중합니다. 내 동생 민찬이는 저를 때리기는 하지만 없어서는 안 되는 소중한 존재입니다.
사례	제가 6살 때 제가 많이 아팠습니다. 그때 엄마 아빠가 위로해주어 가족의 소중함을 느꼈습니다.
결론	여러분, 이처럼 가족은 없어서는 안 되는 돈과 같습니다. 저는 엄마 아빠 말씀을 잘 듣는 민준이가 되겠습니다. 커서 엄마 아빠께 소중한 돈을 많이 드리고 싶습니다.

이승현(울산 개운초 4학년)

소개	여러분, 여러분이 아프고 힘이 들 때 보호해주고 보살펴 주는 사람은 누구입니까? 바로 가족입니다. 그렇다면 가족이란 무엇입니까?
요점	저에게 가족은 면역력과 같은 존재입니다. 면역력이란 우리 몸속에 있는 착한 세균입니다. 또한 우리가 몸이 아플 때 낫게 해 주기도 하고 외부로부터 나쁜 세균이 우리 몸에 침범할 때 지켜주는 좋은 존재입니다. 이처럼 가족은 면역력과 같이 저를 지켜주고 보살펴주는 사람입니다.

이유	저희 아빠께서는 안전하게 저희 가족을 지켜주기 위해 열심히 일을 하며 가족을 지켜주는 안전 면역력입니다. 그리고 저희 엄마께서는 맛있고 건강한 음식을 만들어 저희 가족의 건강을 지켜주는 건강 면역력과 같은 존재입니다. 저희 가족 중에 막내인 제 동생 미지는 저희 가족에게 웃음으로 행복하게 해주는 행복면역력입니다.
사례	여러분 얼마 전 제가 피아노 콩쿨대회에 나갔던 적이 있었습니다. 그때 너무 긴장해서 피아노 건반을 놓치는 실수를 하였습니다. 그래서 너무 아깝고 슬펐습니다. 이때 저희 가족 면역력들인 안전 면역력과 건강 면역력 그리고 행복 면역력이 제 마음속에 있는 아픈 것들을 모두 없애주었습니다. 그때 가족이 있다는 것이 너무 감사했습니다.
결론	여러분, 저는 저희 가족에게 어떤 면역력이 될까요? 저는 저희 가족에게 보답하는 보답 면역력이 되겠습니다. 감사합니다.

조성인(양산 평산초 5학년)

소개	여러분, 여기 필통이 있습니다. 필통 안에 있는 물체는 모두 필통의 가족입니다. 여러분 이 필통 소리가 들리십니까? 이 필통 소리가 바로 알콩달콩 시끌벅적한 필통 가족입니다.
요점	저희 가족도 필통 가족과 비슷합니다. 필통 가족도 다 같이 모여야 소리가 나듯이 저희가족도 다 같이 모여야 시끌벅적 행복한 가족이 됩니다.
이유	그런데 여러분 이 필통에서 지우개가 빠지면 지우개 소리가 안 나고 연필이 빠지면 연필소리가 안 납니다. 마찬가지로 저희 가족 중에 한 사람이 빠지면 우울하고 행복하지 않습니다. 이처럼 가족 모두가 모여야 행복하고 멋진 가족이 만들어지게 되는 것입니다.
사례	여러분 제 기억을 더듬어 보자면 제가 6살 때 가족의 중요성을 알게 되었던 사건이 있었습니다. 부산에 있는 구포시장에서 저희 할아버지, 할머니와 장을 보러 갔었는데 잠깐 한눈을 판 사이에 할아버지 할머니가 사라졌습니다. 그래서 저는 그 자리에서 울고 있었습니다. 그런데 모르는 할머니께서 구포시장 관리실에 가서 저희 할아버지, 할머니를 찾아주셨습니다. 그래서 저는 그때 가족의 중요성을 깨달았습니다. 필통 가족에서 지우개 빠지면 소리나 안 나듯이 우리 가족에서 내가 빠지면 우리 가족이 우울하게 살아야 한다는 것을 생각하니 저도 마음이 아파집니다.
결론	그래서 저는 이런 노래가 생각났습니다. 있을 때 잘해 후회하지 말고~~~ 여러분들도 가족이 있을 때 잘하십시오.

	손호원(부산 금강초 6학년)
소개	사람들은 태어나면 가지게 되는 것이 있습니다. 그것은 바로 가족입니다. 하지만 시간이 지난 현재에는 가족이 없는 사람들도 있습니다. 그에 대해 안타깝게 생각합니다. 하지만 저는 가족이 있는 것이 행복의 증거라고 생각합니다.
요점	저에게 가족은 인권입니다. 인권이란 사람으로서 마땅히 가져야 할 권리입니다.
이유	사람은 누구나 태어나면 가족이 생기듯이 인권도 생겨납니다. 인권이 없다면 사람답게 살 수 없듯이 가족도 없다며 인간답게 살 수 없습니다.
사례	얼마 전 TV에서 본 아프리카 어린이의 인권이 없는 삶을 보았습니다. 그 아이는 노동 착취를 당하고 배우고 싶어도 배울 수 없는 삶을 살고 있었습니다. 정말 마음이 아팠습니다. 반면 저는 부모님으로부터 사람답게 살 수 있는 많은 것들을 받으며 살고 있었습니다. 그래서 저는 가족으로부터 인권이 있는 삶을 살 수 있도록 큰 은혜를 받고 살아가는 것을 감사하게 생각합니다.
결론	여러분. 인권은 지키지 않으면 사라지듯이 가족도 지키려고 노력하지 않으면 사라집니다. 저는 부모님께 받은 모든 사랑을 돌려드리는 아들이 되겠습니다. 감사합니다.

	이민경(부산 금강초 6학년)
소개	여러분, 지금으로부터 12년 전인 6월 28일 태어난 한 생명이 있습니다. 그 생명이 태어나는 순간 가족이라는 것이 만들어집니다. 바로 그 가족은 엄마, 아빠라는 가족이지요. 바로 저의 가족입니다.
요점	따라서 저에게 가족은 생명입니다. 생명이란 존재하지 않은 것이 새롭게 생겨나는 것입니다. 이처럼 생명을 탄생시키기 위해서는 엄청난 노력과 기적이 함께 일어나야 만들어집니다. 따라서 생명은 소중한 겁니다.
이유	제가 생명을 가지는 순간 엄마 아빠라는 가족이 생기게 된 것처럼, 모든 사람도 생명을 가지고 태어나는 순간 자연스럽게 가족이 생기게 됩니다. 그래서 가족은 생명인 것입니다.
사례	저는 어렸을 땐 몸이 튼튼했지만 세월이 흘러가면서 점점 몸이 아파지기 시작했습니다. 그 뒤로 자주 아프고 할 때 항상 저를 잘 챙겨 주시고, 저를 간호해 주시는 분은 부모님이셨습니다. 만약 부모님께서 없으셨다면 저는 어떻게 되었을까요?
결론	여러분, 생명이 사라지면 가족도 사라집니다. 그래서 저는 생명이 유지되는 동안 가족에게 고마움과 사랑을 느끼는 딸이 되겠습니다. 생명을 주시고 지켜주는 저의 가족을 저는 정말 사랑합니다.

	조성현(양산 평산초 6학년)
소개	여러분, 한 고슴도치 가족의 이야기를 아십니까? 제가 얼마 전 동물의 왕국에서 사자 가족과 고슴도치 가족이 있는데 사자 가족이 서로 협동을 하여서 고슴도치 가족을 먹으려 하자 고슴도치 가족은 더 큰 협동심으로 사자에게서 잡아먹히지 않았습니다. 저는 그때 저것이 가족이구나라는 사실을 생각하게 되었습니다.
요점	저에게 가족이란 고슴도치와 같이 서로 돕기도 하고 붙어있으면 날카로운 가시로 찌르기도 하는 가족입니다.
이유	저희 가족은 서로 붙어 있으면 날카로운 말로 서로의 약점을 헐뜯고 서로 싸우지만 힘들 때는 서로 협동하면서 돕기도 하는 따뜻하면서 날카로운 가족입니다.
사례	여러분, 저는 제 동생과 붙어 있을 때는 서로 헐뜯고 싸우지만 얼마 전 제 동생이 학교에서 힘든 일이 있었을 때 저는 제 동생을 고슴도치와 같이 날카로운 가시로 제 동생을 도와주었습니다. 이런 일 이후 저는 가족이란 이런 것이구나 라는 것을 다시 한 번 깨달았습니다.
결론	여러분, 고슴도치의 날카로운 가시는 자신과 가족을 위한 것입니다. 저도 가족에게 날카롭게 하지 않고 고슴도치 가시처럼 가족을 지키는 데 사용하겠습니다. 그리고 앞으로 헐뜯지 않고 서로 협동하는 가족이 되겠습니다.

금메달 과정
평가하기

금메달 과정 평가는 자신의 최종적인 스피치 실력을 평가해보는 과정이다.

동메달 과정, 은메달 과정에서 익혔던 기본기를 바탕으로 금메달 과정에서 훈련했던 메모발표를 촬영하여 5가지 평가항목을 기준으로 스스로 평가를 해본다.

평가항목은 5가지로 항목마다 최소 80점 이상 나와야 수료를 할 수 있다.

① 동메달 과정 5가지 평가항목 식

② 은메달 과정 5가지 평가항목 식

③ 발표 시간

④ 자연스러움

⑤ 표현과 감성전달

자 그럼 '소전세생결' 발표프레임으로 금메달 과정 평가를 시작하자.

| '소전세생결' 발표프레임 |

'소전세생결'은 소개, 전체, 세부, 생각, 결론의 첫 글자로 만든 말이다. 금메달 과정 시작할 때의 도형설명 글쓰기가 기억날 것이다. 그렇다. 도형설명 할 때처럼 소전세생결 프레임은 주로 설명이나 프레젠테이션에 응용하면 좋은 발표프레임이다.

도형설명법을 떠올리면서 '소전세생결' 꼭 암기해 놓도록 하자.

주제 : '김경태스피치구구단' 책에 대해 설명하기

① 생각지도 만들기

생각지도는 발표할 주제에 대해 생각나는 대로 아이디어를 '소전세생결' 발표프레임에 기록하며 발표형식과 전개 방식을 정리해가는 과정이다. 생각지도에 아이디어를 기록할 때는 떠오르는 대로 작성하는 것이 중요하다. 아이디어 기록에 대한 평가는 나중에 하는 것이다. 생각지도에 자신의 아이디어를 기록해보자

스피치 생각지도 만들기

1. 프레임에 적용하고 싶은 아이디어가 떠오르면 ◯안에 마음껏 단어를 써 넣으세요.
2. 주제에 맞는 결론이 나도록 논리적으로 생각해 보고 필요 없는 단어는 지우세요.
3. 논리적으로 완성된 단어를 가지고 시간에 맞춰 말을 만들어 보세요.
4. 완성된 말을 글로 상세하게 적어서 발표문장을 만들어 보세요.

주제 : '김경태스피치구구단' 책에 대해 설명하기

소개	( )	( )	( )
전체	( )	( )	( )
세부	( )	( )	( )
생각	( )	( )	( )
결론	( )	( )	( )

② 2, 3분 스피치 글쓰기 및 연습하기

'소요이사결' 프레임에서는 1분 글쓰기를 완성한 후에 2분, 3분 늘려 쓰는 연습을 했다면, 이번 과정은 2분 3분 글쓰기를 먼저 하고 1분 글쓰기로 줄여 쓰는 순서로 학습할 것이다. 생각지도의 아이디어들을 마음껏 글로 표현해보자.

초등저학년은 2분, 고학년 이상 중, 고, 대학일반인은 3분 글쓰기를 해보자.

평가하기

소전세생결 2분/3분 발표법

발표주제 : '김경태스피치구구단' 책에 대해 설명해 보세요.

1단계	소개	자기소개 주제소개
2단계	전체	
	세부	
	생각	
3단계	결론	

③ 1분 스피치 글쓰기 및 연습하기

완성된 2, 3분 글쓰기를 1분 글쓰기로 요약하는 학습이다. 아무리 좋은 내용의 글이라도

주제전개의 핵심에 벗어나면 과감히 뺄 수 있어야 하고, 핵심만 요약 정리하여 논리적으로

완성해본다.

암기에 가깝도록 실전처럼 열심히 연습하고, 메모발표 준비를 하라.

'소전세생결' 발표프레임은 주로 설명이나 프레젠테이션에 응용하면 좋은 발표프레임입니다.
또한 다양한 주장을 스피치할 때 '소전세생결'에 대입하여 발표연습을 해 봅시다.
그리고 '소전세생결' 꼭 암기하세요.

'소전세생결' 1분 발표법

발표주제 : '김경태스피치구구단' 책에 대해 설명해 보세요.(1분)

1 단계	소개	자기소개
		주제소개
2 단계	전체	
	세부	
	생각	
3 단계	결론	

④ 1분 스피치 메모지 만들기와 연습 후 동영상 촬영하기

1분 글쓰기의 내용을 핵심키워드만 메모지에 옮기는 과정이다. 스스로 완벽하다고 생각될 때까지 연습하는 것이 중요하다. 장소를 바꿔가며 연습하고 연습하라. 그리고 최종적으로 자신의 메모발표 모습을 동영상으로 촬영하라.

그리고 5가지 평가항목을 기준으로 스스로 평가를 해보라. 합격의 기준을 충족했다고 자부한다면 김경태스피치연구소로 자신의 동영상을 보내주기 바란다.

발표주제 :	
발표시간 : _____ 준비물 : _____	
소개	
(요/전)	
(이/세)	
(사/생)	
결론	

평가에 도전하기 ──────────── !!

자신의 스피치 실력을 평가받고자 한다면 금메달 과정의 마지막 평가인 '김경태스피치구구단' 책에 대해 [소전세생결]프레임으로 1분 발표하는 모습을 촬영하여 보내주면 된다.

<보내실 곳>
김경태스피치연구소
이메일(sorikgt@naver.com) 또는 카카오톡 아이디(koreamou)로 보내주면 된다.

김경태스피치구구단 과정을
수료한 학생들 중에서
자신이 직접 원고를 작성하여
전국스피치대회에 참여했던
학생들의 원고 모음

양산 서남초등학교 6학년 유수민

제목 : 소중한 생명

3천만 마리! 이 숫자가 어떤 숫잔지 아십니까?

바로 얼마 전 발생한 전염병인 조류독감으로, 산채로 생매장되어 죽은 오리와 닭에 숫잡니다. 3천만 마리가 얼마나 많은 숫잔지 말씀드리자면, 우리나라 인구가 대략 5천만 명이라고 합니다. 바로 우리나라 인구에 절반이 훨씬 넘는 엄청난 숫자에 오리와 닭이 산채로 매장되어 죽은 것입니다.

하지만 더 안타까운 것은 3천만 마리를 생매장한 기간이 조류독감이 발생하고 48일 만에 죽은 숫자라는 것입니다. 그런데 조류독감이 없어지기도 전에 또다시 구제역이라는 가축전염병이 발생해서 돼지와 소를 생매장하는 화면을 TV를 통해서 보게 되었는데 지금 현재까지도 계속해서 살처분되는 동물들이 있습니다.

굴삭기로 집에서 기르던 소들을 생매장하며 눈물을 흘리던 농장아주머니의 외침을 잊을 수가 없습니다.
"가족 같은 것들을 이렇게 생매장해야 되는 게 말이나 되냐"며 울부짖는 그 모습을 잊을 수가 없는 것입니다.

이 자리에 모이신 여러분 중에도 동물을 가족처럼 키우는 분들이 계실 것입니다. 그 동물을 바로 이 자리에서 산채로 파묻어야 하는 일이 생긴다면 여러분은 그 동물의 눈을 바로 볼 수가 있겠습니까?

저 또한 동물 키우기를 좋아해서 집에서 병아리를 부화 시켜 닭이 될 때까지 키워도 봤고 도마뱀, 앵무새, 강아지 등 많은 동물을 키워봤습니다. 지금은 고슴도치를 키우면서 동물들과의 정이 무엇인지 알고 있고 이들도 인간과 다름없이 소중한 생명이라는 것을 누구보다 잘 알고 있습니다.

그런데 여러분!
가축전염병이 무엇인지 알기 위해 TV나 인터넷을 찾다 보니 소중한 동물과 가축들이 생매장되어 죽는데도 생명의 소중함을 안타까워하는 이야기는 없고, 오로지 경제적 손실 1조 원 연일 계란값 폭등 구제역 관련 주식 폭락 오로지 돈과 관련된 이야기만 하고 있었습니다.

이 자리에 모이신 여러분!
우리 인간의 생명 하나하나 모두가 소중하듯이 가축들의 생명도 소중하지 않은 것이 없습니다. 우리가 키우는 동물들을 함께 살아가는 소중한 생명으로 생각하지 않고 오로지 돈으로만 계산한다면 결국은 우리 인간들의 생명도 이렇게 될 것이라고 강력하게 말씀드립니다.

여러분! 동물들의 전염병은 동물뿐만이 아니라 결국은 인간들의 전염병이 될 것입니다. 왜냐하면 우리는 같은 지구 안에서 같은 공기를 마시고 같은 시대를 살아가기 때문입니다.

이 자리에 있는 우리부터 우리의 미래를 위해 책임 있는 행동을 할 때입니다.
인간의 편리를 위해 발전한 과학기술이지만 인간의 물질적 욕심과 생명 경시 풍토로 인해 결국 수천만 마리의 죄 없는 가축과 동물을 살처분하고 또 해마다 반복해야 하는 이 재앙을 바꾸는 일은………

바로 동물과 가축은 지금 이 시간에도 우리와 같은 하늘 아래 같은 공기를 마시고 같이 살아가고 있는 똑같이 소중한 생명이라는 것을 가슴속 깊이 새기는 것에서 시작하는 것이라고 자신 있게 말씀드립니다.

양산 신명초등학교 5학년 김진성

제목 : 진짜 욕 가짜 욕

여러분! 저는 욕을 좋아합니다.
왜냐하면 화가 날 때 욕을 하면 화가 풀리기 때문입니다.
그런데 사람들은 욕은 나쁜 것이기 때문에 하면 안 된다고 합니다.
그럼 저는 화가 날 때 어떻게 풀어야 할까요?
욕을 대신할 만큼 화를 풀어주는 좋은 방법은 없을까요?

제가 욕에 관심을 가지게 된 것은 '헬머니'라는 영화에서 욕쟁이 이수미 할머니의 욕 배틀을 본 이후였습니다. 욕은 나쁜 것으로 알았는데 그 할머니의 욕은 나쁘다기보다는 배를 잡고 웃을 정도로 너무 재미있게 욕을 하는 것이었습니다. 저는 그때 처음으로 욕도 사람을 웃기게 하고 즐겁게 할 수도 있는 것이구나 생각했었습니다.

그리고 또 언젠가 텔레비전에서도 손님에게 욕을 해대는 할머니가 하는 식당에서 많은 손님들이 웃으면서 욕도 먹고 밥도 먹고 하는 모습을 보게 되었습니다.

그래서 저는 아빠한테 욕은 나쁜 것인데 왜 많은 사람들이 욕을 먹어도 웃느냐고 물었습니다. 아빠가 말씀하시기를 욕을 들어서 기분이 나쁘면 진짜 욕이고, 기분이 나쁘지 않으면 가짜 욕이라고 하시며 할머니 욕이 가짜 욕인 것을 알기 때문에 웃는 것이라고 하셨습니다.

여러분 진짜 욕이든 가짜 욕이든 욕은 욕이지 않습니까?

지희 집에서도 엄마께서는 욕을 하면 안 된다고 혼을 내시지만, 다행히 아빠는 욕도 잘해야 한다고 말씀하시며 가끔 제가 어떤 욕을 하는지 한번 해보라고 하십니다.
그러면 저는 "아빠 화내면 안 돼" 하고 다짐을 받고 욕을 합니다. 그러면 아빠께서는 욕이 좀 수준이 낮다고 하시며 좀 더 고급스러운 욕을 할 줄 알아야 한다고 하십니다. 그러시면서 이왕 하는 욕 최고로 잘해보라고 하십니다.

여러분 제 아빠가 이상한 아빠일까요? 아닙니다. 결국 아빠도 얼마 전에 저에게 욕도 잘하게 되었으니 이제는 욕을 안 하는 것도 잘할 줄 알아야 한다고 하십니다. 사실 저도 욕을 많이 해보니 스트레스는 많이 풀렸지만 왠지 나중에는 제 자신을 망치게 할 수도 있겠다는 생각을 가끔 했었습니다.

여러분! 자신의 스트레스를 풀기 위해 하는 욕은 결국 상대에게 스트레스를 주는 것이고 부메랑이 되어 나에게 다시 옵니다. 우리가 매일 아무렇지도 않게 내뱉는 작은 욕도 쌓이고 쌓이면 큰 산이 되어 결국 자신을 망치게 되는 것입니다.

따라서 저는 이 자리에 계신 어른들께 강력하게 요구합니다. 아이들의 욕은 어른들에게 배운 것입니다. 따라서 어른들이 욕을 하지 않으면 아이들도 하지 않는 것이니 아이들을 탓하기 전에 어른들부터 바른 말 고운 말을 사용하자고 강력하게 주장합니다.

제목 : 천연 공기청정기

여러분! 얼마 전 저는 부모님과 함께 정관에 있는 약수암이라는 절에 갔습니다. 그날 밤 약수암에서 자게 되었는데 다음 날 아침 스님의 독경소리와 산새들의 합창에 잠을 깼습니다. 그런데 무엇보다 저를 기분 좋게 만든 것은 산속의 맑은 공기 였습니다. 항상 도시의 탁한 공기에 목이 아프고 속이 안 좋았는데 말끔히 치료되는 기분이었습니다.

여러분! 산속의 공기가 맑은 것은 나무들이 내뿜는 피톤치드 때문이라고 합니다. 그래서 산에 오래있으며 기분이 좋아지 고 머리가 맑아진다고 합니다. 나무가 없는 도시에서도 맑은 공기를 얻기 위해서 가정이나 학교에는 공기청정기가 있습니 다. 하지만 산속만큼 좋은 공기는 얻을 수 없습니다.

이처럼 나무는 좋은 공기뿐만 아니라, 침대를 만들 때도 필요하고, 종이, 연필, 피아노, 옷장 이런 것을 만들 때 다 나무로 만듭니다. 우리가 살아가기 위해서는 나무가 없어서는 안 됩니다. 그렇다보니 각 나라마다 나무를 심는 날이 있습니다. 우 리나라는 4월5일이고, 중국은 3월12일, 일본은 5월4일입니다.

이 자리에 계신 여러분!
여러분은 식목일에 나무를 심어본 적이 있습니까?

저는 7살 때 아빠랑 나무를 심은 적이 있는데, 그 때 이후로는 심지 못했습니다. 왜냐하면 식목일에 맞춰 나무심기가 어렵 기 때문입니다.

따라서 여러분!
개인마다 자신만의 식목일을 만듭시다. 1년에 한 번 행사를 위한 식목일이 아닌 진짜로 나무를 심는 나만의 식목일을 만 듭시다. 그래서 기계로 만든 공기청정기가 아니라 온 강산이 나무로 뒤덮인 천연공기청정기 나라를 만들어 보자고 힘주어 외칩니다.

양산 황산초등학교 2학년 장하영

제목 : 받아쓰기

하루라도 책을 읽지 않으면 입안에 가시가 돋는다. 이 말은 안중근 의사께서 중국 여순 감옥에서 독서의 중요성에 대해 남기신 말입니다.

하지만 저는 책 읽는 것이 지루하고 재미가 없어서 거의 읽지 않습니다. 대신에 신나고 재미있게 노는 것을 좋아합니다. 하지만 너무 열심히 놀고 책을 안 읽어서 그런지 머리가 좀 나빠지는 것 같기도 합니다.

그런데 얼마 전 저희 학교에서 책의 날 행사를 했었는데 선생님께서 그날은 공부를 하지 않고 책만 읽는다고 하셨습니다. 저는 책 읽는 것이 싫었지만 공부를 하지 않는다는 말씀에 너무 기분이 좋았습니다. 전 그날 하루 종일 학교에서 책을 읽게 되었는데 제가 1년 동안 읽을 책을 그날 하루 다 읽었던 것 같습니다. 무려 7권이나 읽었거든요?

저는 처음으로 하루 종일 책을 읽었던 제 자신이 대견하기도 했고 책도 그렇게 지루하고 재미없는 것이 아니라는 것을 알게 되었습니다.

그리고 보니 저희 반에는 독서를 정말 잘하는 3명의 친구가 있습니다. 이 친구들이 하루에 읽는 책은 제가 1년 동안 읽은 책 숫자와 비슷합니다.
우리 반 혜진이는 하루에 4권이나 책을 읽고, 시윤이와 승훈이는 쉬는 시간에도 책을 읽는 친구들입니다. 이 세 친구들은 저와 1학년 때부터 같은 반이었는데 지금까지 한 번도 받아쓰기를 틀린 적이 없습니다.

여러분! 역사적으로도 한글을 만드신 세종대왕이나 동의보감을 지으신 허준 같은 분들도 책을 아주 많이 읽으신 분들이라고 합니다.

이처럼 우리들도 장차 어른이 되었을 때 크고 중요한 일을 할 수 있으려면 책을 많이 읽어 상상력과 지혜를 길러야 합니다.

하지만 여러분! 책읽기가 지루하고 재미가 없으시죠? 그렇다면 제 방법을 사용해 보세요. 저는 책을 많이 읽기 위해서 맛있는 과자를 먹으면서 읽습니다. 먹는 즐거움 때문에 지루하지도 않고 즐겁게 책을 읽습니다. 여러분들도 재미있게 책 읽는 방법을 만들어서 독서를 많이 합시다. 그래서 받아쓰기를 꼭 100점 받읍시다.
감사합니다.

양산 웅상초등학교 3학년 곽민영

제목 : 할머니 댁 닭처럼

안녕하세요. 저는 곽민영이라고 합니다.
아파트와 단독주택 여러분은 둘 중 어디서 사세요?

아마 대부분 아파트에 사실 것입니다. 그런데 옛날에는 아파트가 없고 대부분 주택에서 살았습니다. 하지만 갈수록 사람들이 늘어나면서 살 집이 부족해져 아파트가 생겼다고 합니다.

우리 가족도 아파트에 사는데 정말 편리하고 좋습니다. 그런데 편리한 만큼 불편한 것도 있다는 것을 여러분도 아실 것입니다. 바로 아파트 층간소음입니다.

저도 얼마 전에 언니랑 집에서 뛰어놀다가 아래층 분들에게 야단을 맞은 적이 있었습니다. 언니와 저는 그 이후로 조용조용 다니지만 스트레스가 많습니다. 하지만 저희 집은 위층에서 뛰어다녀도 어머니께서는 "조금 있으면 조용해지니 이해해야 한다"고 하십니다.

그런데 얼마 전 저는 TV를 보고 깜짝 놀랐습니다. 아파트 층간소음으로 싸움이 나서 이사를 가는가 하면, 사람을 죽이는 사건까지 보게 된 것입니다. 다행히 우리 아파트에서는 층간소음으로 인한 싸움이 없지만 혹시나 하는 생각에 정말 무서웠습니다.

여러분 이렇게 무서운 일이 생기는 이유는 좁은 땅에 많은 사람들이 모여 살다 보니 스트레스가 많이 쌓였기 때문이라고 저는 생각합니다.

닭고기를 얻기 위해서 키우는 닭이나 계란 농장에 닭들은 우리 아파트같이 좁은 공간에서 빼곡하게 사육이 됩니다. 그래서 스트레스가 엄청 심해 건강하지도 못하고 빨리 죽는다고 합니다.

하지만 밀양의 저희 할머니 댁에서 키우는 닭 3마리는 넓은 마당을 마구 뛰어놀며 건강하게 자랍니다. 가끔 저도 할머니 댁의 닭들이 부러울 때도 있습니다. 여러분 아파트에서도 마음껏 뛰어놀고 행복할 방법은 없는 것일까요?

그래서 아파트를 짓는 어른들께 말씀드립니다. 제발 층간소음이 생기지 않도록 튼튼하게 지어주세요. 그리고 우리들도 아랫집 윗집과 사이좋은 이웃으로 지낸다면 층간소음이 층간 행복으로 바뀔 수 있다고 자신 있게 말씀드립니다.

감사합니다.

양산 신주초등학교 3학년 민지홍

안녕하세요. 척척박사 민지홍입니다.

여러분 스타크래프트라는 게임을 아십니까? 스타크래프트는 전쟁게임입니다. 상대방과 전쟁을 해서 이기면 됩니다. 저는 특히 이 게임을 좋아합니다.

해병의 총, 불곰의 폭탄총, 전투순양함 야마모토 로켓과 같은 전쟁 무기들을 잘 이용하여 상대방을 이겨야 하는데 제가 직접 전쟁을 지휘하고 공격하는 모든 것을 스스로 할 수 있다는 것이 정말 재미있습니다.

특히, 아직 개발되지 않은 미래의 전쟁 무기를 상상으로 경험하고 행성과 행성 간의 우주지원군을 보내며 하는 게임은 마치 우주 속에 제가 있다는 착각을 하게 만듭니다.

하지만 게임 시간이 갈수록 늘어나고 제가 조절하지 못해서 어머니께 야단을 맞는 일도 많아졌습니다. 게임을 할 수도, 안 할 수도 없는 이 상황은 저뿐만 아니라 많은 친구가 고민하는 문제라고 생각합니다.

그래서 저는 게임의 장점과 단점이 무엇인지 곰곰이 생각해보고 해결책을 찾아봤습니다.

게임의 장점은 라이트형제입니다. 라이트형제의 하늘을 나는 상상력이 없었다면 지금의 비행기는 없었을 겁니다. 제가 하는 게임도 미래의 과학을 경험하게 하고 우주 개척의 상상력을 키워주는 장점이 있다고 생각합니다.

게임의 단점은 게임회사가 저를 부하로 만드는 것입니다. 캐릭터를 올려준다고 게임 시간을 정해주면 저는 하기 싫어도 할 수밖에 없습니다. 그리고 제 스스로 시간 조절을 못해서 어머니께 야단을 맞은 적도 많습니다. 저는 게임회사의 부하가 되기 싫습니다.

여러분!
저는 앞으로 제 스스로 게임 시간을 정하고 지킬 수 있는 지홍이가 될 것입니다. 그래서 게임뿐만 아니라 공부도 운동도 저 스스로 계획하고 실천할 수 있는 척척박사 민지홍이가 되겠다고 자신 있게 말씀드립니다.

부산 방곡초등학교 3학년 박시현

제목 : 마음을 비치코밍 합시다.

안녕하세요? 저는 기장군 방곡초등학교 3학년 박시현입니다.
여러분 요즘 우리가 살고 있는 기장의 바다에 가보셨습니까? 저는 일광 학리에 있는 겨울바다를 부모님과 함께 가 보았습니다. 갈매기가 날아다니며 바다향이 가득했습니다. 제가 사는 동네에 이렇게 멋진 바다가 있다는 것이 정말 행운이라고 생각했습니다.

그런데 하늘에는 갈매기가 멋지게 날고 있었지만 바다위에는 온통 쓰레기가 날고 있었습니다. 과자봉지, 스티로폼, 나무토막, 음류수병, 비닐봉지등 아주 다양한 쓰레기가 떠다니고 있었습니다.

이 쓰레기는 누가 버렸을까요? 바로 우리들입니다. 내 집안에 이런 쓰레기가 있다면 어떨까요? 생각만으로도 눈살이 찌푸려지지 않나요? 바다와 강에 사는 생물들은 바다와 강이 그들의 집입니다. 그런데 그들의 집에 우리 인간들이 마구 쓰레기를 버리고 있으니 그 생물들의 마음이 어떠할까요?

생활에 편리하다고 사용한 일회용품인 플라스틱과 스티로폼 비닐이 우리 기장 바다를 오염시키는 가장 큰 원인이라고 합니다. 이 일회용품들은 장점도 있지만 썩지 않는 물질이기에 심각한 환경 문제를 만드는 큰 단점을 가지고 있습니다.

이렇게 생긴 플라스틱 쓰레기들은 우리 기장 바다뿐 아니라 전 세계 바다로 매년 800만 톤의 플라스틱 쓰레기가 대한민국 크기의 7배나 될 정도의 쓰레기 섬을 만들었다는 충격적인 사실도 알게 되었습니다.

그리고 계속 병들어가는 바다를 살리기 위해 비치코밍이 시작되고 있습니다. 비치코밍은 바다를 빗질하듯 바다 표류물이나 쓰레기를 주워 모으는 행위를 말합니다. 단순히 쓰레기를 청소하는 의미뿐 아니라 재활용을 하거나 고물상에 팔기도 하는 사람, 수집가, 예술가도 있다고 합니다. 이러한 직접적인 방법이 지금 시작 되고 있습니다.

여러분 우리도 비치코밍을 합시다. 먼 바다로 나가서 바다를 빗질하여 쓰레기를 주울 수 없으니 우리는 우리 마음을 비치코밍 합시다. 쓰레기를 함부로 버리는 마음, 폐수를 함부로 바다에 흘려보내는 마음을 깨끗이 빗질하여 깨끗한 우리고장 기장의 바다와 강을 되살리는 마음의 비치코밍을 하자고 간절하게 말씀드립니다.

제목 : 나 하나쯤이야

안녕하세요. 저는 울산 개운초등학교에 다니는 서진혁이라고 합니다.

여러분! 지금 여러분 주위를 둘러보십시오. 풀이 있고, 나무가 있고, 동물이 있고, 그리고 각종 곤충도 있습니다. 바로 우리 인간들과 함께 살아가는 친구들입니다. 이처럼 우리들은 인간들끼리만 살아가는 것이 아니라 자연 속의 여러 가지 생물들과 함께 살아갑니다. 그런데 우리 주변에는 자연을 망치고 환경오염을 시켜서 자연의 생물들과 우리들에게도 큰 피해를 주는 사람들이 많습니다.

여러분! 길을 가다 보면 차에서 담배꽁초를 함부로 버리는 사람들이 있습니다. 이분들에게 말씀드리고 싶습니다. 담배꽁초를 함부로 버리지 마세요. 당신이 버린 담배꽁초는 바로 당신의 양심입니다.
또, 길거리나 벤치에서 음료수를 마시고 컵을 함부로 버리는 누나나 형들도 있습니다. 누나와 형들에게 말씀드리고 싶습니다. 음료수 컵을 아무 데나 버리지 마세요. 누나 형들이 버리는 음료수 컵은 누나 형들의 얼굴입니다.
그리고 어머니들께서는 음식물쓰레기에 이물질을 넣지 마세요. 어머니들께서 음식물쓰레기와 함께 버린 이물질은 가축들이 먹고 병이 들면 결국은 우리 인간이 병든 가축을 먹고 또 병이 들게 되는 것입니다.

여러분! 이처럼 아무 생각 없이 함부로 버린 쓰레기는 우리가 살고 있는 지구를 오염시키고 결국은 아무도 살지 못하게 될 것입니다. 그리고 쓰레기를 함부로 버리는 것은 자연환경만 오염시키는 것이 아니라 우리 마음도 오염시키게 되는 것입니다. 버리는 사람은 그 양심이 오염이 되고, 보는 사람도 그 마음에 불쾌감이라는 오염이 생기게 되는 것입니다.

그런데 수많은 사람들 중에서 나 하나가 버린 쓰레기가 무슨 큰 문제가 되느냐고 생각할 수도 있겠지만 정말 큰 문제가 될 수 있다는 것을 저는 얼마 전에 읽었던 책에서 알게 되었습니다.

제가 얼마 전에 읽었던 책의 주인공이 '나 하나쯤이야' 하는 생각으로 쓰레기를 몰래 버리게 되었는데 나중에는 그 주인공 뿐만 아니라 아파트 주민 모두가 나 하나쯤이야 하고 쓰레기를 몰래 버리는 것이었습니다. 그래서 아파트 전체가 쓰레기장이 되어버렸고 악취와 해충이 들끓는 쓰레기 아파트가 되어버린 것입니다.
결국 주인공은 뒤늦게 후회를 하며 쓰레기를 열심히 치웠고 다시는 '나 하나쯤이야' 하는 잘못된 생각을 하지 않겠다고 결심하는 내용이었습니다.

비록 책 속의 이야기지만 나 하나쯤이야 하는 생각을 나 혼자만 하는 것이 아니라 나도 너도 모두가 나 하나쯤이야 라고 생각할 수 있다는 것을 강력하게 말씀드립니다.

따라서 저는 나 하나쯤이야 하고 쓰레기를 함부로 버리는 습관을 바꾸기 위해 다음과 같이 제안을 합니다.

먼저 쓰레기를 함부로 버리는 사람에게는 자신이 버린 쓰레기의 10배를 줍게 하는 벌칙을 받게 하고, 그렇게 하지 못하면 10배의 쓰레기를 그 사람 집에 붓는 벌칙을 제안합니다.

그리고 쓰레기를 잘 줍는 사람에게는 칭찬스티커를 주고 10개를 모으면 분식점에서 떡볶이를 사 먹을 수 있도록 쿠폰을 주는 것을 제안합니다.

그래서 우리 모두가 환경을 보호하는 좋은 습관을 가져서 우리 인간들뿐만 아니라 자연 속의 모든 생물들과 행복하게 살아갈 수 있다고 자신 있게 말씀드립니다.

감사합니다.

제목 26 대 21 대 5

얼마 전 저는 제 스피치 주제인 '책 읽기가 우리에게 어떤 도움이 되는지'에 대해 생각하던 중 우리 반 친구들은 과연 책을 얼마나 좋아하고 읽는지 궁금해졌습니다. 그래서 제 나름대로 설문지를 만들어서 우리 반 친구들의 책 읽기에 대해 조사를 한 적이 있습니다. 책 읽기를 좋아하는지 싫어하는지 그리고 그 이유에 대한 조사였습니다.

그 결과 우리 반 친구 총 26(이십육)명 중에 책 읽기를 좋아한다는 친구는 10(열)명이었고, 나머지 16(십육)명은 싫어한다고 하였습니다. 책 읽기를 좋아하는 이유는 지식이 쌓이고 인터넷보다 종이책은 내용을 기억할 수 있는 시간이 많기 때문이라고 답했습니다. 그런데 책을 좋아한다는 10(열)명 중에서도 최종적으로는 5(다섯)명 정도만 책 읽기를 좋아한다는 결론을 낼 수 있었습니다.

이렇게 책 읽기를 좋아하는 5(다섯)명의 친구들은 공통점이 있습니다. 공부를 잘 하지는 않지만 모두 상상력이 뛰어납니다. 그리고 평소에 차분하고 성실한 친구들입니다. 저는 이 친구들이 장차 커서 훌륭한 사람이 될 수 있을 것이라고 생각합니다.

여러분! 조선 시대 정조 임금님과 세종대왕님은 책을 끼고 살았다고 합니다. 현대그룹을 만든 정주영 회장님도 교보문고 신용호 회장님도 독서를 엄청 많이 한 분들입니다. 나폴레옹이나 데일 카네기 에디슨 같은 분들도 책을 많이 읽었던 분이었습니다. 물론 책을 읽지 않는다고 훌륭한 사람이 되지 말라는 법은 없습니다. 하지만 제가 알아본 결과 모든 훌륭한 분들은 대부분 독서를 많이 한 분들이었습니다.

저희 반에서 책을 읽지 않는 대부분의 친구들은 책은 재미가 없고 읽으면 생각해야 되니 머리가 아프다고 말했습니다. 저는 그 이유가 TV 시청과 휴대폰 게임이 가장 큰 원인이라고 생각됩니다. TV와 휴대폰 게임은 화면이 계속 바뀌어서 사람이 생각할 시간을 주지 않습니다. 그러다 보니 생각하는 것 자체를 싫어하게 만들어 버렸습니다. 인간이 TV를 만들었는데 TV가 인간을 생각 없이 만들고 있습니다. 인간이 휴대폰 게임을 만들었는데 휴대폰 게임이 우리를 망치고 있는 것입니다.

평소에 책 읽기를 좋아하는 저도 텔레비전을 오래 본 다음 날은 책 읽기가 싫었던 적이 많았습니다. 책은 생각을 하며 읽어야 하고 또한 이해를 해야 하는데 텔레비전을 오랫동안 시청을 한 후에 책을 읽으려니 생각하는 것 자체가 싫어지는 것이었습니다.

여러분 인간이 책을 만들고 책은 인간을 만든다는 말이 있습니다. 책은 어휘력과 창의력을 개발시켜주고 자신의 일과를 되돌아볼 수 있는 시간도 만들어 줍니다.

책을 읽읍시다!
비록 당장은 책 읽는 것이 머리가 아프더라도 TV 시청을 줄이고 휴대폰 게임을 줄인다면 반드시 독서 습관이 갖추어질 것입니다. 이렇게 전 국민이 독서하는 습관을 가진다면 우리 국민 모두의 의식 수준이 높아져서 범죄도 없고 살기 좋은 부강한 나라가 될 수 있다고 자신 있게 말씀드립니다.

양산 성산초등학교 5학년 구본민

제목 : 어느 나라 땅입니까?

여러분! 지금으로부터 1500년 전 우리나라 영토가 된 섬이 있습니다. 이 섬 이름은 바로 독도입니다. 그런데 여러분, 독도는 어느 나라 섬입니까?
만약 제가 일본에 가서 어느 나라 섬입니까? 라고 물으면 어떤 대답을 들을지 여러분은 잘 아실 것입니다.

여러분! 독도가 우리나라 땅인 것은 누구나 알 것입니다. 그러나 왜 독도가 우리 땅이고 어떤 시련을 겪어서 오늘까지 왔는지 아시는 분들은 많이 없을 것입니다.
그래서 저는 일본인들이 더 이상 자기네 땅이라고 반박하지 못하도록 우리 국민 모두가 독도에 대해 잘 알고 있어야 한다고 생각합니다.

그리고 여러분! 대마도도 우리 땅이었다는 것을 아십니까? 세조 1년 때 대마도를 정벌하여 우리 땅이 되었고, 이후 지리적으로나 역사적으로 계속해서 우리 땅이었는데 일본이 일제 강점기 때 자기 땅이라고 우기면서 대마도를 통째로 가져간 것입니다. 그런데 일본은 대마도도 모자라 이젠 독도까지 가져가려고 합니다. 어린 학생들이 배우는 일본의 교과서마저 역사를 왜곡하여 가르치고 있다고 합니다.

일본은 역사적으로 보면 우리나라가 많은 문물을 주었습니다. 옛날 백제 때, 아직기는 일본에게 많은 선물을 주었고 일본 태자의 교육까지 맡게 됩니다. 그리고 백제의 왕인 박사는 섬나라라서 한자가 보급되지 않았던 일본에 천자문과 논어를 보급합니다. '난파진가'라는 시를 짓기도 하였는데 이 시는 일본의 시가를 배울 때 꼭 등장하는 시입니다. 그런데도 배은망덕한 일본이 은혜도 모르고 터무니없는 근거를 대면서 독도가 자기네 땅이라고 우기고 있습니다. 여러분! 우리가 잘못을 하면 부모님께 회초리를 맞고 버릇을 고쳤듯이 이런 잘못된 생각을 하는 일본인들에게도 회초리를 들어야 한다고 생각하는 데 여러분 생각은 어떠십니까?

일본은 러일전쟁 도중, 1905년 독도를 강제적으로 자국 영토라고 하고 그 주장을 오늘까지 하고 있습니다. 일본이 독도가 일본 땅이라고 주장하는 논리는 크게 두 가지입니다.

첫 번째는 오래전부터 일본의 영토였다는 것입니다. 그 근거는 1618년과 1661년에 에도막부가 발급한 울릉도와 독도에 대한 도해면허를 들고 있습니다. 일본이 도해면허를 발급함으로써 이때부터 독도는 일본 땅이었다고 하는 것입니다. 하지만 도해면허는 자국의 국민이 외국에 건너갈 때 허가해주는 조업허가서이므로 오히려 울릉도와 독도가 우리 땅이라고 하는 주장을 더 강화해 줍니다.

두 번째는 독도는 주인 없는 섬이었기에 자기들이 가졌다는 것입니다. 당시 독도는 무인도였으니 '무주지 선점'이라는 국제법에 따라 정당하게 영토를 획득했다는 것입니다. 그러나 여러분! 이것은 우리 집을 며칠 비워두었는데 도둑이 무단으로 들어와서 자기 집이라고 하는 말과 무엇이 다르단 말입니까?

여러분 이처럼 억지 논리로 독도를 자기네 땅이라고 우기는 것은 독도뿐만이 아니라 우리나라 영토를 다시 빼앗기 위한 나쁜 생각을 품고 있기 때문이라고 저는 생각합니다. 독도를 빼앗기면 우리나라 전체를 빼앗긴다는 마음으로 국민 모두가 독도를 지켜야 합니다.

따라서 우리 국민 모두는 우리 땅을 넓혔던 광개토대왕이나 임진왜란의 영웅이신 이순신 장군을 존경하는 만큼, 작지만 소중한 우리 땅! 독도를 지키기 위해 목숨을 바친 분들과 지금도 독도지킴이를 자처하며 보이지 않는 곳에서 애쓰시는 모든 분께도 존경의 마음을 가질 때 독도는 우리 땅이라고 당당하게 외칠 수 있는 것입니다.

여러분 여러분께 큰 목소리로 다시 한 번 묻겠습니다.
독도는 어느 나라 땅입니까?

양산 성산초등학교 5학년 배수현

제목 : 지구와 우리는 한 몸

대기오염의 주범인 미세먼지, 이런 미세먼지 때문에 호흡기 질환을 가진 사람이 많아졌습니다. 저도 미세먼지 때문에 기침이 자주 납니다. 이런 대기오염도 문제이지만 대기오염으로 인해 지구온난화가 빨리 진행되는 것이 더 큰 문제입니다.

여러분! 우리가 살고 있는 이 지구의 온도가 1도만 상승하면 어떤 일이 생기는지 아십니까? 북극의 얼음이 반년 만에 모두 녹아버리고 바다 수면이 올라가서 많은 도시가 바다에 잠겨 버립니다. 우리 대한민국의 대표적인 바다 도시인 부산 전체가 바다에 잠겨 없어져 버린다는 말입니다. 그뿐만이 아닙니다. 울산, 포항, 영덕, 강원도 등 동쪽 지역 대부분도 바다에 잠겨버립니다.
여러분이 밟고 있는 이 땅이 바다고 되어있다면 어떠시겠습니까?

그러면 내륙지방에 사시는 분들은 바다에 잠길 염려가 없어서 안심해도 될까요? 천만의 말씀입니다. 내륙지방 또한 몽골의 사막화처럼 사막화가 될 수 있습니다. 우리나라의 절반이 사막이 되어버리고 농사를 짓지 못하면 결국 사람이 살 수 없는 대한민국이 되어 버리는 것입니다.
지금 이 자리가 바다가 되거나 사막이 되어버리는 일이 앞당겨지고 있는데 그 원인은 바로 우리 인간들 때문이라는 것입니다.

여러분 사람의 체온은 평균 36.5도입니다. 체온이 1~2도만 올라가도 우리는 병원을 찾게 됩니다. 우리 지구의 평균온도는 14도입니다. 우리 지구도 체온이 1~2도만 올라가면 찾을 병원의 의사가 있어야 하지 않겠습니까? 그 의사는 바로 우리들입니다.

여러분 여러분이 의사라면 아픈 지구에게 어떤 처방을 내리겠습니까?
저는 먼저 아파서 열이 나는 이유를 알아야 한다고 생각합니다.

지구가 지구온난화란 무서운 병에 걸린 이유는 바로 환경파괴 때문입니다. 산업의 발달로 석탄, 석유, 천연가스 같은 화석연료를 무분별하게 사용하여 자연환경을 파괴하였고 화석연료에서 나오는 이산화탄소가 지구를 감싸면서 지구 온도를 높이게 된 것이 가장 큰 이유인 것입니다.

기업의 산업화라서 우리가 어떻게 할 수 없는 일이라고 생각할 수도 있겠지만, 아닙니다. 우리 국민이 환경보호에 관심을 가지는 것만으로 기업들도 이미지를 생각하여 친환경 제품을 개발할 수 있는 것입니다.
하지만 기업들만의 문제는 아닙니다. 우리 개개인들 모두가 지구 온난화라는 무서운 병을 낫게 하는 처방전을 가지고 있습니다.

그 처방전은
첫째, 자동차를 운전하실 때 급제동과 급출발 하지 않는 처방전입니다. 이것만 지키셔도 연간 자동차 한 대당 29.8kg의 이산화탄소를 감소할 수 있다고 합니다.

둘째, 종이컵 대신 개인 컵 사용하기 처방전입니다. 1인당 연간 8.3kg을 감소시킬 수 있다고 하니, 한 사람 한 사람 모두가 지킨다면 우리의 적은 노력이 티끌 모아 태산이 되는 격이죠.

셋째, 재활용 및 분리수거 잘하기 처방전입니다. 우리가 분리수거하지 않은 플라스틱 등이 소각장으로 곧바로 가게 되면 엄청난 양의 유해물질들을 배출합니다. 그러면 결국 지구가 오염되어 쓸모없어져 버리면, 우리 지구가 분리수거 될 수도 있는 것입니다.

여러분! 이처럼 지구온난화의 병을 일으킨 장본인도 우리들이고 병을 낫게 하는 의사도 바로 우리들입니다. 따라서 저는 이 세 가지 처방전을 꼭 지켜주실 것을 강력하게 요구합니다.

여러분! 지구는 우리와 같은 한 몸입니다.

감사합니다.

양산 성산초등학교 5학년 이원영

제목 : 소년소녀여 자신감을 가져라.

여러분! 우리는 "자신감을 가져라"라는 말을 많이 듣습니다. 저도 참 많이 들었던 말입니다. 그런데 이 자신감은 우리 몸의 어디서 나오는 것일까요?

제가 초등학교 3학년 때 일입니다. 선생님께서 저에게 질문을 하셨는데 그때는 자신감이 어디 있는지 몰라서 질문에 대한 답을 하지 못하고 쩔쩔매던 일이 있었습니다. 그래서 저는 그때부터 자신감을 찾기 위해서 사람들 앞에 나가는 연습도 많이 했습니다. 그런데 자신감을 찾기는커녕 절망만 더 찾아오는 거였습니다. 하지만 그럴 때마다 자신감은 누가 찾아주는 것이 아니라고 다짐하며 연습을 하였고, 오늘 이 자리에서 자신 있게 발표하는 실력을 갖추게 되었습니다.

이 자리에 계시는 여러분들은 자신감을 가지고 있으십니까? 아니 자신감을 잃었던 적은 없으십니까? 제가 이 질문을 드리는 이유는 자신감이 없거나 자신감을 잃었을 때 생기는 고통을 저는 누구보다 잘 알기에 여러분도 그런 맘을 이해하실 수 있는지 궁금하기 때문입니다.

여러분도 엄마 아빠가 계실 것이고, 언니 오빠 동생이 있을 수 있습니다. 여러분이 사랑하고 있는 분들이 자신감을 잃게 되면 여러분들은 아마 위로해주고 자신감을 찾아주고 싶을 것입니다. 가족 중의 한 사람이 자신감을 잃으면 가족 전체가 고통을 당하게 됩니다. 그래서 우리는 자신뿐만 아니라 가족 중의 누군가가 자신감을 잃었다고 생각하면 모두가 나서서 도와줘야 합니다.

저는 저 스스로가 자신감을 잃었다고 생각했을 때 자신감뿐만 아니라 다른 것들도 잃어버렸던 기억이 있습니다. 자신감 하나 잃어버린 것만도 심각하지만, 더 심각한 것은 자신감을 잃음으로써 자신만 피해 보는 것이 아니라, 주변 사람들에게도 그 피해를 주는 것입니다.

이처럼 자신감 하나를 잃으면 주변 모두가 힘이 드는데 저 역시 옛날에 자신감이 없었을 때 아이들에게 뭐든지 주고 다녔습니다. 하지만 4학년 때 좋은 친구들을 만나면서 자신감이 생겼고 학교생활도 즐겁게 하고 있습니다. 제가 즐겁게 학교생활을 하는 것은 저뿐만이 아니라 우리 가족들도 즐겁게 하는 것입니다.

미국의 찰리 채플린이란 유명한 희극배우도 무대 뒤에서 자신감이 떨어질 때마다 어머니가 어릴 때부터 들려주신 "찰리 넌 이 세상 최고의 배우가 될 거야"라는 말씀을 떠올리면 거짓말처럼 용기와 자신감이 생겨났다고 합니다.
이처럼 자신감을 잃었을 때 누군가의 도움은 다시 자신감을 회복하는 데 큰 힘이 되는 것입니다.

그러나 이 자리에 계신 여러분! 여러분 중에 자신감이 없다고 생각하는 분이 계신다면 주변의 도움을 받는 것도 중요하지만 먼저 여러분 자기 내면에 귀를 기울여 보라고 말씀드리고 싶습니다.

자신감이 없을 때마다 오히려 밝고 활기차게 행동하자고 자기 내면에 주문을 걸어 보십시오. 자신감은 반드시 따라올 것입니다. 그러면 조그마한 자신감이 점점 커지게 되고 오늘 이렇게 큰 자리에서 당당하게 말할 수 있게 되는 것입니다.

여러분! 나 하나의 자신감은 나 하나뿐만 아니라 부모님과 가족들에게도 좋은 영향을 끼치게 되고 결국 자신의 꿈을 이루는 데도 큰 도움이 되는 것이기에 우리 모두 자신 있게 용기 있게 살아가자고 자신 있게 말씀드립니다.

감사합니다.

양산 황산 초등학교 5학년 장하진

제목 : 내가 먼저

여러분! 저는 매일 문을 엽니다. 아침 일찍 일어나 방문을 열고, 현관문을 열고, 학교 교실 문을 엽니다. 학교 가는 길에 만나는 모든 문은 제가 언제든 열 수가 있는데, 결코 열 수 없는 문도 있다는 것을 알았습니다.

그것은 바로 마음의 문입니다. 마음의 문은 남이 함부로 열 수가 없고 자신만이 열 수가 있습니다. 그런데 마음의 문을 열어야 할 때 열지 못해 큰 피해를 보는 일도 많습니다.

저도 한때 마음의 문을 열지 못해 제 자신이 피해를 입었던 적이 있었습니다. 5학년 신학기 때 친구들을 잘 사귀지 못했던 것입니다. 하지만 엄마 아빠의 조언을 들은 다음 날 친구들과 금방 친해졌습니다. 그 조언은 친구가 다가오기를 기다리지 말고 먼저 마음의 문을 열고 다가가 보라는 거였습니다.

여러분! 이처럼 우리 주변에는 먼저 마음의 문을 열고 다가가는 사람이 있고, 다가와 주기를 기다리는 사람이 있고, 다가가도 외면하는 사람도 있습니다. 여러분은 어떤 사람입니까? 여러분은 어떤 사람이 제일 좋습니까? 제 짧은 경험으로도 먼저 마음의 문을 열고 다가가는 사람이 가장 멋진 사람이라고 생각합니다. 먼저 다가갈 수 있는 사람은 남들이 시키는 대로 살아가는 것이 아니라 자신의 의지대로 멋진 주인공으로 살아갈 수 있습니다.

바로 저희 아빠가 그런 분입니다. 회사의 사장님이 되기까지 수많은 어려움과 힘든 일이 있어도 꿋꿋하게 이겨낼 수 있었던 것은 남에게 의지하기보다는 끝까지 포기하지 않는 자신의 의지가 있으셨기 때문입니다.

학교에서도 선생님들이 많은 것을 가르쳐 주시지만 저희 아빠는 아무것도 가르쳐 주지 않아도 저는 아빠께 많은 것을 배우고 있습니다. 지금도 또 하나의 꿈을 향해 도전하시는 저희 아빠가 정말 자랑스럽습니다.

여러분! 우리는 부모님과 선생님의 가르침을 잘 배워야 합니다. 하지만 무엇보다 중요한 것은 배우려는 자신의 의지가 먼저입니다. 가르쳐 주는 공부보다는 배우려는 의지가 있는 공부가 중요합니다. 친구가 다가오기를 기다리기보다는 내가 먼저 다가갈 수 있는 의지가 중요한 것입니다.

이처럼 모든 일을 자신의 의지대로 포기하지 않고 최선을 다한다면 우리 모두의 미래도 활짝 열릴 것이라고 자신 있게 말씀드립니다.

감사합니다.

제목 : 미세먼지

콜록콜록! 콜록콜록!
얼마 전 저희 반에 울려 퍼진 기침 소리입니다. 우리 반 친구들 대부분이 급성기관지염으로 수업을 못할 정도로 기침 소리가 심했습니다.

급성기관지염이 생기는 원인은 바로 미세먼지 때문입니다. 해마다 증가하는 미세먼지로 인해 저와 우리 반 친구들 그리고 이 자리에 계신 여러분들의 건강도 점점 나빠지고 있습니다. 특히 이 미세먼지는 우리 몸속에 한 번 들어오면 밖으로 나가지 않는다고 합니다. 지금 이 시각에도 저와 우리 모두의 몸속에 나쁜 미세먼지가 매일매일 쌓이고 있는 것입니다.

그런데 얼마 전 저는 TV 뉴스를 보다가 깜짝 놀랐습니다. 연안에서 죽은 채 발견된 바다거북을 부검한 결과 뱃속에서 비닐봉지, 막대기, 미세플라스틱이 덩어리가 되어 발견되었는데 이것들이 바다거북을 죽게 만들었다는 것입니다.

그리고 우리들이 사용한 플라스틱들이 바다 한가운데에 섬처럼 떠다니는데 그 규모가 제가 살고 있는 부산보다 더 크다고 합니다. 또한 바다 전체를 오염시키고 있는 미세플라스틱을 물고기들이 먹고 그 물고기를 우리가 먹는 악순환이 되고 있다는 것입니다.

그럼 결국 우리 몸속에는 미세먼지와 미세플라스틱이 쌓이게 되고 배출되지 않아 우리도 바다거북처럼 되지 말라는 법이 어디 있겠습니까?

여러분! 미세먼지는 중국에서 불어오는 황사도 문제지만, 자동차와 공장의 매연, 가정에서 사용하는 연료 등 화석연료가 연소하면서 발생하는 것이 주원인이라고 합니다. 미세플라스틱 또한 플라스틱 제품이 부서지면서 만들어지는데, 치약, 세정제 등 일상생활에서 사용하는 제품에서 대부분 발생한다고 합니다. 결국 우리 인간들이 사용한 생활 쓰레기가 자연과 환경을 오염시키고 그 피해를 우리들이 돌려받고 있는 것입니다.

여러분 생활 쓰레기를 줄여야 합니다. 그러기 위해서는 생활습관을 바꿔야 합니다. 자동차를 타는 습관, 자원 재활용을 하는 습관, 석유제품의 사용을 줄이는 습관을 가져야 합니다.

나 하나쯤이야 하는 생각은 버리고 나부터 먼저, 아니 나 하나라도 바꾸겠다는 생각으로 우리 모두 실천한다면, 기침 소리 대신 웃음소리가 울려 퍼지는 건강한 대한민국이 될 수 있다고 자신 있게 말씀드립니다.

양산 평산초등학교 5학년 조성인

제목 : 무지개 나라

빨 주 노 초 파 남 보, 이렇게 일곱 가지 색깔이 합쳐진 것이 무지갭니다. 얼마 전 우리 동네에도 오랜만에 무지개가 생겼는데 사람들은 너나 할 것 없이 사진을 찍고 카톡으로 보내주며 서로 행운을 빌어주는 것을 보았습니다. 이처럼 사람들에게 기쁨과 행복을 주는 무지개는 정말 아름답고 좋은 것 같습니다. 우리도 학교에서 가끔 무지개 그림을 그릴 때 왠지 어색하고 이상한 무지개 그림이 있는데 그것은 자세히 보면 분명 한 가지 색깔이 빠진 것입니다. 무지개는 이처럼 일곱 가지 색깔이 모두 한자리에 있을 때 아름다운 진짜 무지개가 되는 것입니다.

저는 제가 살고 있는 양산시 웅상을 무지개 동네라고 생각합니다. 왜냐하면 우리 동네는 도시와 농촌이 어우러진 살기 좋은 곳일 뿐만 아니라 한국 사람 미국 사람 필리핀 사람 아프리카 사람 등 다양한 색깔의 사람들이 무지개처럼 함께 살아가기 때문입니다.

그런데 여러분!

"저는 하루하루가 슬픕니다. 왜냐하면 제가 길거리에 돌아다닐 때마다 사람들이 저를 보고 손가락질을 하고 이상한 눈으로 쳐다봅니다. 그리고 학교에 가면 친구들이 너희 나라로 돌아가라고 하고, 학교 복도에서 지나갈 때 툭툭 치고 저를 보면 욕하듯이 말을 합니다. 그래서 저는 하루하루가 슬프고 다시 제가 왔던 나라로 진짜 돌아가고 싶습니다. 여러분 저는 많은 것을 원하지 않습니다. 저는 오직 한국인과 같은 대우를 받고 살아가고 싶습니다."

이 말은 얼마 전 우리 동네 다문화 페스티벌에서 다문화가정의 아이가 쓴 글입니다. 저는 이 글을 읽고 우리 동네에서 이런 일이 생겼다고 생각하니 참 마음이 아팠습니다. 하지만 몇몇 잘못된 생각을 하는 친구들이 그런 것이지 대부분의 많은 친구들은 서로 친하게 지내는 것을 저는 잘 알고 있습니다. 그러니 다문화가정의 친구들도 우리 주변에는 좋은 친구들이 더 많다는 것을 알고 용기를 가지기 바랍니다.

여러분 미국을 보십시오. 미국은 일찌감치 전 세계인들을 받아들여서 백인 흑인 황인종 할 것 없이 모두가 미국인이고 그 머리가 합쳐져서 민주주의 최강대국이 되었습니다. 바로 여러 색깔이 모여서 무지개처럼 하나가 되면 얼마나 강력한 나라가 될 수 있는지를 보여주었습니다. 저는 미국이 무지개 나라라고 생각합니다.

여러분 우리나라도 무지개 나라가 될 수 없을까요? 우리나라는 땅덩이는 작지만 전 세계에서 가장 우수한 머리를 가진 사람들이 살고 있는 나라입니다. 그래서 우리도 미국과 같이 전 세계인들을 받아들여서 머리가 합쳐진다면 우리 대한민국은 미국보다도 더 뛰어난 최고의 민주주의 국가가 될 수 있을 것입니다.

따라서 저는 동네마다 다문화 가정의 친구들과 사이좋게 지내고 외국인 노동자들을 차별 없이 대한다면 대한민국은 세계에서 가장 으뜸가는 무지개 나라가 될 수 있다고 자신 있게 말씀드립니다.

부산 방곡초등학교 6학년 박시연

제목 : 한 가지만 약속해 주세요.

여러분! 우리가 살고 있는 지구는 물이 97%나 된다고 합니다. 정말 깜짝 놀라지 않을 수 없습니다. 왜냐하면 지금 우리가 모인 이 자리나 제가 집에서 학교를 오가는 중에 보이는 모든 사물에서 물은 정말 적은 비중을 차지하고 있는데 말이죠. 그런데 한편으로는 이해가 되는 게 우리 인간도 제 몸을 보면 물은 거의 보이지 않는데도 제 몸을 이루는 대부분이 물이라고 합니다.

지구의 몸이든 인간의 몸이든 결국 물이 90% 이상을 차지하고 있습니다. 내 몸을 건강하게 하기 위해 아무리 좋은 음식과 약을 먹어도 좋은 물을 원하는 만큼 마시지 못하면 우리는 병들고 죽게 됩니다. 마찬가지로 우리 지구를 구성하는 97%의 물이 병들면 결국 지구뿐만 아니라 우리들도 병들고 죽게 될 수밖에 없는 것입니다.

그런데 우리들은 눈에 잘 보이는 것은 중요하지 않아도 소중히 생각하지만 정말 소중한 물을 우리가 얼마나 오염시키고 병들게 하는지 알아야 합니다. 지금 이 시간에도 바다와 강은 공장 폐수와 농약 그리고 쓰레기로 인해 계속해서 더럽혀지고 있고 바다와 강에서 사는 대부분의 생물들은 병들고 아파하고 있습니다. 우리는 우리만 살기 위해 좋은 물을 마시려고 비싼 값을 지불하고 있습니다.

여러분 지구에 사는 생물의 99%가 바다와 강에 살고 있다고 합니다. 이 말은 1%의 땅을 밟고 사는 생물이 99%의 물에 사는 생물을 죽이고 있다는 말이고, 그 1%의 오염의 주인공은 바로 우리 인간입니다. 결국 우리 인간만 남고 모든 생물이 더러운 물에서 병들고 죽음을 맞이한다면 우리도 결국 그 생물들과 함께 죽을 수밖에 없을 것입니다.

여러분! 원고를 쓰기 전에는 저도 물의 소중함을 모르고 살았습니다. 하지만 원고를 쓰기 위해 자료를 찾으면서 알게 된 물의 소중함을 여러분들께서도 꼭 알아주었으면 좋겠습니다. 그리고 알게 된 것은 실천을 해야 된다고 어머니께서 말씀해 주셨고 어려운 것을 실천하려고 하다 보면 포기할 수도 있으니 생활 속에서 쉽게 실천하는 것을 찾아보라고 하셨습니다.

오늘 저는 여러분들과 함께 딱 한 가지만 실천하고 싶은 것을 약속받고 싶습니다. 그 한 가지는 바로 샴푸와 주방세제만이라도 이용을 자제하자는 것입니다. 샴푸와 주방세제에 함유된 질소가 이끼류를 만들고 이 이끼들이 물에 함유된 산소를 모두 먹어버리면서 결국 물속의 산소가 부족해 많은 생물이 죽어간다고 합니다.

친환경 샴푸와 친환경 주방세제 사용은 마음만 먹으면 얼마든지 실천할 수 있다고 생각합니다. 그래서 저는 많은 것을 실천하기보다 오직 한 가지 친환경 세제를 사용해 주실 것을 약속받고 싶습니다. 약속해 주시겠습니까?

감사합니다.

양산 온누리 국제크리스천 아카데미 6학년 이동준

제목 : 눈물

여러분! 저는 누나가 한 명 있습니다. 남들은 우리를 남매라고 합니다. 같은 엄마 아빠를 둔 한 핏줄인 것이죠. 가끔 크게 싸우기도 하지만 꼭 화해를 합니다.

여러분! 우리 대한민국도 남한과 북한이 있습니다. 남들은 우리를 한민족이라고 합니다. 같은 조상을 둔 한 핏줄인 것이죠. 그런데 크게 싸운 이후 아직 화해를 하지 않고 있습니다. 무려 70년간 말이죠.

1945년 8월 15일 우리 민족이 그토록 원했던 광복이 이루어졌지만 그 기쁨도 잠시 6·25전쟁이 터지게 되고 남한과 북한으로 나누어지게 됩니다. 어떤 사람은 엄마 아빠를 잃고, 어떤 사람은 오빠가 상자 속 유골로 돌아오고, 어떤 사람은 70년간 가족과 헤어져 살아야 했습니다. 우리는 아직 상처가 아물지 않았습니다.

여러분 얼마 전 문재인 대통령님께서 북한을 방문하셔서 평양에서 하신 연설을 TV를 통해 보게 되었습니다. 저는 그 연설 중에 상처를 치료하는 좋은 약이 있었다고 생각합니다.
"평양시민 여러분! 우리는 5천 년을 함께 살았고, 70년을 헤어져 살았습니다."
이 말씀에 가슴 뭉클했고 눈물 흘린 분들도 많으셨다고 합니다. 눈물 그렇습니다. 바로 마음의 상처를 치료하는 것은 눈물이라고 저는 생각합니다. 6·25전쟁 이후 흘렸던 눈물이 아픔의 눈물이었다면 지금은 치유의 눈물이 되어야 합니다. 그리고 이제 화해의 눈물을 흘릴 때입니다.

여러분! 한 번 생각해 보십시오. 우리의 자본과 북한의 자원이 합쳐지고, 우리의 기술과 북한의 노동력이 합쳐진다면 분명 세계 제일의 강국이 될 것입니다. 삼면이 바다로 둘러싸여 섬 아닌 섬이 되어버린 대한민국이 북한을 통해 대륙과 연결된다면 관광은 물론 수출과 수입도 값싼 육로로 할 수 있어 엄청난 경쟁력을 가지게 될 것입니다.

통인 한국을 반대하는 소수의 사람은 북한에 돈을 퍼주게 되면 남도도 가난하게 될 것이라고 하지만 우리는 더 많은 이익과 장점이 있다는 것을 기억해야 합니다. 하지만 무엇보다 중요한 것은 형제가 어려울 때 자신의 이익만 생각한다면 어찌 한 핏줄인 형제라 할 수 있겠습니까?

여러분! 형제간의 피 흘리는 싸움으로 우리는 아픔의 눈물을 너무 많이 흘렸습니다. 이제 그 아픔의 눈물이 치유의 눈물이 되고 있고, 화해의 눈물을 흘리게 될 때 통일된 우리 대한민국은 세계 속의 가장 부강한 나라가 될 것이라고 자신 있게 말씀드립니다.

제목 : 쏨러 콰이러

쏨러콰이러, 딴조미오 메데또, 해피버스데이. 그렇습니다. 우리 말로 생일 축하해 입니다. 오늘 이 자리에 이 말을 들을 분이 계신가요?

생일이 되면 우리는 큰 선물을 두 개 받습니다. 하나는 "생일 축하해" 라는 축복의 말이고, 또 하나는 물질적인 축복! 즉 생일선물입니다. 생일은 자신에게 너무나 기쁜 날입니다.

하지만 얼마 전 방송을 보고 생일에 대한 생각이 바뀌게 되었습니다. 요즘 어린이들은 생일 때 파티를 많이 하는데 부모님들께서 생일에 드는 비용 때문에 부담스러워하신다는 방송이었습니다.

돈 때문에 안 하려고 하니 아이 기가 죽을까 봐 걱정이 되고 좀 큰 아이들은 생일 선물 받은 것을 서로 자랑하다 보니 부모님 입장에서는 조금 무리해서라도 아이가 원하는 고가의 선물을 사 줄 수밖에 없다고 합니다. 그리고 생일상 차릴 때도 힘든 노동을 해야 합니다.

정작 이날은 우리들이 부모님으로부터 생명을 받은 것에, 그리고 조건 없이 무한한 사랑으로 키워주신 것에 대해 오히려 감사받아야 하는 날인데 말입니다.

저 역시 생일에는 부모님께 선물을 받고 친구들을 초대해서 즐겁게 노는 것을 당연한 것으로 알았습니다. 한 번도 감사의 마음을 가져본 적이 없었던 저 자신을 돌아보면 참으로 부끄럽습니다.

이 자리에 계신 여러분!
생일을 기념하지 말자는 것이 아닙니다. 우리는 생일날 축복받을 자격이 충분히 있습니다. 제가 말씀드리고 싶은 것은, 생일은 나만의 날이 아니라 태어나게 해주신 부모의 고마움을 한 번 더 생각하는 날이 되어야 한다는 것입니다. 오히려 생일에 부모님의 마음을 아프게 하고 부담을 주는 날이 되어서는 안 된다는 말입니다.

여러분! 사전에는 생일을 '세상에 태어난 날, 또는 태어난 날을 기념하는 해마다의 그날'이라고 정의하고 있습니다. 저는 이 자리에서 사전의 뜻을 바꿔야 한다고 말씀드립니다.

생일은 '세상에 태어난 날'만이 아니라, '태어나게 해 주신 날'로 바꿔야 합니다. '태어난 날을 기념하는 해마다의 그날'이 아니라 '태어나게 해 주신 것을 기념하는 해마다의 그날'로 바꾸어야 한다고 강력히 주장합니다.

양산 신명초등학교 6학년 박건영

제목 : 학교폭력을 없애는 비결

안녕하십니까? 저는 웹툰 작가가 꿈인 박건영이라고 합니다.

여러분! 세 살 버릇 여든까지 간다는 속담이 있습니다. 이 말은 한번 잘못 가진 버릇은 좀처럼 버리기 힘들며 그 잘못된 버릇 때문에 평생 고생한다는 말입니다.
저는 오늘, 어린 시절부터 학교에서 친구들을 때리고 괴롭히는 학교폭력이라는 나쁜 버릇에 대해서 말씀드리려고 합니다.

학교폭력은 결국 가해자나 피해자나 똑같이 큰 상처를 남기게 됩니다. 그런데 이런 학교폭력이 사소한 일에서 발생하는 일이 정말 많습니다.

얼마 전 어떤 학교에서 같은 반 애들끼리 심하게 싸운 적이 있었습니다. 한 아이가 욕을 하며 집적거려서 다른 아이가 화를 참지 못하고 의자로 입술을 쳐버리는 사고가 있었습니다. 결국 때린 아이는 강제전학을 가게 되었고, 맞은 아이는 평생 지울 수 없는 상처를 남기게 되었습니다. 사소한 장난으로 인해 발생한 이 사건은 두 사람 모두에게 큰 피해를 주게 된 것입니다.

이처럼 학교폭력은 사소한 일에서 시비가 되어 큰 문제로 발전합니다. 부끄럽지만 저 역시 학교폭력에서 예외가 아니었습니다. 저도 학교에서 같은 반 친구를 때려서 얼굴에 멍이 들게 한 사건이 있었습니다. 누구의 잘잘못을 떠나서 중요한 것은 그날 이후 저는 친구와 주먹으로 싸우는 일이 결코 없습니다. 왜냐하면 제가 결코 잊을 수 없도록 어머니의 가르침이 있었기 때문입니다. 그 가르침이 무엇인지 궁금하시죠?

바로 어머니가 저를 경찰서로 데려가신 것입니다. 저는 그때 어머니가 저를 배신한 것이라고 생각했지만 지금 생각해보면 어머니의 큰 결심으로 두 번 다시 폭력이라는 것을 하지 않게 된 것입니다.

여러분! 학교폭력은 참 다양하게 많습니다. 여자 애들이 남자 애들 오줌 눌 때 휴대폰으로 찍는 것도 장난으로 하지만 결국 학교폭력입니다. 친구들에게 모욕적인 말이나 욕을 하는 것도 학교 폭력입니다. 친구들의 부모님께 패드립을 하는 것도 학교 폭력입니다. 이처럼 대수롭지 않게 생각하지만 학교폭력은 다양하게 많습니다.

오늘 저는 학교폭력이라는 나쁜 버릇을 없앨 수 있는 저만의 해결책을 말씀드리겠습니다.
물론 저희 어머니의 방식이 가장 효과가 좋다고 생각하지만 부작용도 있을 수 있으니 제 방식의 해결책을 말씀드리겠습니다.

먼저 신체폭력 해결책은 폭력을 행사한 친구 부모님을 불러 다른 친구를 때린 것과 똑같이 부모님에게 맞도록 해야 합니다. 그러면 맞은 기분이 어떤지 깨닫게 되고 부모님도 알게 될 것이기 때문입니다.

언어폭력 해결책으로 친구들에게 욕이나 패드립을 하는 친구들에게는 첫째, 일정 기간 동안 학교에서 말을 못 하게 해야 합니다. 둘째, 친구의 욕을 녹음하게 하여 자신에게 계속 들려주어서 그 기분이 어떤지 느껴보도록 하면 두 번 다시 욕을 하지 않을 것이라고 생각합니다.

여러분! 세 살 버릇 여든까지 간다는 말이 있듯이, 어린 시절 폭력습관이 평생 갈 수가 있습니다. 따라서 저는 학교에서 가정에서 그리고 사회에서 폭력이라는 나쁜 습관을 가진 친구들에게 좋은 습관을 가질 수 있도록 관심을 가져주시고 꼭 고쳐주시기를 강력하게 요구합니다.

감사합니다.

부산 가동초등학교 6학년 전시현

제목 : 범죄자의 인권이 더 중요합니까?

청와대 국민청원 게시판을 아십니까? 청와대와 국민 간의 직접 소통을 위해 마련된 현대판 신문고입니다. 국민 20만 명 이상이 청원하면 정부가 꼭 답해줘야 제도입니다. 그런데 얼마 전 20만 명의 10배가 훨씬 넘는 220만 명 이상이 청원한 사건이 있었습니다. 바로 제2의 조두순사건이라고 하는 여자유치원생 성폭행 사건에 대한 청원이었습니다.

2017년 12월 초 놀이터에서 놀고 있는 6살 여자아이를 50대 아저씨가 자신의 차로 데려가 성폭행한 사건에 대해 종신형을 선고해 달라는 청원이었습니다.

이런 짐승만도 못한 범죄를 저질렀는데 술을 먹었다는 핑계로 죄를 감형받으려고 하는 것에 대해 전 국민이 분노를 느끼지 않을 수 없고, 또 이런 범죄자들에게도 인권이 있다고 옹호하는 사람들에게도 저는 분노하지 않을 수 없습니다.

여러분 인권이란 무엇입니까?
인간으로서 누리고 행사하는 자유와 권리라고 합니다. 특히 민주주의 국가에서는 개인의 인권을 최대한 보장해야 합니다. 하지만 우리도 자신의 인권을 보장받기 위해서는 타인의 인권을 존중할 수 있을 때 가능한 것입니다. 그런데 이처럼 타인의 인권을 철저히 짓밟은 추악한 범죄자들에게도 인권을 존중해줘야 하는지 여러분께 묻고 싶습니다.

여러분!
죄는 미워하되 사람은 미워하지 말라는 말이 있습니다. 하지만 이 말도 타인의 인권을 철저히 짓밟은 범죄자들에게는 결코 해당하지 않는 말입니다.

우리 선조들은 이런 흉악한 범죄자들에게 얼굴에 인두로 지져서 평생 그 죗값을 치르도록 했습니다.

그리고 민주주의 이전에도 그 사회가 요구하는 자격을 갖춘 사람에게만 인권을 주었다고 합니다. 그런데 지금은 피해자보다 범죄자의 인권을 더 중하게 생각하는 것이 진정한 민주주의 사회의 인권이란 말입니까?

따라서 저는 여자아이를 성폭행하고 술 때문이라고 변명하는 파렴치범들과 임산부 대상으로 성폭력을 일삼는 가정파괴범들에게는 평생 그 인권을 박탈하는 인권 박탈 국민청원을 해야 한다고 강력하게 주장합니다.

부산교육대학교 부속초등학교 6학년 나윤성

제목 : 갤러그와 오버워치

"와이파이 선 뽑는다." 이 말은 제가 게임을 할 때 어머니께서 꼭 하시는 말씀입니다. 저는 게임을 좋아하고 하루에 2시간씩은 꼭 게임을 합니다. 하지만 부모님께서는 게임을 할 때마다 하지 말라고만 하십니다. 그 이유가 무엇일까요? 대부분의 어른은 게임이 무조건 나쁜 것이라고 생각하시는 것 같습니다.

하기야 얼마 전 발생한 PC방 살인사건은 게임중독에 의해 발생한 사건일 수 있다고 하고, 그뿐만 아니라 게임중독으로 인해 발생한 사회적 문제점을 보면 충분히 그런 생각을 하실 수도 있을 것 같습니다.

하지만 여러분! 2017년 통계청 자료에 의하면 초등학생의 91.1%, 중학생 82.5%, 고등학생 64.2%가 게임을 즐기고 있다고 합니다. 이들 중 게임에 빠져 사는 친구들은 전체의 2.5%라고 합니다. 즉 대부분의 청소년이 게임을 하고 있지만, 게임을 하는 청소년들의 대부분은 스스로 잘 절제하고 있다는 통계자료인 것입니다.
저 역시 게임을 많이 하지만 제가 할 숙제와 공부는 반드시 합니다.

이 자리에 계신 여러분! 갤러그, 스페이스인베이더, 제비우스를 아십니까? 바로 저희 부모님 세대 때 최고 인기였던 게임 이름입니다. 저희가 하는 오버워치, 배틀 그라운드도 먼 훗날 잊힐 게임이 될 것이고, 부모님들께서도 게임중독 없이 열심히 살아오셨듯 저희도 그렇게 살 것입니다.

게임은 결국 시대를 떠나 오락의 한 부분일 뿐입니다. 그리고 그 오락이 게임이 될 수밖에 없는 상황을 이해해 주셔야 합니다. 현재 대한민국은 저출산 문제로 아이가 없는 가정도 많고 외동이 있는 가정도 많습니다. 당연히 혼자 있는 시간이 많아지고 무료한 시간을 게임을 할 수밖에 없습니다. 밖에서 친구들과 놀 수도 없습니다. 모두 학원에 다니고 바쁘기 때문입니다.

또한 게임을 모르거나 못하면 다른 친구와 잘 어울릴 수도 없습니다. 학교에서도 게임을 잘하면 친구들과 더 빠르고 쉽게 친해질 수 있습니다. 그러면 그럴수록 지금 청소년들은 게임을 할 수밖에 없는 것입니다.

존경하는 부모님 여러분! 많은 청소년이 게임을 하고 있고, 많은 청소년의 부모님들이 게임하는 것을 막고 있습니다. 부모님들의 어린 시절처럼 말이죠. 저희들이 부모님들보다 판단력이 떨어져도 저희가 하는 게임 하나 정도는 절제할 수 있습니다. 부모님들께서 절제하셨던 것처럼 말이죠.

청소년들의 게임을 막기 전에 저희의 학업 스트레스, 친구 간의 다툼 등 많은 문제를 해결하고 이겨내는 방법 중 하나가 게임이라는 것을 꼭 기억해 주십시오.
감사합니다.

양산 평산초등학교 6학년 조성현

제목 : 강아지 공화국

얼마 전 우리 집에서 귀엽고 예쁜 강아지 한 마리를 키우게 되었습니다. 제 동생의 성화에 못 이겨 부모님께서 강아지를 사주신 것입니다. 요즘 강아지는 인간이 먹다 남은 음식을 먹는 것이 아니라 대부분 사료를 먹여서 키웁니다. 그래서 저도 강아지 사료를 사기 위해 펫샵을 찾으러 나갔는데 정말 깜짝 놀랐습니다.

작은 동네인데도 펫샵이 정말 많았고, 대부분이 엄청 큰 매장이었습니다. 제가 찾아간 펫샵은 전에는 아기용품을 파는 곳이었는데 얼마 전에 강아지 매장으로 바뀐 곳이었습니다. 그러고 보니 요즘 아기용품을 사려면 대형마트가 아니면 파는 곳이 거의 없다는 것도 알게 되었습니다.

저는 문득 아기용품점이 사라지듯이 아기들도 사라지고 그 자리에 강아지들이 대신하는 것은 아닌지 이상한 기분이 들었습니다. 그날 이후 강아지 같은 것이 무엇이라고 우리의 미래를 책임질 아기들이 피해를 보는 것인가? 이런 생각을 하니 집에서 기르는 강아지도 왠지 미워 보이는 것이었습니다.

인간은 원래 개와의 사이가 좋았습니다. 지금도 많은 개들은 인간을 지켜주기도 하고 반려견이라는 이름으로 인간과 함께 살아가는 유일한 동물입니다. 그런데 우리 주변에는 인간들보다 강아지를 더 귀하게 여기는 사람들이 많아지면서 개가 인간을 지켜주는 것이 아니라 인간이 개를 먹이고 보살펴주는 관계로 변해 버렸습니다.

여러분 대한민국 헌법 제1조 1항에는 대한민국은 민주공화국이라고 되어있다고 하는데 이러다가 곧 대한민국은 강아지 공화국이라고 헌법이 고쳐질지 누가 알겠습니까?

물론 강아지가 우리 인간에게 어떤 위로를 해주고 도움을 주는지 모르는 것은 아닙니다. 그렇지만 너무 큰 비용으로 강아지를 키우는 것은 정말 잘못된 생각이라고 저는 생각합니다. 이런 강아지를 키우는 데 사용되는 비용을 줄여서 살기 힘든 사람들이나 유니세프 같은 곳에 기부하여 인간의 미래를 위해서 사용하는 것이 올바른 것이라고 봅니다.

여러분 우리 집에서도 몇 달 전 제 동생 덕분에 강아지를 키우게 되었는데 얼마나 돈이 드는지 제가 계산을 해 보았습니다. 처음 강아지를 살 때 70만 원이 들었고, 나중에 병원을 가게 되었는데 170만 원이 들었습니다. 그리고 매달 약 10만 원 정도의 비용이 지출된다는 것을 알았습니다. 정말 엄청난 돈이 아닙니까?

저는 이 비용을 알게 된 이후 그럼 아기를 키우는 데는 얼마나 사용되는지도 찾아보았습니다. 아기를 키우는 데는 한 해 평균 107만 원이 사용된다고 합니다. 강아지는 한 해 평균 110만 원 아기는 107만 원이었습니다. 저는 문득 이런 생각이 들었습니다. "아니, 겨우 이런 개를 키우는 비용이 아기를 키우는 비용보다 많이 든다고"

여러분! 강아지를 키우지 말자는 것이 아닙니다. 가끔은 강아지가 아기보다 귀엽고 덜 귀찮을 수도 있습니다. 하지만 강아지 호텔에 강아지 미용실에 강아지 카페가 다 무슨 말입니까? 강아지는 인간이 아닙니다.

강아지 한 마리를 키우는 데 사용되는 비용이면 외국의 빈민국 나라의 아이들 4명을 키우는 데 들어가는 비용과 같습니다. 따라서 제가 여러분께 말씀드리고 싶은 것은 학생은 학생답게 자라야 한다고 말씀하시듯이, 인간은 인간을 최우선으로 존중해 주시고 강아지는 강아지답게 키워야 건강하고 올바른 사회가 될 수 있다는 저의 주장을 여러분 앞에 강조합니다.

감사합니다.

제목: 역사에서 배우는 남과 북의 미래

할아버지 몸무게 105kg, 아버지 몸무게 110kg, 아들 몸무게 120kg
여러분! 이 세 사람이 누군지 아시겠습니까? 바로 북한의 김일성 김정일 김정은 세 사람의 몸무게입니다. 그런데 북한 성인 남자 평균 몸무게는 약 52kg이라고 합니다. 전 세계 190(백구십)개국 중 185(백팔십오)번째로 적은 몸무게라고 합니다.

제가 이 몸무게를 말씀드린 이유는 얼마 전 TV에 출연한 북한 탈북민들의 이야기를 들으며 믿을 수가 없었기 때문입니다. 2016년 지금 이 시대에도 굶어 죽어가는 북한 동포들이 너무나 많다는 이야기였습니다.

1990년대 북한의 식량 사정이 어려웠을 때 굶어 죽은 사람이 350만 명이나 되었고, 20년이나 지난 지금도 굶어 죽어가는 사람이 넘쳐나고 있으며, 굶어 죽기 싫어서 목숨을 걸고 탈북했다는 이야기는 저에게 큰 충격이었습니다.

여러분!
온 천하를 주고도 살 수 없는 것이 한 생명이다. 라는 말이 있습니다. 북한의 통치자들이 온갖 산해진미와 향락을 즐길 때 천하를 주고도 살 수 없다는 생명 350만 명이 굶어 죽어 갔습니다.

그러고도 계속해서 자신들만의 정권을 유지하기 위해 국민들의 생명을 총과 미사일로 바꾸는 만행을 일삼았습니다. 국민들의 눈과 입을 막기 위해 공포와 탄압으로 착취하고 있습니다. 또한 죽은 아버지의 시체보관에 쏟아붓는 천문학적인 돈은, 바로 굶어 죽는 국민들에게 먹일 생명 값이라고 하는 이 현실을 여러분도 알고 계시는지 강력하게 묻고 싶습니다.

여러분!
중국의 성인 공자의 제자 중에 자공이라는 사람이 있었는데 공자에게 "정치에서 가장 중요한 것이 무엇입니까?" 하고 물었더니 공자께서 3가지를 말씀하셨다고 합니다.
첫째, 국민을 배불리 먹이는 것. 둘째, 국방을 튼튼히 하는 것. 셋째, 국민에게 믿음을 주는 것이라고 하셨답니다.

세 가지 다 중요하지 않은 것이 없습니다만, 무엇보다도 국민을 배불리 먹이지 못하는데 어떻게 국방이 튼튼해지겠습니까? 국민이 배고픈데 어떻게 정권을 믿을 수 있겠습니까? 국민을 배고프게 한 정권은 역사 속에서 모두 망했습니다.

조선 시대 말기에 수십 년에 걸친 가혹한 착취로 헐벗고 굶주린 백성들이 더 이상 견딜 수 없어서 혁명을 일으킨 예가 있습니다. 바로 동학농민혁명입니다. 정권을 유지하기 위해 일본군을 끌어들인 기득권 세력들은 100만 명이 넘는 농민을 학살하고 결국은 일본에 의해 조선의 정권은 무너져버렸습니다.

북한 정권이 지금까지 했던 악행들은 역사 속에 망한 정권이 했던 일과 하나도 다르지 않습니다. 지나온 역사를 되돌아보면 미래를 알 수 있다고 하듯이 북한 정권의 미래도 불을 보듯 뻔하지 않겠습니까?

그렇다면 여러분! 우리는 어떤 준비를 해야 합니까? 남한과 북한은 뿌리가 같은 한민족입니다. 이제 곧 닥쳐올 북한 정권의 붕괴는 우리 한민족이 다시 하나가 되는 역사입니다. 우리는 서로 남이 아니라 한 뿌리에서 나온 한민족임을 가슴속으로 깨달아야 합니다.

이익을 생각하는 장사꾼의 마음이 아니라, 피를 나눈 형제의 마음으로 서로 이해하고 보듬으며 머리가 아닌 뜨거운 가슴으로 역사적 미래를 준비해야 한다고 이 연사의 강력한 외침을 전해 드립니다.

제목 : 공부와 행복

學 배울 학, **校** 학교 교. 학교! 선생님이 가르치고 학생들이 배우는 곳입니다.

태어나서 8살이 되면 초등학교라는 곳에서 공부를 시작합니다. 그리고 중학교 고등학교를 거쳐 대학이라는 학교에 가게 됩니다. 무려 16년이라는 세월 동안 학교에 다니게 되는 것이죠.

여러분! 16년 동안 학교에 다니면서 우리는 무엇을 배울까요? 공부, 기술, 교우관계, 생활예절. 참 많은 것을 배우는 곳으로 알고 있지만 대부분의 학교에서는 공부만을 강조합니다. 그래서 학생들의 평가도 성적순으로만 합니다.

이 자리에 계신 여러분! 공부만 잘하고 성적만 좋으면 행복하게 살 수 있을까요? 부모님들께서도 공부를 잘해서 좋은 직업을 가지라고 하시지만, 모든 사람이 공부를 잘할 수는 없습니다. 더군다나 공부만 잘해서 오히려 나라를 더욱 망친 사람들의 뉴스를 보면 공부보다 더 중요한 배움이 학교 교육에 필요한 것이 아닐까 생각해 본적도 많습니다.

여러분! 공부를 못하면 행복하지 않을까요? 여러분! 공부를 못하면 미래가 없는 것일까요?
그렇습니다. 아닙니다. 행복한 미래는 개인마다 여러 갈래가 있습니다. 회사원이 되는 사람, 예술가가 되는 사람, 기술자가 되는 사람 등 여러 직업에 종사하는 사람들이 모여 우리 사회가 만들어지고 그 속에서 각자의 행복을 만들어 가는 것입니다.

여러분! 장미가 예쁘다고 꽃밭에 장미만 있으면 그곳이 꽃밭입니까? 아니죠. 그건 그냥 장미밭입니다. 벽돌만 있으면 집이 만들어집니까? 아닙니다. 시멘트, 철근, 사람 이런 것들이 함께 어우러져야 집이 완성됩니다.

우리 모두가 공부만 잘해서 판사라는 직업만 있으면 올바른 사회가 됩니까? 의사라는 직업만 있으면 좋은 사회입니까? 결코 한 종류의 직업만 있으면 돌아갈 수 없습니다.

이처럼 다양한 직업이 있어야 하듯이 우리들도 다양한 취미와 특기를 가지고 태어났습니다. 학교에서도 가정에서도 더 이상 공부 공부만 시키려고 하지 마십시오. 학생들 모두가 공부밖에 모르는 사회로 만든다면 결국 이 사회는 장애 사회가 될 뿐입니다.

학생들이 잘하는 것을 할 수 있도록 도와주는 학교가 되어야 합니다. 자녀들이 하고 싶은 일을 찾을 수 있도록 믿어주는 가족이 되어 주십시오.

우리들 각자 자신만의 꽃을 가꾸어서 장미만 피는 장미밭이 아니라 장미, 국화, 튤립 등 다양한 꽃들이 향기를 피우는 아름다운 꽃밭을 만들 수 있도록 믿어주고 도와주시기를 간절히 부탁드립니다. 감사합니다.

양산 웅상고등학교 2학년 이해찬

제목 : 서열

여러분, 예전 조선 시대 때 신분제도가 있었다는 거 다들 아시죠? 그때는 양반 중인 상민 천민 순으로 신분이 나누어져 있었습니다. 그런데 이 신분이 세습이 되어 아버지가 양반이면 자식도 양반이고, 아버지가 천민이면 자식도 천민이 되는 고약한 제도였습니다. 이 신분제도는 1894년 갑오개혁 이후로 쇠퇴하였다가, 1945년 광복 이후 완전히 사라졌습니다. 정말 다행스러운 일이죠.

그런데 여러분! 신분제도라는 악습이 사라지니 그 자리를 비집고 이제는 새로운 차별제도가 생겼습니다. 직업의 귀천, 빈부격차, 사회적 지위에 따라 사람을 차별하는 보이지 않는 계급이 생긴 것이죠. 최근에는 '수저 계급론'이 생겨서 소득이나 가지고 있는 재산에 따라 금수저, 은수저, 동수저, 흙수저로 나누는데, 참으로 수치스러운 일이 아닐 수 없습니다.

물론 모든 계급론이 나쁜 것은 아닙니다. 군대에서는 반드시 계급이 있어야 하고 직장에서도 계급이 없으면 안 됩니다. 특히 학생인 저희도 학생회를 만들어서 직책별로 책임과 권한을 가지고 일을 합니다. 이러한 계급들은 효율적으로, 체계적으로 일을 처리하려면 꼭 필요한 계급입니다. 하지만 제가 말씀드리고 싶은 것은 학생들 사이에 암 덩어리같이 생겨난 '서열'이라는 계급입니다.

여러분! 우리 학생들 사이에는 보이지는 않지만 암묵적으로 정해지는 서열이 있습니다. 몇몇 학교가 그런 거 없다고 해도 그런 사실을 숨기는 거지, 살펴보면 다 있습니다.

싸움 잘하고 대빵이면 짱이라고 하고, 그런 짱을 중심으로 같이 몰려다니는 무리를 일진이라 부르고, 같이 다니지는 않지만 일진과 친하게 지내면서 놀러 다니기를 좋아하는 놈들을 노는 놈이라고 합니다. 공부 잘하는 아이는 모범생이라고 하고, 그냥 평범하게 지내면 평범한 학생, 좀 모자라면 찐따로 구분합니다. 어른들끼리 차별을 지우는 것과 똑같지 않습니까? 아마도 여기 계신 어른들께서도 학창 시절에 비슷한 경험을 하셨을 거라고 생각합니다.

사실 이런 패거리 문화는 우리나라뿐만이 아니라 전 세계적으로 있는 문제입니다. 인간이 공동체 생활을 하면서 무리를 지어서 다니게 되었고 그 무리 중에서도 끼리끼리 패거리를 갖게 되면서 자신들보다 못한 무리를 짓밟고 일어서려는 악습이 계속되어오고 있었던 것입니다.

'친구'라는 조폭 영화를 보면 학창 시절에 무리를 지어 놀다가 커서 조폭이 되는 이야기인데, 어린 시절 이런 악습이 뿌리 잡게 되면 나중에 커서도 조폭을 양성하는 원인이 되고, 피해를 본 학생은 어릴 때 당한 마음의 생채기로 인해 커서도 정상적인 사회인으로 활동하지 못하게 되는 것입니다.

따라서 저는 학창 시절의 패거리 악습부터 없애는 것이 장차 개인의 성장과 국가발전에도 큰 영향을 미칠 것이라고 주장합니다.

여러분! 동물의 세계에서는 약육강식이 자연의 법칙입니다. 하지만 만물의 영장이라고 하는 인간들이 어떻게 동물보다 못하게 재미 삼아 친구를 괴롭히고 약자를 짓밟는다 말입니까? 저는 이런 나쁜 행위를 유발하게 만든 것은 바로 우리 사회가 만든 1등 문화가 원인이라고 생각합니다.

친구들을 밟고 일어서서 1등을 요구하는 사회, 공부 1등, 운동 1등, 음악 1등 그러다 보니 낙오한 아이들끼리 싸움 잘하는 1등을 만들어서 대리만족하는 것입니다. 공부 1등 하는 것과 싸움 1등 하는 것이 무엇이 다르단 말입니까?

저는 이러한 1등 문화를 없애기 위해서는 공동체 생활의 법칙을 먼저 깨닫는 게 중요하다고 봅니다. 공동체는 덜떨어지고 모자란 사람을 짓밟고 일어서는 것이 아니라 더불어 함께 살아가는 것입니다. 가족공동체 학교공동체 사회공동체에서 서로 격려하고 이끌어주는 문화가 정착된다면 우리는 매일 감동과 기적을 경험하게 될 것입니다.

여러분! 제발 1등이라는 굴레와 속박에 얽매여 살지 마십시오! 그깟 1등이 뭐라고 쓸데없는 경쟁의식을 만들어서 사람을 지치게 합니까? 우리 부모님들! 자식들에게 제발 1등 해라고 하지 마세요! 높은 기대를 요구하다가 결국 한 송이의 장미가 되어 떠나가는 우리 아이들이 얼마나 많습니까? 우리 선생님들! 학교에서 제발 좀 쓸데없이 경쟁의식을 심어주지 마세요. 학교는 애들끼리 함께 공부하면서 같이 놀며 올바른 공동체 생활을 배우는 곳이지 경쟁에 시달려 맨날 공성전만 하는 전쟁터가 아닙니다!

제 말에 공감하신다면 열렬히 박수로 환호해주시기 바랍니다! 감사합니다!

스피치구구단

ⓒ 2020, 김경태

지은이	김경태
초판 1쇄 발행	2020년 04월 27일
펴낸곳	호밀밭
펴낸이	장현정
편집	박정오
디자인	최효선
마케팅	최문섭
등록	2008년 11월 12일(제338-2008-6호)
주소	부산 수영구 광안해변로 294번길 24 지하1층 생각하는 바다
전화·팩스	070-7701-4675, 0505-510-4675
전자우편	homilbooks@naver.com

Published in Korea by Homilbat Publishing Co, Busan.
Registration No. 338-2008-6.
First press export edition April, 2020.
Author Kim Kyung Tae
ISBN 979-11-970222-0-3   03370

이 도서의 국립중앙도서관 출판예정도서목록(CIP)은 서지정보유통지원시스템
홈페이지(http://seoji.nl.go.kr)와 국가자료종합목록 구축시스템(http://kolis-net.nl.go.kr)에서 이용하실 수 있습니다. (CIP제어번호 : CIP2020015392)